伝奏と呼ばれた人々

公武交渉人の七百年史

日本史史料研究会［監修］
神田裕理［編著］
KANDA Yuri

ミネルヴァ書房

伝奏と呼ばれた人々――公武交渉人の七百年史

【目次】

第三章　関東申次の展開と終焉……鈴木由美…59

第Ⅱ部　南北朝・室町時代〜戦国・織豊期――関東申次から武家伝奏へ

第Ⅲ部　江戸時代——近世武家伝奏の活躍とその終焉

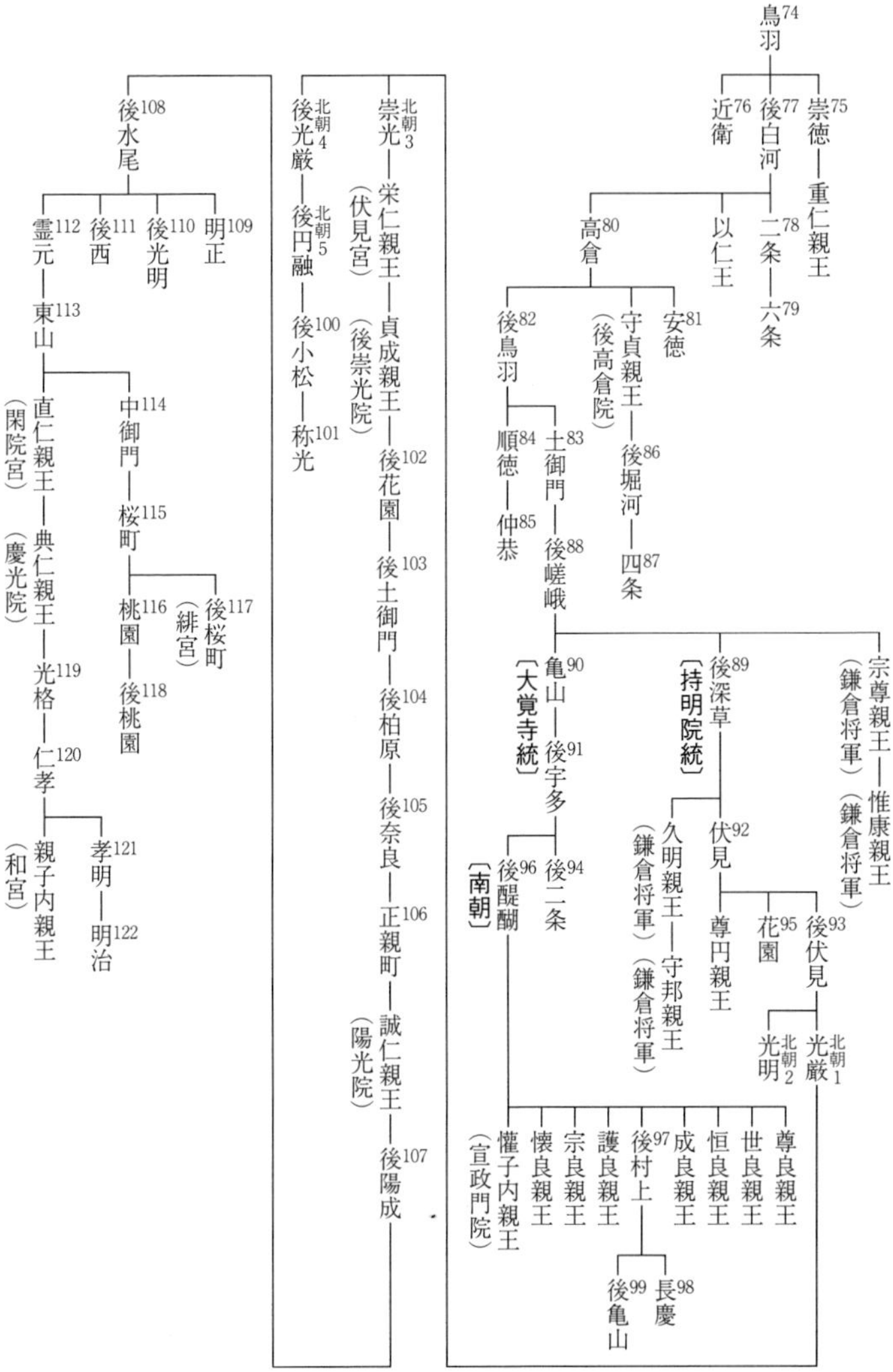

天皇家略系図（数字は代数を示す）

堂上公家の家格と官職相当表

家格(高い順)	該当する主な「家」	昇進できる官職
摂家《せっけ》	近衛・九条・二条・一条・鷹司	摂政・関白となる「家」。
清華家《せいがけ》	久我・今出川（菊亭）・三条（転法輪三条）・西園寺・徳大寺・花山院・大炊御門・醍醐・広幡	左大臣・右大臣・近衛大将を兼ねて，太政大臣まで進む「家」。
大臣家《だいじんけ》	正親町三条・三条西・中院	大納言になる「家」であるが，大臣の欠けたのを待って，ただちに内大臣に昇る「家」。近衛大将は兼ねない。
羽林家《うりんけ》	山科・四条・持明院・中山・冷泉・正親町・四辻・滋野井・庭田・飛鳥井・野宮・六条・千種・油小路・園・姉小路・高野など	近衛中将・少将を経て，大納言・中納言に昇る「家」。
名家《めいか》	日野・広橋・柳原・烏丸・勧修寺・万里小路・葉室・中御門・西洞院・清閑寺・坊城など	弁官・蔵人を経て大納言・中納言に昇る「家」。
半家《はんけ》	五辻・白川・高倉・高辻・竹内・五条・東坊城・土御門など	中将・少将・弁官を経由しないで，参議・大納言・少納言に進む「家」。

（神田裕理作成）

堂上公家…位階では五位以上に列し，禁裏御所（天皇の住居）の清涼殿（天皇の日常的な生活空間）南廂にある殿上間に昇殿する資格を世襲した公家の「家」。堂上公家は，家の家格の上下によって区分され，昇進できる官職も決まる。おおよそ，摂家～大臣家クラスが上流，羽林家・名家クラスがほぼ同等で中流，半家クラスが下流と見なせる。

［参考文献］
「百官和秘抄」（『続群書類従』第十輯，官職部）
「三内口決」（『群書類従』第二十七輯，雑部）
和田英松『新訂　官職要解』（講談社学術文庫，1992年）など

序章　武家と公家をつないだ人々

神田裕理

「武家の時代」の中の朝廷

神話の時代から続いてきたと信じられていた朝廷。源頼朝《みなもとのよりとも》が開き、鎌倉・室町と存続した幕府、これらに織田《おだ》政権・豊臣《とよとみ》政権、江戸幕府を含めた武家《ぶけ》権力。一般に、鎌倉時代から江戸時代までの約七百年間は、武家勢力が国政の大部分を掌握する「武家の時代」と考えられてきた。しかし「武家の時代」で活躍していたのは、何も武士たちばかりではない。もちろん朝廷も存続し、天皇や公家《くげ》（天皇の居所である清涼殿《せいりょうでん》への昇殿《しょうでん》を許された五位以上の廷臣《ていしん》）も「武家の時代」を生きていたのである。

天皇・朝廷は、時の政治権力である武家とどのような関係を持ち続け、「武家の時代」を生き抜いていったのか。本書は、朝廷と武家政権が交渉をおこなう際に、朝廷側の窓口となった役職（＝関東申次、武家執奏《ぶけしっそう》、伝奏《てんそう》、武家伝奏《ぶけてんそう》）の歴史（鎌倉～江戸幕末維新《いしん》期まで）を通覧するものである。

そもそも、朝廷―武家間の交渉時に誰が窓口となったか。誰が交渉役を務め、その任務とはいかなるものであったのか。このような問いが、これまでは正面からとりあげられることはほとんどなかった。もっとも日本史研究において、「交渉」および「交渉人」をターゲットとする研究が低調だったわけではない。言うまでもなく、対外諸国との交渉・交流に着目する対外関係史研究は、その成果を積み重ねている。また近年、研究がとくに進展し、研究者間のみならず一般的にもよく知られるようになったのは、戦国大名同士の交渉である。そこでは、戦国大名の支配領域を「国家」（＝一つの地域国家）と捉え、主に和睦《わぼく》（講和）や同盟といった軍事を目的とする交渉（＝「外交」）のありように目が向けられている。その中では、交渉の責任者たる取次《とりつぎ》や実際に派遣される使者についても検討がなされ、具体的な人物像や役割といった内容も明らかにされてきた。

それではなぜ、朝廷―武家間の交渉人については正面からとりあげられなかったのだろうか。前述のように、これまで「武家の時代」においては、朝廷は影の薄い存在と見なされていたきらいがある。実際、中学校や高等学校で学習する歴史（日本史）の授業でも、この時代の朝廷に言及されることは少ないであろう。これに対応してか、歴史愛好家を読者対象とする入門書・一般啓蒙書の類いでも、朝廷がとりあげられることはごくわずかである。朝廷―武家間の交渉人である関東申次や武家執奏、伝奏（武家伝奏）といった項目については、何をかいわんや、といったところである。

加えて研究分野として、天皇・朝廷や公家衆に関わる分野は研究史上、研究が停滞していた時期もあり、その評価は一定していない。このことも、一般に「影の薄い朝廷像」を創り出してきた遠因と思われる。ここで、ごく大づかみではあるが、太平洋戦争以前からの、中～近世朝廷研究の研究史を紹介し、現在の到達点を確認したい。

これまでの中～近世朝廷研究

太平洋戦争以前では皇国史観《こうこくしかん》（天皇中心の国家体制を正当化する歴史観）のもと、天皇や朝廷を研究することと自体、はばかられる風潮があった。あるいは、研究するといっても、天皇を崇拝し、その永続性を強調する傾向にあった。朝廷―武家権力者の関係を捉えるにしても、たとえば「織田信長《おだのぶなが》が他の戦国大名より時期的に早く天下の権を掌握したのは、皇室を奉戴《ほうたい》したことによる」と捉えるなど、彼の「勤王《きんのう》」の態度を強調するものであった。

敗戦後は皇国史観に対する反発から、ことさら天皇や朝廷を研究対象とすることを避ける風潮が生じた。また、マルクス主義史学（唯物史観《ゆいぶつしかん》。生産力を主たる変数とした経済決定論・発展段階論のかたちをとった歴史理論に基づき、歴史は経済的諸関係を動力として展開すると考える歴史観）の台頭によって、主に経済的側面から社会構造を探る研究（社会経済史研究）が主流となり、天皇や朝廷に関する研究は低調であった。一方で、皇国史観の克服を目指し、天皇や朝廷の存続意義を探る研究も行われはじめた。社会構造を探る研究においても、「封建的支配において、天皇や朝廷はどのような歴史的意義を持ったか」という点が、次第に意識されるようになった。

一九七〇年代以降にいたり、国家論（国家を構成する枠組み〈機構〉・機能・権力構造などに着目し、国家像を提示する研究。その議論）が提唱されはじめた。これにより、とくに政治史の分野で、ようやく国家や社会の中での天皇や朝廷の位置づけを問う研究もなされるようになったが、天皇や朝廷は「たんなる金冠《きんかん》」、つまり「お飾り」といった評価しか与えられていなかった。公家衆に関してもまた、公《く》家領《げりょう》（家領《けりょう》）研究といった経済基盤をめぐる研究のほかは、文化的な面でのみ注目されるにすぎなかった。朝廷―武家間の関係についても、「武家政権は、朝廷が持つ伝統的権威を利用することによって、政治支配を有利に進める」といった理解にとどまっていた。一方で、「中・近世移行期に登場した織田信長の最終目標は、伝統的権威を否定し自らを神格化すること」とする見解も見られるが、そこでも朝廷の存在は「伝統的権威の源泉」という観念的な意味で捉えられているにすぎない。

中世～近世史の中の天皇や朝廷の存在意義を改めて検討しはじめたのは、昭和天皇の崩御（一九八九年一月七日）が契機となった、一九九〇年代から二〇〇〇年代にかけてのことである。具体的には、天皇・朝廷の存在意義やその権能《けんのう》を政治史の側面から分析し、天皇・朝廷を武家権力者の政権構造の中に位置づける試みがなされるようになった。これは、一九八〇年代に社会史的な視点・研究手法（歴史における日常性や心性《しんせい》に注目する研究視点・手法）への関心が高まり、天皇・朝廷の存在意義を宗教的あるいは呪術《じゅじゅつ》的な側面から説明するようになったことへの、一種の反動と言えよう。社会史的な視点・研究手法を導入することによって、王権論《おうけんろん》（もともとはヨーロッパ史研究ではじまった国王の権力をめぐる学説・議論）などへの議論が深まった反面、「天皇・朝廷の存在意義や存続理由に関しては、結果論的解釈しか得られない」といった批判も生じていたためである。

天皇・朝廷の問題を政治史の問題として分析し、とりわけ武家権力者の政治構造の中への位置づけが問われるようになった結果、公武《こうぶ》関係史の研究も増加した。当初は、天皇—武家権力者といういわゆるトップ層のみの関係を探るほかは、朝廷—武家間で発生した単発的な大事件をとりあげ、そこでの朝廷・武家それぞれの対応のあり方を検討するといった、いわゆる「事件史」の枠組みで捉えられることが多かった。

近年の動向

近年、天皇や朝廷に関する研究成果は、関連史料（天皇家所蔵の古文書《こもんじょ》・古記録《こきろく》類および公家の日記など）の調査・公開も促進されつつある中、着実に積み重ねられてきている。研究対象および視角も多様化し、従来の公武トップ層のみの関係や「事件史」といった枠組みでは捉えきれない広がりを見せている。とりわけ近世史（主に江戸時代）の分野での、朝廷の組織・制度・機構といった朝廷内部の構造についての実証的な研究は飛躍的に進歩した。公武関係史の分野も、天皇—武家権力者という二者間に限定せず、両者をつなぐ伝奏（武家伝奏）制度の考察を軸に進展している。

そもそも公武関係史研究は、前述のように、天皇・朝廷の存在意義や存続理由を問う中で広がっていった。その出発点は、「なぜ武家権力は、天皇や朝廷を滅ぼそうとしなかったのか（あるいは利用したのか）」という問いである。この問いに対する答えとして直ちにあげられるのは、天皇の持つ「伝統的権威」や「血統」ゆえといった抽象的かつ一般的な言葉であるが、そこで議論が止まってしまい、実態に即した説明には結びつかない。

今後は、「伝統的権威」や「血統」といった言葉に安易に頼らず、中世～近世という「武家の時代」において、武家権力者の政治・支配にとり、天皇・朝廷にはいかなる役割や存在意義があったのか、また武家権力者側も政治支配をおこなううえで天皇や朝廷とどう関係をとり結んでいったか、検討する必要がある。具体的には、朝廷―武家間の、その時々の問題点・政治課題の中から、公武の両者がどのような関係を構築していったかを探る作業である。この作業を通して朝廷―武家間の総体、および天皇・朝廷のありようを描き出し、中世～近世の国家・社会の中に位置づけることが求められよう。

朝廷イメージの一新

前述のように近年にいたり、伝奏（武家伝奏）制度を含め朝廷の組織・機構といった内部構造の解明は着実に進展している。ただ残念なことに、一般啓蒙書にはまだその成果が十分に反映されているとは言い難い。今回は、「武家の時代」の中、姿の見えにくい天皇・朝廷のありようを探るうえで、朝廷―武家間の関係（公武関係）という側面からアプローチしていきたい。公武関係すなわち朝廷と武家権力の位置関係を考える際、「交渉人」への着目は一つの切り口となるだろう。

鎌倉時代から江戸時代末までの約七百年間、朝廷と武家との関係の屋台骨《やたいぼね》を支えた交渉人たる公家たちは、いったいどのような存在で、いかなる場でどのようなはたらきをしたのだろうか。鎌倉～江戸時代末にいたる朝廷―武家間の交渉人の歴史を、本書に集った九人の研究者たちが描き出す。各時代の交渉人たちが果たした役割を具体的に紹介することを通して、公家の政治的なはたらきを示す。これにより、「権威の担い手」といった従来の単純なイメージや、文化的な面でのみ注目されてきた公家像を一新させ、新たな公家像を提示する。

さらに、交渉人を切り口として朝廷─武家間の関係を実体的に描く中で、鎌倉～江戸時代末までの、それぞれの武家権力の個性や特質を追究したい。このことは、ひいては公武関係の枠組みを超えて、中世・近世の権力構造の比較研究に発展しえるだろう。

また近年、日本史研究は進展するにつれ、逆に精緻《せいち》化・細分化する傾向にある。とくに、古代・中世・近世・近代といった歴史の時代区分の枠組みによって、各時代の研究が分断された結果、蛸壺《たこつぼ》化の懸念も生じることとなった。今回、交渉人をキーワードに、鎌倉～江戸時代末、時代区分で言うと中世～近世をまたいで、朝廷─武家間の関係構築のありようを通史的に捉える。公武交渉という一つのテーマで議論するという試みによって、蛸壺化する現在の研究状況に一石を投じてみたい。

なお、交渉人たる公家の役職名は、史料上では「関東申次」「武家執奏」「伝奏」「武家伝奏」と表記される。おおむね「関東申次」は、鎌倉時代の中期（寛元四年、一二四六）に成立したと見なされている。その後、南北朝期には「武家執奏」、室町時代に入って「伝奏」と表記されるようになり、江戸時代にいたると「武家伝奏」という表記も見られるようになる。このように、史料上での表記は時代により異なるが、いずれも朝廷─武家間の意思（意志）疎通をはかる交渉人、連絡役、仲介者という語義であることをあらかじめお断りしたい。

さらに、史料用語については、各執筆者によって若干の見解の相違はあるだろうが、それは各々の判断に一任した。

本書では、最新の伝奏（関東申次・武家執奏・武家伝奏も含む）研究および公武関係研究の成果を一般読者にわかりやすく伝えるために、史料は可能な限り意訳し、難解な用語にはふりがなや説明を施している。さらに読者の理解を助けるため、伝奏の具体的人名および就任期間は各時代ごとに章末に一覧表化し、より密接な血縁関係で構築されていた鎌倉時代の関東申次については、系図も掲載している。加えて、「天皇家略系図」および、伝奏の出身階層を示す「堂上《とうしょう》公家の家格《かかく》と官職《かんしょく》相当表」も用意した。いずれも、最新の研究成果を盛り込んでおり、今後の研究にも大きく寄与するものと自負している。本文とあわせて参照されたい。

また、本書は一般啓蒙書であるため、読みやすさを重視し、学術論文のように逐一注記を施していない。あまたの先行研究に厚く敬意を表するとともに、ご海容をお願い申し上げる次第である。本書を読まれて、関心を持たれた読者には、ぜひ各章末の主要参考文献のご一読をお勧めする。

第Ⅰ部

鎌倉時代

関東申次の誕生と活躍

第一章　関東申次成立前史

細川重男

はじめに

第Ⅰ部第一・二・三章は鎌倉時代が担当である。朝廷と鎌倉幕府の交渉における朝廷側窓口の役職、いわば交渉人を関東申次《かんとうもうしつぎ》（関東は、鎌倉時代における鎌倉幕府の呼称）といい、西園寺《さいおんじ》氏が世襲的に就任した。よって必然的に第一・二・三章は関東申次が主題となる。

ところが、関東申次の正式な成立は、鎌倉時代も中期にはいった寛元四年（一二四六）十月、鎌倉幕府執権、従五位上《じゅごいのじょう》左近将監《さこんのしょうげん》北条時頼《ほうじょうときより》の指名による従一位《じゅいちい》太政大臣《だいじょうだいじん》西園寺実氏《さねうじ》の就任である（『葉黄記《ようこうき》』同年八月二十七日・十月十三日条）。

これ以前の時期には、関東申次についての基本史料である『葉黄記』同四年三月十五日条に記された坊門信清《ぼうもんのぶきよ》・西園寺公経《きんつね》・九条道家《くじょうみちいえ》、および源頼朝《みなもとのよりとも》期の吉田経房《よしだつねふさ》が朝幕間交渉の仲介役として活動していたことが、先行研究によって明らかにされている。ほかに若干の人物を関東申次正式成立以前の朝幕仲介役に加える意見もある（以前は大炊御門頼実《おおいのみかどよりざね》を加える意見もあったが、これは西園寺公経の誤り）。

西園寺実氏より前の朝幕仲介役を、関東申次と認定するかしないかは、研究者によって意見が分かれている。本書では、この問題には直接触れず、実氏以前の朝幕仲介役について具体的に論ずることにした。

第一章では、読者の混乱を避けるため、実氏以前の朝幕仲介役については、単に「朝幕仲介役」と記し、「関東申次」とは呼ばないことにする。

各章の区分は、時代により、

第一章：源頼朝期〜承久《じょうきゅう》の乱《らん》

第二章：承久の乱終結〜正式な初代関東申次である西園寺実氏の薨去《こうきょ》（皇族および三位《さんみ》以上の者の死去）

第三章：第二代西園寺実兼《さねかね》就任〜鎌倉幕府滅亡

とした。区分の根拠は、承久の乱が朝廷と幕府の武力対決、朝廷の敗北という日本史上でも重大な事件であること、実氏の就任が関東申次の歴史にとって画期なのは明らかなことである。しかし、これは便宜的なもので、この区分自体が適切かどうかを含め、各章で検討する。

なお、第一章では鎌倉時代公武交渉の前史として、鎌倉幕府に先行する日本最初の武家政権（武士の政府）「平氏政権」を築いた伊勢平氏（以下、武門《ぶもん》平氏〈「武門」は「武士の家」の意味〉）の時代についてまとめてから鎌倉幕府に入る。

第三章では鎌倉幕府滅亡、すなわち関東申次消滅の後の西園寺氏についても言及する。

また、参考文献は第一・二・三章に共通するものであり、八〇頁の系図は適時参照されたい。第一章は、第一節「武門平氏の時代」、第二節「源頼朝の時代」、第三節「頼朝薨去から承久の乱まで」の三部構成とした。女性名は訓読みで世に知られている人以外は、音読みで表記した。

1　武門平氏の時代

平治元年（一一五九）十二月の平治《へいじ》の乱《らん》に勝利して以後、「唯一の武家の棟梁《とうりょう》」となった平清盛《たいらのきよもり》率いる武門平氏は官位《かんい》（王朝官職と位階《いかい》）の面でも先例を超えた昇進を遂げ、朝廷において勢力を拡大してゆく。

清盛は全ての武士を支配下に置き、事実上、国家の軍事権を独占した。朝廷では永暦元年（一一六〇）、参議《さんぎ》（律令制の中央官庁である太政官《だじょうかん》を構成する議政官《ぎせいかん》の最下位）・正三位《しょうさんみ》となり、武士で初めて公《く》卿《ぎょう》（三位以上の位階もしくは参議以上の官職を持つ上級貴族）に列した。仁安二年（一一六七）には議政官の最高職である太政大臣となる。太政大臣は天皇の補佐役である摂政《せっしょう》・関白《かんぱく》を別格とすれば、朝廷

現在の福原
（摂津福原。現，兵庫県神戸市兵庫区平野）
平清盛は，この地に建造した別荘から国政に関与した。（神戸市教育委員会提供）

におけるトップの役職である。当然のことながら、このような清盛の意向は、朝廷政務にも大きな影響を与えた。

この武門平氏の勢力拡大期から寿永二年（一一八三）七月の都落ちによる武門平氏の政権脱落までの期間は、短期間の高倉親政《たかくらしんせい》・院政《いんせい》期を除き、後白河《ごしらかわ》院政期と重複する。次に後白河院政の政務運営方式を概観する。

後白河院政の政務運営方式

あえて書いておくと、院とは太上《だじょう》天皇、略称して上皇《じょうこう》、つまり退位した元・天皇、出家すると法《ほう》皇《おう》の別称である（以下、院で統一）。現役の天皇の直系尊属（父・祖父・曾祖父など）である院が、天皇家の家長、当時の言葉で言う「治天《ちてん》」「治天下《ちてんか》」「治天《ちてん》の君《きみ》」として国政を執った政治体制が、院政である。

後白河院政は、白河院《しらかわいん》（後白河院の曾祖父《そうそふ》）・鳥羽院《とばいん》（後白河院の父）に続く三代目の院政であり、後白河院の後は後鳥羽《ごとば》天皇（後白河院の皇孫、高倉院の皇子）による短期の親政を経て、後鳥羽天皇退位後の後鳥羽院政となり、承久の乱に至る。

後白河院政における政務運営方式を記すと、院は天皇・摂関《せっかん》（摂政または関白）と合議をおこない、主立った公卿の会議である議定《ぎじょう》の意見をも聞き、政治的な決定をおこなう。

このシステムにおいて、天皇・摂関を含めた諸方と院との仲介役を担ったのは、蔵人《くろうど》と院伝奏《いんてんそう》である。蔵人・院伝奏を介してのルートが、諸方と院とをつなぐ通常のルートであった。

蔵人は、律令に規定が無く後に設置された官職である令外官《りょうげのかん》の一つで、本来は天皇の秘書官的役職である。

院伝奏は、院政下において院と諸方の仲介をおこなう役職で、律令制の役職である王朝官職ではない。院伝奏は、諸方からの請願に対する返答を含めた院の意志を伝える文書である院宣《いんぜん》の奉者《ほうじゃ》（書き手）をも務めた。

平清盛の院への意思伝達方式

長い間、清盛も院との意思疎通では、前述のルートを介しており、清盛の意志は院政の通常のシステムによって後白河院に伝えられている。

ところが、武門平氏からは蔵人頭《くろうどのとう》（蔵人のリーダー）に任官《にんかん》した者が複数あったが、いずれも蔵人頭としての職務をおこなっていない。武門平氏にとって蔵人頭は、公卿昇進への途中で任官する名目的な官職にすぎず、蔵人頭としての立場から朝廷政務に関与するという意図は無かったことがわかる。

また、武門平氏から公卿が多数出たことはよく知られているが、議定にも、武門平氏出身の公卿は加わっていない。

院伝奏には、清盛の妻平時子《ときこ》の弟平時忠《ときただ》が、平治の乱直後の永暦年間（一一六〇～六一年）から在職していた。

だが、時子・時忠の家系は桓武《かんむ》平氏ではあるものの、武門平氏の祖高望王《たかもちおう》（平高望）の伯父（父高見《たかみ》王の兄）高棟《たかむね》王（平高棟）の子孫であり、普通の王朝貴族であって武門ではなかった。「此一門にあらざらむ人は皆人非人なるべし」（いわゆる「平家にあらずんば人にあらず」）と言い放ったと『平家物語』に記されていることは、あまりにも有名であるが、清盛の義弟として権勢を振るった平時忠は、そもそも武門平氏ではなかったのである。また、時忠の院伝奏としての活動開始は早く、清盛が送り込んだものとは考えがたい。

つまり、清盛は議定において武門平氏派の公卿を通じて議定に自己の意志を反映させる以外では、院政の通常ルートによって後白河院と意思疎通をおこなっていたのである。

以上のことは、清盛が独自のシステムやルートを「構築できなかった」のではなく、「構築する必要が無かった」からと考えられる。新たな役職やシステムは必要があってこそ作り出されるものである。清盛は院政の通常システムで自分の意志を国政に反映できていると考えており、ゆえに新たなシステムの設置をそもそも考えていなかったのであろう。

平宗盛の登場

状況に変化が起きるのは、治承年間（一一七七～八一年）である。後白河院と清盛との仲介役を蔵人でも院伝奏でもない平宗盛《むねもり》（清盛の三男。清盛薨去後、武門平氏惣領《そうりょう》）が担うようになる。

治承二年（一一七八）正月二十日、後白河院が二月に園城寺《おんじょうじ》で伝法灌頂《でんぽうかんじょう》（真言密教《しんごんみっきょう》において、秘法を受け継ぐための儀式。これを受けた者を阿闍梨《あじゃり》と称す）を受ける予定であることに、園城寺とは犬猿の仲である延暦寺《えんりゃくじ》（比叡山《ひえいざん》）が怒《いか》って蜂起《ほうき》し、これに対処するため、京都から清盛が暮らす摂津国《せっつのくに》（現、大阪府および兵庫県の一部）福原《ふくはら》の別荘に派遣されたのが宗盛であった（『山槐記《さんかいき》』同日条）。

この新たなルートは、仁安三年（一一六八）に出家し法名浄海《ほうみょうじょうかい》を称した清盛が福原の別荘に居住するようになり、京・福原間の距離と時間に対応するためであったと考えられる。

そして治承三年十一月十五日、清盛はクーデタを決行し、二十日には後白河院を幽閉。この「治承三年のクーデタ」以後が、厳密な意味での「平氏政権」とされる。

以降、治承四年二月二十一日の高倉天皇退位・安徳《あんとく》天皇（清盛と時子の娘建礼門院《けんれいもんいん》平徳子《とくこ》が生んだ高倉院の皇子。清盛の外孫）践祚《せんそ》（天皇の位につくこと）、五月十五日以仁王《もちひと》（高倉院の庶兄）の反平氏クーデタ計画発覚からの内乱（源平合戦、治承《じしょう》・寿永《じゅえい》の内乱）勃発、六月二日福原遷都、十一月二十三日京都還都、養和元年（一一八一）正月十四日高倉院崩御《ほうぎょ》、後白河院政再開、閏二月四日清盛薨去と、事態はめまぐるしく展開するのである。

女房伝奏若狭局

後白河院幽閉《ゆうへい》から高倉院崩御まで一年二ヶ月弱続いた高倉親政・院政では、蔵人・院伝奏に代わり、天皇・院に近侍《きんじ》する女房《にょうぼう》が諸方との仲介役を果たしている（＝女房伝奏《にょうぼうてんそう》）。

女房伝奏の活動は平氏政権というよりも、高倉親政・院政の特徴である。高倉親政は清盛のクーデタによって急遽開始されたのであり、しかも開始時点で高倉天皇は十九歳の若年であった。そしてクーデタから三ヶ月後に退位して院政に移行してから十一ヶ月にして高倉院は崩御する（二十一歳）。このような状況下では、高倉院は蔵人・院伝奏との信頼関係を築く時間的余裕が無く、結果、近侍する女房が仲介役とならざるをえなかったのではないか。

だが、女房伝奏を務めた若狭局《わかさのつぼね》平政子（言うまでもないが、源頼朝の妻北条政子《ほうじょうまさこ》とは同氏・同名の別人）と治承三年（一一七九）のクーデタ以前から後白河院・清盛の仲介役となっていた平宗盛には、私的なつながりがあった。

清盛の妻平時子の妹である建春門院《けんしゅんもんいん》平滋子《じし》は、後白河院の后《きさき》となって、高倉院を産んだ。宗盛は時子の産んだ清盛の子の中では長子であり、つまり宗盛は建春門院の甥で、しかも建春門院の猶子《ゆうし》（相続権の無い養子）ともなっていた。一方、若狭局は系譜不詳の人だが、建春門院の乳母《めのと》で、高倉院にも乳母のごとく仕えた「執権の人」であった（『山槐記』治承三年正月三日条）。

治承三年十一月における清盛のクーデタの際には、清盛と高倉天皇との交渉において、「右将軍《うしょうぐん》（宗盛）及び若州《じゃくしゅう》（若狭局）等、数遍往還《すうへんおうかん》、内々議定」（『玉葉《ぎょくよう》』同三年十一月十五日条）と宗盛・若狭局を介したやりとりが頻繁になされていたことが知られている。

このように、建春門院を介した私的関係を基盤に、「高倉院―若狭局―平宗盛―平清盛」という新たなルートが構築された。ここに武門平氏独自の仲介システムの萌芽を見出すことができる。

しかし、若狭局は高倉院崩御によって政界を去り、このシステムは消滅した。再開された後白河院政において、院と武門平氏との仲介役には蔵人が復活し、そのまま寿永二年（一一八三）七月二十五日、源（木曾）義仲《よしなか》軍の迫る中での平氏都《みやこ》落《お》ちを迎えたのであった。

平治の乱以来、朝廷・院政と強く結びついて成長して来た武門平氏による朝廷中枢との意思疎通は、清盛出家から高倉院崩御までの期間に独自システムの萌芽が見られるものの、基本的に院政の通常システムによっていたのである。

2　源頼朝の時代

治承四年（一一八〇）八月十七日に伊豆《いず》（現、静岡県の一部）で挙兵し、同年十月六日に鎌倉に入った源頼朝の朝廷（後白河院）への接触が史料で確認できるのは、『玉葉』養和元年（一一八一）八月一日条である。「又聞く。さんぬるころ、頼朝、密々に院に奏して云わく」として、「全く謀叛《むほん》の心無し」以下、頼朝が後白河院に伝えてきた自身の立場の表明が記されている。「さんぬるころ」（「先日」「このあいだ」といった意味）とあるから、頼朝からの接触は七月中（おそらく同月末）で、内容からして

鶴岡八幡宮（別称鎌倉八幡宮）

治承４年（1180），鎌倉に入った源頼朝は，源氏の守護神として鶴岡八幡宮を，由比ヶ浜辺から現在地（神奈川県鎌倉市雪ノ下）に移した。（鶴岡八幡宮提供）

も、これが頼朝から朝廷への最初の接触と考えられる。

鎌倉入りから十ヶ月後（養和元年には閏二月がある）にあたる。しかも、治承四年中は十月二十日の富士川合《ふじがわのかっ》戦《せん》、十一月の常陸《ひたち》佐竹《さたけ》氏討伐と坂東《ばんどう》（現、関東地方）平定のための戦闘が連続し、同時に鎌倉の町作りが進められていたので、反乱軍であることを自覚していた頼朝が地位の公認を求めて後白河院との接触を急いでいたことがわかる。だが、この時、頼朝がどのようなルートを使用したかは不明である。

院伝奏高階泰経

頼朝・後白河院の仲介者が確認されるのは、元暦元年（一一八四）二月二十五日。仲介者として頼朝が選んだのは、院伝奏高階泰経《たかしなのやすつね》であった（『吾妻鏡《あずまかがみ》』〈以下、『鏡』〉同元年二月二十五日条）。頼朝は朝廷政務についての意見を記した文書を泰経宛で送付したのである。

同年十月二十八日にも頼朝は泰経を仲介者としている（『鏡』同元年十月二十八日条）。石清水八幡宮《いわしみずはちまんぐう》の所領《しょりょう》（所有する領地）に関して頼朝は泰経に書状を送り、後白河院への伝達を依頼したのである。

後白河院との意思疎通のために、頼朝は、まず武門平氏と同じく院政の通常システムを使用したのであった。

朝幕仲介役吉田経房

ところが、翌文治元年（一一八五）、三月二十四日の武門平氏滅亡（壇《だん》ノ浦《うら》合戦）の直後、頼朝は朝幕仲介役として吉田経房を選ぶ（経房自身の日記『吉記《きっき》』同元年五月十一日条、『鏡』同月十六日条）。捕縛《ほばく》された武門平氏惣領平宗盛・清宗《きよむね》父子の鎌倉下向と宗盛父子を含めた武門平氏残党の処置について、頼朝が経房を仲介役として後白河院に奏聞《そうもん》（院・天皇への申し上げ）したところ、宗盛父子の鎌倉下向許可と平時忠を除き残党は死罪とするという院からの返答がなされたのである。

そして院伝奏高階泰経は、同年後半の頼朝・義経兄弟対立の激化に際し、義経らへの頼朝追討を命じる宣旨（天皇の命令を伝える公式文書）の発給を後白河院に仲介したとして、十一月二十六日、頼朝の抗議により籠居《ろうきょ》・失脚した（『鏡』同日条）。なおこの時、頼朝の要請で設置された「議奏《ぎそう》公卿」（『鏡』同年十二月六日条）は、泰経らの排除を目的としており、実態は無い。

高階泰経失脚を契機に、「後白河院―院伝奏藤原定長―吉田経房―源頼朝」というルートが成立する。

院伝奏藤原定長《ふじわらのさだなが》（経房の弟）と頼朝の間に経房が、いわば頼朝（鎌倉幕府）担当の仲介役として入ったのであり、これはまさしく後の関東申次と同様の役割である。経房を初代の関東申次とする評価があるのは、ここに理由がある。

頼朝が経房という仲介担当者を置いた理由は、やはり距離の問題が第一であろう。鎌倉は京都からは、清盛の福原とは比較にならない僻遠《へきえん》の地である。頼朝は自己の意志をスムーズに後白河院に伝えるため、院伝奏とは別個の担当者が必要だと考えたのであろう。

朝廷と不即不離の関係にあった武門平氏とは異なり、もともとが反乱軍である頼朝の勢力〈鎌倉幕府〉は、客観的には朝廷とは別個の組織である。遙《はる》か彼方《かなた》の地に突如出現した強大な武装勢力にいかに対処するか、後白河院〈朝廷〉は困惑、はっきり言ってしまえば、困っていたはずである。後白河院としても、頼朝と直結する役割を朝廷側に置くことは、渡りに船であったのではなかろうか。

吉田経房選択の理由

では、経房はなぜ頼朝に仲介役として選ばれたのであろうか。

経房の家系は朝廷〈律令制〉の中央官庁である太政官の実務執行・文書《もんじょ》発給を担当する弁官《べんかん》と前述の蔵人に代々任官しており〈『尊卑分脈《そんぴぶんみゃく》』〉、貴族社会にあっては家柄はさして高くはないが実務能力に秀でた家であった。

経房自身も、たとえば高倉院政下で蔵人頭・左中弁《さちゅうべん》として女房を介して福原から京都への還都《かんと》の日取りについて高倉院に奏事《そうじ》〈院・天皇への申し上げ〉をおこなっている〈『吉記』治承四年十一月十三日条〉。

そして、経房六代の孫〈経房の子定経の玄孫《げんそん》〈孫の孫〉〉隆長《たかなが》の著した『吉口伝《きっくでん》』に次のような記事がある。

保元元年（一一五六）七月の保元《ほげん》の乱《らん》以前、伊豆の武士北条時政《ときまさ》は同国目代《もくだい》（代官）に捕縛された。ところが、この時、伊豆守《いずのかみ》であった吉田経房の裁定は公平なものであった。やがて時政の娘政子は流《る》人《にん》源頼朝の妻となる。頼朝挙兵後、経房の人格を知っていた時政は、経房を後白河院との仲介役として頼朝に推薦した。

文治元年（一一八五）十一月、義経問題で上洛した時政は経房と直接会って交渉し、いわゆる守《しゅ》護《ご》・地頭《じとう》設置について後白河院から承認を引き出しており（『玉葉』同月二十四日条、『鏡』同月二十五～二十九日条）、時政と経房が以前からの知り合いであったことが背景に想定できよう。『吉口伝』の記事は信用度が高いと推定される。

後白河院との意思疎通の窓口を求めていた頼朝は、直接的には舅《しゅうと》である北条時政の推挙により、朝廷における地位も適任な吉田経房を選んだといえよう。

建久三年（一一九二）三月十三日の後白河院崩御の後、後鳥羽天皇親政期にも、経房の朝幕仲介役としての活動は確認できる（『鏡』建久四年五月七日条・同五年五月二十九日条・七月三日条）。

一本化されなかったルート

だが、一方で頼朝は建久元年（一一九〇）・二年には、復権した高階泰経を朝幕仲介役ともしている（「石清水八幡宮記録当宮縁寺抄《とうぐうえんじしょう》」〈鎌倉遺文四九八〉、『鏡』建久元年五月三日・閏十二月五日条）。

吉田経房ルートと高階泰経ルートは併存していたことになろうか。経房ルートこそが頼朝が基軸とした朝幕仲介ルートであったことは明らかであるが、その他のルートもあり得たことは、後の関東申次との相違点である。

吉田経房は正治二年（一二〇〇）閏二月十日、五十八歳で薨去した（『猪隈関白記《いのくまかんぱくき》』同二年閏二月十一日条）。頼朝は前年正月十三日、五十三歳で薨去していた。頼朝の後援もあり極位《ごくい》（その人が達した最高位階）は正二位、極官《ごくかん》（同じく最高官職）は権大納言《ごんのだいなごん》（「権」は「仮」の意味で、正式な大納言に対し、権大納言は「定員以外の大納言」の意味。権官《ごんかん》といって、他の官職にもみられる）と、経房は家例を越えた立身《りっしん》を遂げたが、朝幕仲介役の地位は子孫に引き継がれることはなかった。「経房の公武交渉との係わりは頼朝とともにあったとみてよい」という森茂暁氏の評は的確である（森：一九九一）。

鎌倉時代の公武交渉システムの成立までには、なお紆余曲折《うよきょくせつ》が続くのである。

3　頼朝薨去から承久の乱まで

第三節の時期は、公武交渉関係史料が極端に減少する。頼朝薨去後、鎌倉幕府では有力御家人間の権力闘争が連続した末、承久元年（一二一九）正月二十七日、三代将軍源実朝《さねとも》が暗殺され、源氏将軍家が断絶するという幕府の混乱期に当たり、実朝薨去の二年後、承久三年五月に承久の乱が起こるためである。

だが、この時期の朝幕仲介役が坊門信清と西園寺公経であったこと、二人の活動期間に重複があったことは、「はじめに」で紹介した『葉黄記』寛元四年（一二四六）三月十五日条などから認められている。まず、二人の生没年を記す。

○坊門信清　平治元年（一一五九）～建保四年（一二一六）三月十四日：五十八歳
（『仁和寺日次記《にんなじひなみき》』『尊卑分脈』。『公卿補任《ぶにん》』は五十七歳とす）

○西園寺公経　承安元年（一一七一）～寛元二年（一二四四）八月二十九日：七十四歳
（『平戸記《へいこき》』同日条）

坊門信清が西園寺公経の十二歳上である。以下、二人各々について紹介する。

坊門信清①――朝幕仲介役としての活動事例

坊門信清について、まず指摘しなければならないのは、信清の朝幕仲介役として確実な活動事例は、一例しかないということである。それは建永元年（一二〇六）五月から十一月にかけて起きた藤原定家《さだいえ》《ていか》の所領の地頭停止《ちょうじ》問題である（定家の日記『明月記』同年条）。ちなみに、この定家は歌人《かじん》として著名で、和歌の「家」冷泉《れいぜい》家の祖となる。

この一件で、信清は幕府宛院宣《いんぜん》（後鳥羽院の命令書。原文では「御教書《みぎょうしょ》《みきょうじょ》」）の奉者を務めている。ここでの院・幕府間の仲介ルートは、「後鳥羽院―院伝奏―坊門信清―幕府」であり（溝川：二〇〇三）、信清の役割は頼朝期の吉田経房と同じである。孤例ではあるが、「はじめに」に示した『葉黄記』同元年三月十五日条と合わせ、信清が朝幕仲介役であったことは認められるはずである。

もう一例、建永二年（一二〇七）六・七月の和泉《いずみ》（現、大阪府の一部）・紀伊《きい》（現、和歌山県・三重県の一部）守護停止の件（『鏡』同二年六月二十二・二十三・七月二十三日条）では、信清は仁和寺御室《にんなじおむろ》（仁和寺の住職）道法法親王《どうほうほっしんのう》の令旨《りょうじ》（皇族の意志を伝える文書）を幕府へ仲介している。幕府は京都守護（六波羅探題《ろくはらたんだい》以前の鎌倉幕府の在京職）中原親能《なかはらのちかよし》に処置を命じ、親能は和泉・紀伊守護代《しゅごだい》（守護の代官）に出頭を命じたこと、それを信清に言上《ごんじょう》したことを使者をもって幕府に報告した。この場合、信清は朝幕仲介役ではなく、仁和寺御室と幕府の仲介役であるが、仁和寺御室がなぜ信清に幕府との仲介を依頼したかといえば、信清が朝幕仲介役の職にあったからと考えて良いであろう。この事例は、信清が朝幕仲介役であったことの傍証となるものである。

坊門信清②——後鳥羽院に選ばれた朝幕仲介役

信清の家系は中関白《なかのかんぱく》藤原道隆《みちたか》の子隆家《たかいえ》（藤原道長《みちなが》の甥）の後胤《こういん》である（『尊卑分脈』）が、貴族社会での家柄は高くない。極位だけ記すと、隆家の孫（経輔《つねすけ》の子）で信清の高祖父《こう》（祖父の祖父）である師信《もろのぶ》が正四位下《しょうしいのげ》、その子経忠《つねただ》が従二位、その子で信清の祖父信輔《のぶすけ》が正四位下、その子で信清の父信隆《のぶたか》が正三位と、公卿になれたりなれなかったりしている。

このような家系の出である信清が、極位正二位、極官内大臣《ないだいじん》という家例をはるかに越える立身を遂げ得たのは、妹七条院《しちじょういん》藤原殖子《しょくし》が高倉院の后となり、後鳥羽院を産んだからである。

本節の時期は、朝廷にあっては後鳥羽院政期にあたり、後鳥羽院が承久の乱に向かって専制化を強めていく時期であったから、信清は後鳥羽院の伯父として勢力を伸張したのである。

さらに信清は娘を後鳥羽院の女房に入れ（坊門局《ぼうもんのつぼね》）、もう一人の娘位子《いし》を後鳥羽院の皇子である順徳院《じゅんとく》の女房に入れたから、信清と後鳥羽院はほとんど一体化しているといいうるほど私的に結びついていた。

その信清のいま一人の娘が、元久元年（一二〇四）十二月十日、十二歳で鎌倉に下向し、源実朝《さねとも》の妻となる。夫実朝は時に十三歳。前年である建仁三年（一二〇三）九月七日、失脚した兄頼家《よりいえ》（当時、二十二歳）に代わって征夷大将軍《せいいたいしょうぐん》に任官してから、わずか一年三ヶ月後である。

信清は将軍の外戚《がいせき》（妻の兄）という私的関係を根拠に朝幕仲介役を務めることとなる。将軍との私的関係を根拠とする点で、信清は前任の吉田経房と大きく異なっていた。経房の仲介役としての活動が、頼朝との個人的信頼関係に基づくものであったのは間違い無いが、経房と頼朝には、信清と実朝のような具体的な姻戚《いんせき》関係などは無かった。

しかし、それよりも重要なのは、実朝・信清娘の婚姻が、後鳥羽院と信清の関係からして、朝廷側から進められた可能性が高いことである。吉田経房の場合とは逆に、坊門信清は朝廷（後鳥羽院）の選んだ朝幕仲介役であったと推定される。この事態は、後鳥羽院への権力集中の強まる朝廷と、混乱の中で幼い将軍を擁立した鎌倉幕府のパワー・バランスが生み出した新しい状況であった。

信清の子忠信《ただのぶ》は、承久三年（一二二一）承久の乱に際し、権大納言という公卿でありながら、自ら京方軍勢を率いて淀《よど》の渡《わたし》に出陣している（『鏡』同三年六月十二日条）。『承久記《じょうきゅうき》』によれば、率いた兵数は「一千余騎」である。坊門家の政治的立場を良く示している。
忠信は幕府軍に捕縛《ほばく》されたものの、妹が源実朝未亡人であったことから、処刑はまぬがれた。だが、坊門家が信清の務めた朝幕仲介役を引き継ぐことはなかったのであった。

西園寺公経①——朝幕仲介役としての活動事例

西園寺公経は坊門信清に比べ、朝幕仲介役としての活動例は多い。典型事例として承久二年（一二二〇）二月から六月にかけての東大寺所領荘園における地頭停止の件を紹介する（森：一九九一・溝川：二〇〇三）。

「関東に仰《おお》せ遣《つか》わしむべし（鎌倉幕府に伝えるように）」という内容の後鳥羽院の院宣が公経宛に出される。↓公経が幕府に通知（文書は現存せず）。↓幕府は執権北条義時《よしとき》の書状で地頭を停止したこと、それを後鳥羽院に伝えてほしいことを公経に連絡。↓公経は地頭が停止されたことを院伝奏宛の書状で伝達。↓地頭停止を伝える東大寺宛の院宣が出される。

公経が吉田経房以来の朝幕交渉役を務めていることが明瞭に理解される。

西園寺公経②——家系および源氏将軍家との姻戚関係

西園寺公経の家系は、従一位・太政大臣藤原公季《きんすえ》の後胤《こういん》であるが、吉田・坊門ほどではないものの、公卿に至る上級貴族の中では家柄はそれほど高くはなかった。

公季の子実成《さねなり》から公経の祖父公通《きんみち》まで六代、極官は大納言・権大納言・中納言・権中納言で、大臣にはいたっていない。公経の父実宗《さねむね》は内大臣となったが、内大臣は太政大臣・左《さ》大臣・右《う》大臣に次ぐ大臣の最下位であった（『尊卑分脈』）。

その公経が妻としたのは、藤原道長の子頼宗《よりむね》の後胤（『尊卑分脈』）一条能保《いちじょうよしやす》（頼朝期に貴族でありながら幕府の役職である京都守護を務めた）と頼朝の妹の娘全子《ぜんし》であった。全子は実朝にとっては従姉《いとこ》であり、公経は全子との婚姻によって、源氏将軍家の姻戚となったのである。

これが公経が朝幕仲介役となった根拠であり、坊門信清と同じく、朝幕仲介役就任の根拠は、将軍との姻戚関係、つまり私的関係であった。

全子の姉は、摂関家《せっかんけ》九条《くじょう》家の良経《よしつね》に嫁ぎ、道家を生む。そして公経は全子の生んだ娘綸子《りんし》を、綸子の従兄である道家の室とするのである。

建保五年（一二一七）十一月八日、公経は後鳥羽院の怒りを受け、籠居した。理由を『愚管抄《ぐかんしょう》』は、大炊御門師経《もろつね》と近衛大将《このえのたいしょう》を争った際、思い通りにならないため公経が「実朝ニウタエン（実朝に訴えてやる）」と言い放ったがゆえだとしている。公経の籠居を聞いた実朝がとりなしたため、公経は翌年許されている。

このエピソードが象徴するように、公経は源氏将軍家との姻戚関係を朝廷での出世の手段と考えていた。そして実朝のとりなしで許しをえているのであるから、将軍家との姻戚関係は効果を発揮したのである。将軍家および幕府との特別な関係を積極的に利用しようとする朝幕仲介役が出現したのである。

だが、承久元年（一二一九）正月二十七日、実朝が暗殺され、源氏将軍家は断絶した。公経と将軍家との関係も消滅した。しかしながら、実朝の後継者、将来の四代将軍として選ばれたのは、公経の娘綸子が産んだ九条道家の子三寅《みとら》（承久元年、二歳。後の四代将軍九条頼経《よりつね》）であり、しかも、三寅は公経が養育していた（『愚管抄』）。三寅が将軍候補として鎌倉に下ったことが、左記にみたように実朝暗殺後の承久二年にも公経が朝幕仲介役を務めていた理由であろう。

なお、公経の朝幕仲介役を務めた最も早い事例は現在、建保元年（一二一三）十月とされており、坊門信清は建保四年三月に没しているので、信清と公経が並んで朝幕仲介役を務めた時期は、それほど長いものではなかったかもしれない。

西園寺公経③——承久の乱での行動

承久の乱は、承久三年（一二二一）五月十五日、京方《きょうがた》軍勢が京都守護伊賀光季《いがみつすえ》を攻め殺したことで開戦する（『鏡』同三年五月十九日条。以下、とくに記さないかぎり、史料は『鏡』）。前日の十四日、公経は光季に後鳥羽院の挙兵計画を知らせた直後、子息実氏《さねうじ》とともに後鳥羽院の命令で幽閉された。

十九日、十五日に光季が討たれる直前に発した飛脚と公経の家司《けいし》（家臣）三善長衡《みよしのながひら》が同日に発した飛脚が鎌倉に到着し、幕府は京方の挙兵を知った。幕府は京都への軍勢出陣を決定し、二十二日朝、北条泰時《やすとき》がわずか十八騎で鎌倉を発つ。十九万騎を号する大軍となった幕府方軍勢は京方軍勢を蹴散らし、承久の乱が幕府方の勝利に帰すことはいうまでもない。

六月八日、京方の敗報が次々と届く中、後鳥羽院は比叡山に向かった。公経・実氏父子は「囚人のごとくに」という扱いで同行させられ、翌九日には一時、斬罪《ざんざい》処分が浮上したが中止となった。十日、後鳥羽院らは帰京し、公経父子には許しが出た。不利を知った後鳥羽院は幕府方との交渉役として公経父子に期待したものと思われる。

まだ戦闘が続いていた六月十四日には、公経は家司三善長衡を泰時の陣に派遣している。これに対し泰時は家臣に公経邸の警護を命じ、帰る長衡に同行させた。

おわりに

承久の乱において、西園寺公経は己《おのれ》の生命と西園寺の家運を鎌倉幕府に賭けた。これは朝幕仲介役の職務を逸脱した、公経の個人的な行動であった。だが、それゆえにこそ、鎌倉幕府・北条氏が公経、ひいては彼の子孫西園寺氏への信頼を篤くしたことも事実であろう。源頼朝以来の試行錯誤と紆余曲折の末に関東申次が西園寺氏の世襲職となる遠因が、承久の乱での捨て身ともいうべき公経の行動にあったことは明白である。

とはいえ、西園寺実氏就任による関東申次成立は、寛元四年（一二四六）十月、承久の乱より二十五年後である。関東申次の正式成立までには、まだ長い前史が続くのであった。

【主要参考文献】

近藤成一『シリーズ日本中世史② 鎌倉幕府と朝廷』（岩波新書、二〇一六年）
下郡剛「伝奏の女房――高倉院政期の性と政」（院政期文化研究会編『院政期文化論集第一巻 権力と文化』森話社、二〇〇一年）
溝川晃司「鎌倉幕府派遣の対朝廷使者と朝幕交渉」（中野栄夫編『日本中世の政治と社会』吉川弘文館、二〇〇三年）
森茂暁『鎌倉時代の朝幕関係』（思文閣出版、一九九一年）
森幸夫「伊豆守吉田経房と在庁官人北条時政」（『季刊ぐんしょ』八号、続群書類従完成会、一九九〇年）

第二章　関東申次の成立

久保木圭一

はじめに

本章では、承久《じょうきゅう》の乱《らん》直後から、鎌倉幕府によって初めて正式に関東申次《かんとうもうしつぎ》として指名された西園《さいおん》寺実氏《じさねうじ》の時期までをとり扱う。本章の対象とする時期の朝幕間における交渉人のあり方は、前章に引き続いていまだその原初形態と呼ぶべき状況にある。朝廷が幕府と武力対決し敗れ去った承久の乱（承久三年、一二二一）は、朝幕間の力関係を一変させたものとして知られているが、結論から先に述べれば、関東申次の歴史に一線が劃《かく》されるのはさらにそれ以後、寛元四年（一二四六）に西園寺実氏が幕府によって関東申次に指名された時点であると見なすべきである。以後幕府は一貫して、その意思を朝廷に伝達するときにはもっぱら関東申次を経由することとなった。それ以前の関東申次たちは、おおむね鎌倉将軍との個人的縁故を背景に活動していたが、実氏以後は西園寺氏が、そうした縁故とは関係なく、幕府の指名によって関東申次の地位を世襲することで朝幕間の交渉を一手に引き受けるようになるのである。

実氏以前の関東申次については、断片的な史料が若干残されているにすぎず、その顔ぶれや任期といった基礎的な点ですら確定困難なのが実情である。まして、関東申次が朝幕間の交渉人としてどのような活動をしていたのかについては、さらにわからない部分が多々ある。このような事情であるので、実氏以前についてはまず交渉人（関東申次）たちの顔ぶれを探るところから始め、各々の活動について言及し、最後に実氏の果たした役割について述べることとする。

なお、前章に指摘される通り、「関東申次」という用語は実氏に至って初めて用いられたものであり、それ以前に朝幕間の交渉人の役割を果たした廷臣たちがどのように呼ばれていたかを示す史料はほぼ存在しない。本章では、前章にいわゆる「朝幕仲介役」と「関東申次」とが同居することから、便宜上、朝幕関係における朝廷側の交渉人（後世の「武家伝奏」にあたるもの）のことを一括して、「関東申次」と表記することとする。

1　承久の乱後の関東申次——鎌倉幕府指名以前の交渉人たち

『葉黄記』の語るもの

葉室定嗣《はむろさだつぐ》の日記『葉黄記《ようこうき》』寛元四年（一二四六）三月十五日条は、西園寺実氏以前の関東申次の役割を、以下のような人々が果たしていたと伝える。

後鳥羽《ごとば》上皇の院政時代……坊門信清《ぼうもんのぶきよ》・西園寺公経《さいおんじきんつね》
寛元四年三月まで……重事《じゅうじ》は九条道家《くじょうみちいえ》、細々雑事《さいさいぞうじ》は高階経雅《たかしなつねまさ》
それ以後……秘事《ひじ》重事《じゅうじ》は九条道家、僧俗《そうぞく》官等は一条実経《いちじょうさねつね》（道家四男）、雑務は葉室定嗣

九条道家が関東申次を務めていた時期、その分業体制が再編されたことを伝えるこの記事は、実氏以前の歴代の関東申次に関して具体的に書かれた、当時としてはほぼ唯一の史料である。頼朝時代の説明を欠くなどやや雑駁な内容だが、関東申次を語るうえでの出発点ともいうべき記事といえる。以下の記述はおおむねこの記事に準拠しておこなう（承久の乱前に死去した信清を除く）が、『葉黄記』に言及されていない人物であっても近年の研究で関東申次と見なしうる仕事をしていたと指摘されるものもいることから、そうした人々についてもとりあげ、解説する。

ちなみに、ここに記された「重事」や「秘事重事」、「細々雑事」「僧俗官等」「雑務」といった役割が具体的に何を示すかについては、「雑務」の中に訴訟が含まれていたらしいこと以外は、よくわかっていない。

西園寺公経

閑院《かんいん》流藤原氏の出身。摂関《せっかん》政治全盛期を築いた藤原道長《ふじわらのみちなが》の叔父、太政大臣公季《だいじょうだいじんきんすえ》を祖とする系統であるが、父実宗《さねむね》が内大臣《ないだいじん》となるまでは、父祖は長く大《だい》・中納言《ちゅうなごん》どまりであった。承久の乱以前から幕府とは関係が近く、大炊御門《おおいみかど》師経と右大将《うだいしょう》の地位を争ったときに三代将軍源《みなもとの》実朝《さねとも》に訴えようとして後鳥羽上皇の不興を買い一時籠居《ろうきょ》した逸話が伝わる（『愚管抄《ぐかんしょう》』第六）。承久の乱の時には京都守《しゅ》護《ご》（承久の乱以前の京都に置かれた鎌倉幕府の出先機関）伊賀光季《いがみつすえ》に朝廷の動向を伝えるなど親幕的な態度を取ったため、嫡子《ちゃくし》の実氏ともども一時身柄を拘束された。そうした関係から、逆に承久の乱後は対幕府の窓口となり得るほぼ唯一の上流貴族として立場を強めたといわれる。

妻の実家を通して源頼朝《よりとも》と遠い血縁関係にあり、承久の乱後四代将軍となった九条頼経《くじょうよりつね》（道家の三男）は、外孫にあたる。寛元二年（一二四四）八月、七十四歳で没するまで、朝廷の元老として君臨。後述するように、皇位継承などの重要局面などで、娘婿である九条道家とコンビを組んで朝幕関係にも強力にコミットしたことが知られる。その権勢が「福原《ふくはら》平禅門（平清盛《たいらのきよもり》）の権勢を超える」（『明月《めいげつ》記《き》』寛喜三年三月二十二日条）と評された点は、特記してよいであろう。

関東申次としての公経の活動内容は、多くは知られていない。承久の乱後に限っていえば、幕府の血縁者である公家の任官を支援していること（嘉禄二年十二月）、大臣人事について幕府との意思疎通をはかっていること（安貞元年三月）などが挙げられる（いずれも『明月記』）。前者は、執権《しっけん》北条泰時《ほうじょうやすとき》の弟朝時《ともとき》の異父弟である源資通の任官について幕府から公経に依頼があり、資通は侍従《じじゅう》に任官したというもの、後者は、公経が大臣の除目《じもく》（人事）について幕府に事前に申合せをしたものである。申合せの具体的内容は不明であるが、この除目で、かつて西園寺公経と右大将の地位を争ったとされる右大臣大炊御門師経が罷免《ひめん》され、代わりに道家の嫡男教実《のりざね》が右《う》大臣に、近衛兼経《このえかねつね》が内大臣に昇進している。

西園寺公経（『天子摂関御影』）

承久の乱前後から後嵯峨即位に至るまで，朝廷の元老的存在。九条道家は女婿。（宮内庁三の丸尚蔵館所蔵）

その活動時期は、後述する近衛父子や九条道家と重なっており（公経・道家の両者が共同で動いた事例については後述）、この時期の関東申次が複数並立していたらしいことがわかる。

近衛家実・兼経

近年の研究で、『葉黄記』の記述とは別に、摂関の地位にあった近衛家実《いえざね》・兼経父子が関東申次としての役割を果たしていたらしいことが指摘されている。家実について二件、家実の子兼経について一件と数少ない例であるが、紹介しておく。

近衛家実は、承久三年（一二二一）、承久の乱後に廃位された仲恭天皇《ちゅうきょう》の摂政《せっしょう》九条道家が一時退陣した後、新帝・後堀河《ごほりかわ》天皇の摂政（のち関白《かんぱく》）に就任した。家実の祖父は九条道家の祖父の兄にあたり、いわば嫡流《ちゃくりゅう》の立場であった。

貞応元年（一二二二）、石清水八幡宮《いわしみずはちまんぐう》が河内国《かわちのくに》（現、大阪府）にある所領で地頭《じとう》（荘園現地の管理人。当時は幕府によって御家人《ごけにん》が任命されていた）の濫妨《らんぼう》（横領などの不法行為）を受けたことを訴えた時、幕府は地頭の濫妨を停止するため、関東下知状《かんとうげちじょう》（執権・連署《れんしょ》が鎌倉将軍の命を奉じて発給する文書《もんじょ》）および執権北条義時《よしとき》の請文（受けた命令に対する返書）の二通の書状を発給した。その際、これらの文書を添えて後高倉院《ごたかくらいん》（後堀河の父、当時院政をおこなっていた）にあてて出された家実の御教書《みぎょうしょ》（三位《さんみ》以上の貴人の意思を伝える文書）が残っている。ここでは、

北条義時→近衛家実→（院伝奏《いんのてんそう》）→後高倉院

※（　）内は各々の綸旨《りんじ》（天皇の命令書）・御教書を奉じた人物。以下同じ。

という連絡ルートが認められる。

安貞元年（一二二七）、朝廷が当時急速に広まりを見せていた専修念仏《せんじゅねんぶつ》を全国で停止する旨を朝廷から幕府に伝達した際、参議《さんぎ》平範輔が奉者《ほうじゃ》（文書を発給する主体＝院・摂関などに代わり文書を直接作成する

人。発給の主体とは主従の関係にある場合が多い）となった家実の御教書が六波羅《ろくはら》と鎌倉にそれぞれ宛てられたことが知られている。この場合の連絡ルートは、

後高倉院→近衛家実→（参議平範輔）→鎌倉および六波羅

であったと考えられる。いずれも、家実が摂関の地位にあった時期のことである。

家実の子兼経の活動として知られるのは、仁治元年（一二四〇）十二月、朝廷が六波羅に対し群盗の鎮圧を求めたときのことである。『吾妻鏡《あずまかがみ》』翌二年正月十九日条に伝える二通の文書は、どちらも当時摂政であった兼経を主体としたものである。うち一通は実質的に四条天皇の綸旨であり、もう一通は前者を受けて関東申次の立場から六波羅探題《たんだい》北条重時《しげとき》に通知をした御教書とされる。すなわち、

四条天皇→（右大弁勘解由小路経光《うだいべんかでのこうじつねみつ》）→（権中納言《ごんのちゅうなごん》藤原親俊＝兼経の側近？）→近衛兼経→（藤原親俊）→六波羅探題北条重時

という連絡ルートが想定される。これも、兼経が摂関在任中の時期のことである。これら近衛父子の関わった案件は、関連する史料が乏しく、これ以上の経緯はよくわかっていない。

後述する九条道家の関東申次としての事跡も、道家およびその嫡子教実の摂関在任時期と一致する

ことから、近年の研究では、摂関の地位と関東申次のそれとの間に相関性を認める考え方が生まれた。家実・兼経が摂関として関東申次の任にあたっていたとすると、従来将軍頼経の父として関東申次の任にあったとされる九条道家の立場にも、見直しの余地が生まれてくることになる。ただし、道家の嫡子教実には、関東申次としての事跡が見受けられない。

九条道家①（後堀河天皇・四条天皇期）

安貞二年（一二二八）十二月、関白近衛家実が罷免され、承久の乱以前まで摂関の地位にあった九条道家が政界に復帰しこれにかわった。道家は、西園寺公経の娘との間に将軍頼経をもうけており、現職の鎌倉将軍の実父として朝幕双方に大きな影響力を持ったとされる。

道家の関東申次としての活動と認められる最も古い例は、寛喜元年（一二二九）十二月、山崎神人《じにん》が石清水八幡宮寺に訴えた事柄について、八幡宮寺が申し出たとおりに取り計らうよう、朝廷から六波羅探題北条時氏《ときうじ》に伝えたものである。この時は、

後堀河天皇→（治部卿《じぶのきょう》平親長）→（権中納言二条定高＝道家の側近）→九条道家→（二条定高）→六波羅探題北条時氏

という連絡ルートを経て幕府側に伝えられている（「疋田家本　離宮八幡宮文書」、『島本町史』史料編）。

九条道家（光明峯寺関白）
（『天子摂関御影』）
4代将軍頼経の父という立場を背景に朝廷を主導，公武交渉の場でも活躍した。（宮内庁三の丸尚蔵館所蔵）

こうした文書のやり取りからも、関東申次の仕事を承久の乱以前の前任者たちよりも高位の貴族が務めたことが見て取れる。近衛家実・兼経父子の項でも触れたが、院・天皇→関東申次→幕府（あるいはその逆）という伝達ルートの間には、当事者の間に何人かの人物が介在している。この例でいうと、平親長・二条定高である。承久の乱以前の吉田経房《よしだつねふさ》らの場合、院の近臣として自らが動き、院の意思を直接幕府に伝達した。これに対し、摂関・大臣クラスの人々は、経房のように院宣《いんぜん》・綸旨（上皇・天皇の命令書）を奉じる（命令書の直接の書き手となること）立場ではなく、独自に文書を発給する立場にあった。つまり、院宣・綸旨を奉じる伝奏（院や天皇に仕える連絡役、この場合平親長）から側近の二条定高あてに院宣を受け取った道家は、今度は自らの意思を述べた御教書を二条定高に作成させて、幕府あるいは六波羅探題に伝達するのである。なおこの八幡宮寺の案件もまた、これ以上の史料を欠くため、その後どういう経緯をたどったのかは定かではない。

貞永元年（一二三二）における後堀河天皇から四条天皇への皇位交代も、関東申次としての道家の仕事と考えられている。新帝・四条は道家の外孫にあたるが、当時まだ二歳であった。当時の記録からは、公経と道家とが主導的な役割を果たし強行した皇位交代であることがわかる（『民経記《みんけいき》』同元年閏九月二十九日条）。皇位の交代を幕府に認知させることで、自分たちのゴリ押しを正当化したのである。後堀河本人は内心譲位に同意しておらず、「冷然」とした態度であったと伝えられる。ただし、天皇自身の意に反してさえも皇位を交代させる道家のキングメーカーぶりは、いずれ幕府から大きなしっぺ返しをうける前触れともなってゆく。

暦仁元年（一二三八）における将軍頼経の上洛は、道家にとっては一大ページェントであった。現職の将軍が、関東の大軍を従えて上洛したのである。鎌倉将軍の上洛は、建久元年・同六年の頼朝以来のことである。上洛した頼経が外祖父の公経や父の道家をはじめ一族と対面を果たし、官位の昇進を受けるなどしたことは道家の日記『玉蘂《ぎょくずい》』に詳細に記されているが、随行した執権北条泰時《やすとき》の動静はその中でほとんど触れられていない。頼経の上洛は、道家の関東への影響力を誇示するためのデモンストレーションとしての面が大きかったのである。関東申次としての事跡とは必ずしもいえないが、道家の立場を示すものとして特記しておく。

九条道家②（後嵯峨天皇・後深草天皇期）

仁治三年（一二四二）正月九日、四条が十二歳で不慮の死を遂げると、次期天皇の人選が大きな問題となった。四条には兄弟も皇子もなかったためである。候補となったのは、土御門《つちみかど》上皇（後鳥羽の第一皇子）の皇子「阿波院宮（父親の配流先に由来する呼称、のちの後嵯峨《ごさが》天皇）」と、順徳《じゅんとく》上皇（土御門の弟）の皇子「佐渡院宮」であった。道家は順徳の皇子を推し、その意向を受けた使者が鎌倉に下向した。

佐渡院宮の践祚《せんそ》（皇位の継承）が当然視されていた京都の空気とは裏腹に、鎌倉の思惑は別にあった。佐渡院宮の皇位継承は、いまだ佐渡に健在であるその父順徳の還京《かんきょう》を意味する。後鳥羽に可愛がられた皇子である順徳が新帝の父として院政を開始し復権することを警戒した幕府は、土御門の皇子に皇位を継承させる意思を持ったのである。以前道家は、後鳥羽・順徳の還京を画策し、幕府に阻止されたことがあった。それ以来、幕府は道家に対する警戒心をあらわにするようになっていたのである。

同三年正月十八日、幕府の使者である安達義景《あだちよしかげ》と二階堂《にかいどう》行義の両名はまず道家の一条邸を、それから公経の邸を訪れ、幕府の意向を伝えた。このとき、第一の訪問先が道家であったことは、幕府が彼を朝廷側の代表者と見なしていた証左であるといわれているが、幕府の意向自体が道家にとって大きくマイナスに作用したことは、いうまでもない。道家・公経はともに不同意を表明したが、承久の乱以来武力を失った朝廷は、京の治安すら満足に守れず幕府に依存している始末である。幕府の意に逆らうなどということは、できようはずもなかった。ここに、土御門皇子である阿波院宮の皇位継承が実現する（後嵯峨天皇）。この事例は、幕府が皇位継承にまで口を出したものとして記憶されるが、同時に関東申次史上最強のコンビというべき公経・道家の義父子の意思が幕府の決定に何らの影響力も持たないことを露呈した瞬間でもあった。

後嵯峨の生母の一族である前内大臣土御門定通《さきのないだいじんつちみかどさだみち》は、北条義時の娘を妻としていた。定通は野心家で、道家の側近の中には、後嵯峨の皇位継承によって定通の権勢が増すことを警戒する向きもあった。事実、幕府の急使は道家・公経の邸に向かう以前、定通の邸を密かに訪れている。しかし、定通の王朝官職は後嵯峨の皇位継承後も前内大臣のままであったし、関東申次のような立場を得ることもついになかった。関東申次の地位が朝廷内で大きな影響力を持つことは確かであるが、逆に幕府とのパイプを持つ朝廷内の有力者だからといってただちに関東申次になれるとは限らなかった、とみることもできよう。

寛元三年（一二四五）六月、道家は後嵯峨を譲位させ、その皇子が皇位を継承した（後深草《ごふかくさ》天皇）。この時も、道家は幕府に使者を送り事前に意向確認をおこなった。これに対し幕府は、「この件についてはどうこう申し上げることはできないので、ご意思のままになさるように」と回答した（『平戸記《へいこき》』寛元三年六月十八日条）。四条から後嵯峨への皇位継承の時には道家たちの推す皇子を斥けた幕府が、今回強気の対応に出なかったのは、当時の鎌倉の政治情勢が緊迫化していたためである。病身の執権北条経時《つねとき》が「所労大事《しょろうだいじ》」（重病）に陥り、北条氏に次ぐ有力御家人である三浦氏との対立関係も先鋭化していた。皇位継承問題という重事に、まともに対応できる状況ではなかったのである。幕府の反対がなかったのをよいことに、道家は後嵯峨を退位させ、その外戚《がいせき》である土御門定通や道家の二男で父と不仲であった関白二条良実《にじょうよしざね》を斥《しりぞ》けたのである。新帝・後深草の摂政となった一条実経（道家四男）は、上述『葉黄記』によれば、翌年三月から関東申次を務めたとされる人物であるが、道家に可愛がられた子であった。

冒頭に示した『葉黄記』の記事にあるように、同四年三月十五日、道家政権下における関東申次の再編がおこなわれた。道家はここで、一条実経と葉室定嗣を起用している。実経は道家の愛子《あいし》であり、定嗣は腹心であるとともに後嵯峨の信任の厚い廷臣《ていしん》でもあった。この再編の意図についてはかつて、後嵯峨による道家の権限縮小ととらえる向きもあったが、こうした顔ぶれの性格から、道家体制の再編と考えるほうが自然であろう。

その直後の三月二十三日、瀕死の執権経時の弟時頼《ときより》が、第五代執権に就任した（経時はその約一ヶ月後に没）。五月には、「大殿《おおとの》」と呼ばれていた前将軍頼経（同二年、将軍職を子の頼嗣《よりつぐ》に譲っていた）と執権時頼の対立に起因する、「宮騒動《みやそうどう》」と呼ばれる幕府内の内紛が鎌倉で発生した。その結果、頼経の側近である反執権分子が制圧・排除された。同年七月には、頼経が鎌倉を追放された。九月、道家は西山に籠居して退陣に追い込まれ、十月に時頼は関東申次に西園寺実氏を正式に指名する。

道家は、鎌倉将軍との個人的縁故を持つ最後の関東申次であった。関東申次としての道家の仕事の全貌は必ずしも明らかではないが、その依拠するところは将軍の父という個人的なレベルのものであり、職務実態もまた制度として充分確立されていなかったものと想像される。

九条道家の補佐役たち（高階経雅・二条定高・葉室定嗣）

道家が関東申次であった時期にその補佐的な役割を果たした廷臣たちについても、付言しておきたい。

高階経雅（第一章に登場した泰経《やすつね》の孫）は、さきに引いた『葉黄記』寛元四年（一二四六）三月十五日条以前の段階で、道家とならび関東申次として「細々雑事」を担当していたとされる。経雅は、寛元四年当時、従二位修理大夫《じゅにいしゅりのだいぶ》。朝幕間の折衝に当たったことを具体的に明記する史料は見当たらないが、道家の家司であった可能性が高く、重事をつかさどる道家の指揮下にあってその職務を補佐したことが考えられる。『公卿補任《くぎょうぶにん》』によると、経雅は、仁治三年（一二四二）十月十二日に改名するまで経時という名であった。この年六月から執権に就任した北条経時を憚《はばか》って改名したという。

『葉黄記』には言及されていないが、経雅と並んで道家を支えた実務官僚に、二条定高がいる。定高は、源頼朝の時代に関東申次を務めていた吉田経房の甥にあたる。道家の指図によって朝幕間の折衝にあたっている姿が、当時の記録にしばしば見受けられる。先にも述べたとおり、定高はしばしば文書の上で綸旨の受け手・御教書の書き手（奉者）として登場するが、このような単なるメッセンジャー（伝奏）としての役割が、当時において関東申次と等価のものと見なされなかったことは明らかである。経雅の具体的な活動が不明であるため、経雅・定高両者の役割の違いは定かではない。定高が関東申次として『葉黄記』においてカウントされていないのは、両者の役割の相違によるものか、暦仁元年（一二三八）という定高の没年が『葉黄記』の記主にとってやや早すぎただけなのか、不明である。

定高の妻は、経雅の生母の姉妹にあたる。この姉妹は高倉《たかくら》家の出身であり、兄弟の範茂は承久の乱で後鳥羽の側近として処刑されているし、姉妹の修明門院《しゅめいもんいん》は順徳の生母であった。道家政権を支えたこの両名が等しく後鳥羽・順徳系列の縁故を有していた点は、道家の立場を推測するうえでも興味深い。

いま一人は、寛元四年三月以後の短期間「雑務」を担当した葉室定嗣である。ほかならぬ『葉黄記』の記主である彼は、自身が幕府と個人的縁故を持っていないことを日記に書いている（『葉黄記』寛元四年八月二十七日条）。この年は、関東申次のメンバーの入れ替わりの激しい年であった。同年五月に発生した「宮騒動」の直後、一度は実氏が関東申次を務めるべきとされたものの、八月には「関東申次の仁《じん》、追って計《はか》り申すべきの由なり（関東申次を誰が務めるかについては追って決定する）」（『葉黄記』同年八月二十七日条）との意向が生まれ、幕府の方針が一定しなかったことを物語る。定嗣はこの時六波羅探題北条重時と面会、重時所有の私信を一部書写し後嵯峨に伝えるなど、朝幕間の交渉に従事している。しかし、この年十月実氏が正式に関東申次に指名されてからは、そうした役割を担わなくなったらしく、翌宝治元年（一二四七）六月、後嵯峨の命を受けながらも実氏を憚り六波羅との折衝を忌避している（『葉黄記』同年六月二十四日条）。実氏関東申次就任時にいたる過渡期の事例として興味深い。

西園寺実氏以前の関東申次たち

以上、承久の乱後から西園寺実氏以前における関東申次の顔ぶれと事跡について縷々述べてきたが、その特徴としては次のようなことがあげられる。

① 関東申次は、摂関・大臣クラスの者が務めた（公経・家実・道家・兼経・実経＝就任順。家実・兼経は推定）。
② 九条道家の時代には、側近が雑事等を補完した（経雅・定嗣）。
③ ①の人々は、従来、鎌倉将軍との個人的縁故を背景として関東申次に任じたとされるが、摂関の立場から関東申次に任じたと思われる可能性も近年指摘されている。
④ ①の人々は、その立場を利用して自己の利益をはかる行動を取ることがあった。
⑤ ②の人々は実務官僚であり、鎌倉将軍との個人的縁故を持たなかった。

関東申次が鎌倉将軍との個人的縁故を有している点は前章の段階と共通しているが、その立場をさらに一歩進めて自己の権力伸張のために利用している点、側近が補完的役割を果たしている点は、前章の段階では見られない特徴である。総じて、関東申次に任じる人々の階層が高位化したことが、その背景として考えられよう。

②に該当するものは、いずれも道家政権下で分業的に関東申次の任にあたった人々である。その活動実態は必ずしも明確ではないが、道家の補佐役としての立場から朝幕間の交渉にあたったものであろう。

2 関東申次の成立──西園寺実氏の関東申次指名

幕府指名と世襲化

西園寺実氏の関東申次指名の時期は、執権北条時頼《ときより》が有力御家人三浦氏を滅ぼし（宝治合戦《ほうじかっせん》）、その覇権を確立していく過程にあたる。幕府＝執権北条氏は朝幕関係を領導するにあたり、その朝廷側のパートナーとして実氏を指名した。『葉黄記』寛元四年（一二四六）十月十三日条にいう、「関東より時頼使（安藤左衛門光成《あんどうさえもんみつしげ》）上洛す。関東申次相国《しょうこく》（実氏）たるべきの由、是定《ぜじょう》すと云々（鎌倉より執権北条時頼の使者安藤左衛門光成が上洛した。関東申次は西園寺実氏が務めるべきであると決定したということである）」。

ここに、関東申次が正式に成立する。

実氏以降の関東申次は、それ以前の関東申次と大きく異なる特徴を有している。その第一は、鎌倉将軍との個人的縁故を持っていないことである。それは、かつて幕府と等価の存在であったはずの鎌倉将軍が傀儡《かいらい》化し、執権北条氏が幕府の実権を掌握したのと軌を一にしているといえよう。

第二の特徴として、実氏の関東申次就任が、幕府の指名による点があげられる。それは、幕府の、というよりもむしろ、執権時頼自身の指名とするべきであろう。この時上洛した安藤（安東）光成は時頼の御内人《みうちびと》（執権北条氏嫡流の得宗家《とくそうけ》に仕える武士のこと）である。つまり、時頼自身が実氏を関東申次に指名した、と読み解くことができるのである。実氏の曾孫公衡《きんひら》もまた幕府の打診を受けて関東申次に就任している（『公衡公記《きんひらこうき》』嘉元二年七月十六日条）ことから、実氏以後の関東申次は、幕府の指名によって任命されたと考えられている。

第三の特徴として、実氏以後の関東申次が西園寺氏の世襲となったことがあげられる。このことは、西園寺氏が長く天皇家の外戚となったことと並び、鎌倉後期における西園寺氏の最大の権力基盤となるのである。

関東申次は朝廷の正式な官職ではないが、西園寺氏が世襲的に就任する、いわば「令外《りょうげ》の官《かん》」（律令の規定がなく、後から設置された官職。中納言・蔵人《くろうど》・征夷大将軍《せいいたいしょうぐん》など。ただしこの用語は通常、平安時代の官制を論じるときに用いられる）となった。それは朝廷内における役職であるとはいえ、任命の主体は朝廷ではなく、幕府であった。こうした独自性は、この役職の成立・存在自体が従来の王朝官職制度を超えた、すぐれて特異なものであることを意味する。このようなあり方は、幕府が公武関係のイニシアチヴを取るために必要とされ、生まれ育ったのである。

以下、正規の関東申次初代たる実氏の事跡について略述する。

関東申次西園寺実氏

西園寺実氏は、公経の嫡子である。承久の乱以前は後鳥羽・順徳の信任を受け、三代将軍源実朝の右大臣拝賀《はいが》に立ち会ったこともある（実朝暗殺の場にも居合わせ、命からがら逃げかえった）。承久の乱

（承久三年五月）の際は、父と共に後鳥羽方に拘禁《こうきん》され、九死に一生を得るという経験もしている。乱後のことであるが、寛喜三年（一二三一）二月、源頼朝の子である高野法印貞暁《じょうぎょう》が入滅した後、その遺領《いりょう》を実氏の子（公相《きんすけ》か）が相続している記事もみえ、源氏将軍とは種々の縁故があったことをうかがわせる（『吾妻鏡』寛喜三年六月二十二日条）。

仁治三年（一二四二）、幕府が朝廷の意向を覆して後嵯峨天皇を皇位継承者として指名した時、実氏の父公経は娘婿の道家ともども不同意を表明したが、同年、実氏は娘姞子を入内させ、新帝・後嵯峨の中宮《ちゅうぐう》とした（のち大宮院《おおみやいん》）。姞子は後深草《ごふかくさ》天皇（持明院統《じみょういんとう》の祖）・亀山《かめやま》天皇（大覚寺統《だいかくじとう》の祖）の生母となり、のちには皇位継承のキャスティング・ヴォートを握る存在となる。九条道家もその娘を入内させ外孫が皇位につくことで外戚としての影響力を持ったが、実氏以後の西園寺氏の場合も、これとやや似ている。以下、実氏の関東申次としての具体的な仕事のいくつかを提示し、その特徴を探ってみたい。

西園寺実氏（『天子摂関御影』）

公経の後を引き継ぎ，関東申次の実質初代として活躍。肖像は父親似の細面に描かれている。（宮内庁三の丸尚蔵館所蔵）

その最初と目される事例は、寛元四年（一二四六）十二月の摂政人事に関するものである。この月、実氏が鎌倉に派遣していた使者が持ち帰った「秘事」がそれで、宝治元年正月、摂政一条実経は罷免された

（『葉黄記』宝治元年正月十八日条）。実経は道家の愛子であり、一時的に関東申次の職務の一部である「僧俗官等事」を務めたとされる人物である。ただし実経の更迭《こうてつ》については、後嵯峨の本意ではなかったと伝えられる。実経は、後嵯峨が自分の意思で宸筆《しんぴつ》をとって、皇子である後深草の摂政に任命した人物だったからである。実氏は、就任そうそう、「関東景気《かんとうけいき》（幕府の意向。『葉黄記』宝治元年正月十八日条）」を背景に、後嵯峨の意向に反して自身の政敵を失脚させたことになる。

宝治元年（一二四七）六月、執権北条時頼は有力御家人三浦氏と大規模な鎌倉市街戦を演じ、これを倒した（宝治合戦）。この合戦の仕儀は、同月五日の書状で幕府→六波羅探題→実氏→朝廷のルートで伝達された（『吾妻鏡』同元年六月十四日条）が、これも実氏の仕事とみてよいだろう。

同年八月十八日、東使《とうし》（幕府から朝廷への使者）二名（二階堂行泰・大曾根長泰）が実氏のもとに向かい、実氏は両名を帯同して院参した。上奏《じょうそう》事項のなかには、宝治合戦で滅びた三浦泰村の知行地《ちぎょうち》（所有・管理地）の処分についてや、佐渡院宮（後嵯峨と皇位を争った順徳の皇子）の元服についてのものが含まれていた。この際、泰村の知行のうち宗像社《むなかたしゃ》は、実氏の娘である中宮姞子のものとされた。これは、実氏の強請《きょうせい》によるものだといわれている（『葉黄記』宝治元年八月二十七日条）。

このように実氏は、関東申次の立場を利用して政敵を排除したり経済的特権を享受したりしていたが、実氏の意向のすべてが幕府に受け入れられたわけではない。宝治二年八月興福寺内で起きた合戦を制止するよう後嵯峨が実氏を通して六波羅に制止を依頼したが、六波羅探題北条長時《ながとき》はその要請をすんなりとは受けなかった（『葉黄記』同二年八月十二日条）。承久の乱以後直属の軍事力を失った朝廷は、武力蜂起する寺社の行動を鎮圧する際、いちいち六波羅に援助を依頼しなければならなかった。しかし、京都・奈良の有力寺院の僧たちが担ぎ出す神輿に対する武力行使は、後日これらの寺院が朝廷に圧力をかけることによって、それを命じたはずの朝廷から処罰を受けることがあった。このため、幕府・六波羅としても、安易に朝廷の意向を奉じるわけにはいかなかったのであろう。

また、実氏がすべて幕府の意のままに動いたかというと、そうでもないようである。宝治二年十二月十日、高野山伝法院《でんぽういん》をめぐる訴訟について、葉室定嗣は実氏の指示により院宣を書いているが、その内容は幕府の意向に背くものであったという。それ以上の詳細は不明であるが、定嗣は実氏の措置は委細を尽くしていないと批判している（『葉黄記』同二年十二月六日・十日条）。

実氏が文書を重んじたことも、よく知られている。正嘉元年（一二五七）三月の事例は、その顕著なものである。園城寺《おんじょうじ》は長年にわたって戒壇《かいだん》（僧侶を受戒させるための施設。当時は延暦寺などごく限られた寺院にのみ設置されていた）の設置を要望しつづけていた。しかし、園城寺と対立関係にある延暦寺はこれに強く反発し、神輿《しんよ》を担ぎ出して示威行動におよんだため、朝廷は園城寺に対し戒壇の設置を不許可とする勅裁《ちょくさい》（天皇の決定）を下した。ところが今度は園城寺が朝廷の対応を不満とし、衆徒《しゅと》が離寺しようとする事態となった。朝廷は、六波羅に事態の収拾を依頼するため院司《いんのつかさ》（院庁《いんのちょう》の職員）吉田経俊《つねとし》（経房の曾孫）を実氏のもとに派遣した。事態の急変に急ぎ対処しようとした後嵯峨とその周辺であったが、これに対して実氏は後嵯峨の意思は院宣で示されなければならないとし、口頭で後嵯峨の意向を伝えようとした経俊の要請を拒絶したのである。

これらの事例をみると、実氏が幕府の意向を合わせ技のように利用して自己の政治的・経済的立場を強化することに意を用いていること、また、堅実な運営手法をモットーとし、それを強い意志を持って堅持しようとしていることなどがうかがわれる。とくに、関東申次の立場を利用して個人的な利益を追求する点は、朝廷首脳部の構成員でもあった実氏の前任者たちとの共通項として理解される。

晩年の実氏――老骨に鞭打ち、最後まで精勤

実氏の曾孫にあたる公衡が記した『公衡公記』弘安六年（一二八三）七月二十一日条によると、「故入道殿（実氏）の御時、故太政大臣殿（実氏の嫡子公相）かつて申次《もうしつぎ》せしめ給うことなし、入道殿毎度老骨参ぜしめ給う（実氏の時には、実氏の子公相が関東申次の務めをすることはなく、毎度実氏自身が老骨に鞭打って務めを果たした）」と伝わる。これは、当時関東申次であった実兼《さねかね》（公衡の父、実氏の孫）が、東使の院参する日に子の公衡に代役をさせず病気をおして出仕した時に引合いに出されている挿話である。実氏はその晩年に至るまで、子孫の行動に影響を及ぼすほどの責任感を発揮して任にあたったことになる。

事実、文永五年（一二六八）という実氏最晩年の時期（実氏は翌年、七十六歳で没）に、彼が関東申次として正常に機能していることを垣間見ることのできる史料がある。同年二月、上洛した東使が携えてきたのは蒙古《もうこ》・高麗《こうらい》の国書《こくしょ》という、ただならぬものであった。いうまでもなく、蒙古襲来の前段である。高麗の使者潘阜《はんぷ》から受け取った蒙古・高麗の国書を太宰少弐《だざいのしょうに》武藤資能は鎌倉幕府に送致した

が、幕府はこれをさらに朝廷に転送したのである。当時関白であった近衛基平《もとひら》の『深心院関白記《じんしんいんかんぱくき》』には、東使二名が実氏の北山亭を訪れ、国書を進上している記事がみえる（文永五年二月七日条、室町時代初期の日記『師守記《もろもりき》』は、六日とする）。この事実は、幕府が朝廷の外交権を認めていることを意味する。しかしそれはあくまで形式的なものであったらしく、幕府は同月のうちに西国における臨戦態勢を構築しようとしている。並行してすすめられた朝廷における議定《ぎじょう》（公卿会議）において、この国書に対する返事は無用との決定が下されたが、公武の意思が偶発的に一致を見たためその後の対応に齟齬《そご》をきたさなかったにすぎない。いずれにせよ、このような国史上の重大局面において関東申次のシステムが健全に機能しているという点は、朝幕間の交渉人としての関東申次の歴史を語るうえで刮目すべき事実であるといえよう。

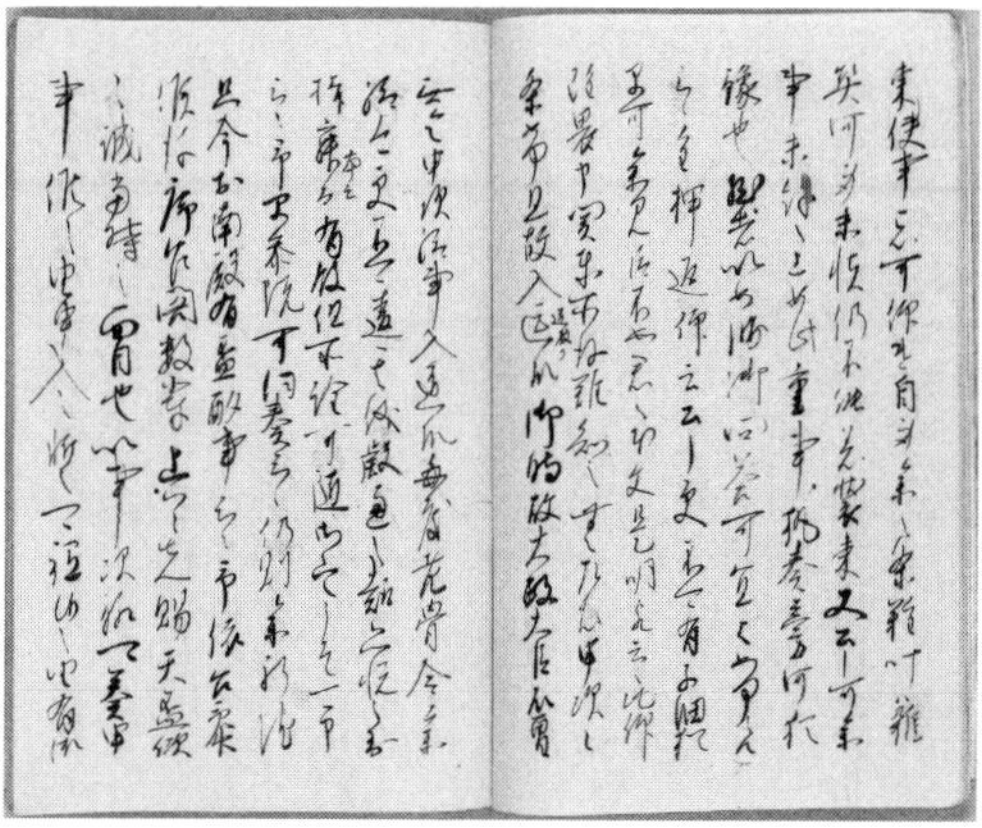

『公衡公記』弘安６年７月21日条

西園寺実氏の曾孫・公衡の日記。実氏が最晩年まで関東申次として活躍したことを伝える。（宮内庁書陵部所蔵）

　ところで実氏は、文応元年（一二六〇）出家している。普通の官職であれば出家と同時に辞職するのがつねであるが、関東申次に限ってはそうではなかったようである。その点は、西園寺公経（寛喜三年出家）や九条道家（暦仁元年出家）も事情は同じである。

すでに俗体ではなく高齢に達していた実氏がかくも長期にわたって関東申次の任を全うせざるをえなかった理由は、実氏の手腕のみに由来するものではない。その任期の長さは、後継者難という背景をも抱えていたようである。実氏の子公相は、文永四年十月、父に先だって四十五歳で没していた。当時実氏はすでに七十四歳であった。働き盛りの年代のはずの公相が関東申次に指名されず、実氏が晩年まで第一線に立ち続けた理由はさだかではないが、『増鏡《ますかがみ》』（増補本系巻第九、北野の雪）は公相の人柄を「人情味がなく激しい性格であったので、没後も本心から悲しむ人はいなかった」と伝えている。公相は次男でありながら兄を越えて昇進した人物であるが、その人柄や人望に関東申次としての適性を欠くところがあったのかもしれない。

一方実氏は、二十三歳年下の弟実雄《さねかつ》（洞院《とういん》家祖、公相の六歳年長）の台頭にも悩まされていた。実雄の娘佶子《きっし》は亀山天皇の後宮《こうきゅう》に入り（京極院《きょうごくいん》）その後嗣《こうし》・後宇多《ごうだ》天皇をもうけており、外戚としての立場は西園寺家を上回っていた。実雄は文永十年五十七歳で没するまで威をふるうが、関東申次の地位は兄の孫実兼に受け継がれ、実雄が関東申次に就任することはなかった。

関東申次の地位は、傍系の実力者にではなく、若年でも嫡流の系統に受け継がれたのである。

おわりに

本章の守備範囲はまさに関東申次誕生の瞬間であり、それを迎えるまでの長い前史との端境期にあたる。その境目は、冒頭に記したように、公武の力関係が武力という暴力手段によって逆転した承久の乱とは、やや時間差をおいている。西園寺実氏が正式に関東申次となった寛元四年（一二四六）という年は、幕府にあっては執権北条氏が鎌倉将軍から実権を奪い執権政治を確立した時期であり、朝廷内部にあっては皇統が分裂するという、その後百年以上にわたる歴史の源流が発した時期でもある。そして、それ以後関東申次として活躍をする西園寺氏は、公武関係の交渉人として、そして二つに分かれた皇統《こうとう》のバランサーとして力をふるうこととなる。関東申次という、いわば「令外の官」に就き、公武関係や分裂した皇統のはざまに立って大きな存在感をもったその姿は、かつて貴族政治華やかなりしころ、藤原氏嫡流が摂政・関白という「令外の官」に就き一時代を劃《かく》した姿と、二重写しになる。

本章の時期以後、「得宗専制期《とくそうせんせい》」・「両統迭立期《りょうとうてつりつ》」などと形容される鎌倉後期へと時代は移ってゆく。天皇家も、摂関家も、将軍家も、嫡流を維持することができずに、あるいは主導権を争奪し、あるいは存在感を減じていくなかで、関東では北条氏が、系譜に描くと一本棒となる嫡流を確立し、得宗と呼ばれる確固たる地位を形成する。それとあたかも並び立つかのように、京都では西園寺氏が関東申次の地位を独占し、やはり一本棒の系譜を連ねてゆく。そしてこの家は、朝幕間の交渉人という立場から、あらゆる権門《けんもん》が分裂を重ねて形作る中世という時代と向き合う存在となっていくのである。

［主要参考文献］

白根靖大「関東申次の成立と展開」（『中世の王朝社会と院政』吉川弘文館、二〇〇〇年）
関周一「鎌倉時代の外交と朝幕関係」（阿部猛編『中世政治史の研究』日本史史料研究会、二〇一〇年）
本郷和人『中世朝廷訴訟の研究』（東京大学出版会、一九九五年）
美川圭「関東申次と院伝奏の成立と展開」（『院政の研究』臨川書店、一九九六年、初出一九八四年）
山本博也「関東申次と鎌倉幕府」（『史学雑誌』八六編八号、一九七七年）

第三章　関東申次の展開と終焉

鈴木由美

はじめに

鎌倉幕府によって関東申次《かんとうもうしつぎ》に指名された西園寺実氏《さいおんじさねうじ》（前章参照）の後を追って関東申次となったのが、実氏の孫にあたる西園寺実兼《さねかね》である（実氏の子公相《きんすけ》は、実氏に先立って死去している）。本章では、西園寺実兼が関東申次となった文永六年（一二六九）から、鎌倉幕府が滅亡する元弘三年（正慶二年、一三三三）までを述べる。この期間には、蒙古襲来《もうこしゅうらい》という大事件があり、天皇家は大覚寺統《だいかくじとう》（亀山《かめやま》天皇系の皇統、のちの南朝）・持明院統《じみょういんとう》（後深草《ごふかくさ》天皇系の皇統、のちの北朝）に分かれ、後に天皇が二人並び立つ南北朝時代の素地が生まれている。西園寺実兼（二回）、公衡《きんひら》、実衡《さねひら》、公宗《きんむね》の五代四人の関東申次がいた。

関東申次という制度の画期は、前章でも述べたように、実氏の就任に求められる。実氏の後を継い

西園寺実兼（実兼公）（『天子摂関御影』）
二度関東申次を務める。太政大臣にまで昇り，朝廷において権勢を振るった。（宮内庁三の丸尚蔵館所蔵）

だ実兼以降の関東申次は、西園寺氏嫡流の世襲職となり、システムとしても整っていった。西園寺氏は朝廷において権勢を振るっていたが、関東申次であることと、天皇に嫁がせた娘が産んだ子が天皇として即位し、天皇の外戚《がいせき》となったことが、西園寺氏の権力基盤であったといわれている。

本章では、最初に関東申次の交渉のルートや具体的な例を取り上げる。そして、五代四人の関東申次それぞれの活動を、主に皇位継承に関連して述べたい。

1　システム化する公武交渉

公武交渉のルート

『国史大辞典』の「関東申次」の項を見ると、「鎌倉時代に朝廷（院）にあって公武間の連絡にあたる役」（田中稔氏執筆）とある。

朝廷と鎌倉幕府との意思・命令伝達のルートは、例外はあるものの、以下の四通りがある。

①　天皇・院（天皇を退位した上皇《じょうこう》（太上天皇《だじょうてんのう》）・法皇《ほうおう》（出家した上皇）の尊称）―関東申次―六波羅探題《ろくはらたんだい》（鎌倉幕府の京都出先機関もしくはその機関のトップを指す）―幕府
②　天皇・院―関東申次―幕府
③　天皇・院―関東申次―六波羅探題
④　天皇・院―幕府

関東申次が関与するルートは①～③になる。公武交渉の事例として見てみたい。

延暦寺の内部抗争に関与する

鎌倉幕府の問注所執事《もんちゅうじょしつじ》（東国の雑務沙汰《ざつむざた》（金銭の貸借や米・田畠の売買など）を担当する機関の長官）太田康有《おおたやすあり》が記した『建治三年記《けんじさんねんき》』に、比叡山延暦寺《ひえいざんえんりゃくじ》（現、滋賀県大津市）の内部抗争に関する朝廷と幕府の間のやりとりが載っている（以下、『建治三年記』は日付のみを記す）。

七月八日条によると、六波羅探題を経由して鎌倉幕府宛に届いた西園寺実兼の書状に、延暦寺で起こっている梨本御坊《なしもとごぼう》と青蓮院門跡《しょうれんいんもんぜき》の内部抗争により、梨本衆徒が堂舎に立て籠もっているので何とかしてほしい、と書かれていた。実兼の書状には、亀山上皇の院宣《いんぜん》（上皇の仰せを奉じた文書）と、天台座主《てんだいざす》（延暦寺のトップ）道玄《どうげん》（青蓮院門跡の出身）の書状が添えられていた（同月十日条）。院宣などは①のルートを通ってきたものであろう。

これを受けた幕府は、京へ派遣する東使《とうし》（後述）を選定し、長井時秀《ながいときひで》・二階堂行一《にかいどうぎょういち》（俗名行忠《ゆきただ》）の二名が選ばれた（同月十二日条）。しかし延暦寺の内部抗争が治まることはなく、合戦にまで至った（十二月十六日条）。幕府では当事者への尋問などを経て、改めて宇都宮景綱《うつのみやかげつな》と二階堂行一が派遣されることとなった（同日条）。

宛先が中を見られない書状

花園《はなぞの》天皇が記した日記『花園天皇宸記《しんき》』に、鎌倉幕府から届いた不思議な書状のことが記されている（元徳二年〈元弘元年〉十一月十日条。当時花園は上皇）。

今日、武家《ぶけ》密々《みつみつ》に関東の状を進《まい》らす、その状、函《はこ》の上書に越後守殿（北条仲時）沙弥崇鑑（北条高時）と云々、この函武家ならびに西園寺大納言（公宗）これを開くべからず、直に御所に進らすべしと云々、くだんの状に云はく、内裏に残し留めらる御具足のうち、蛮絵《ばんえ》の御手箱密々に申し出《いだ》さるべし、定めて御封を付け置かるるか、そのごとく下さるべしと云々、（以下略）

（今日、六波羅探題が内々に鎌倉幕府からの書状を献上してきた。その書状は、箱の上書に「越後守《えちごのかみ》殿　沙弥《しゃみ》崇《すう》鑑《かん》」と記されていたということであった。この箱は、六波羅探題も関東申次西園寺公宗も開けてはならず、直接「御所《ごしょ》」（後伏見《ごふしみ》上皇か）に献上しなさい、ということであった。その書状に記されていた内容は、皇居に残されていた所持品のうち、蛮絵の文様のついた御手箱を、内々にお出しになってください。きっと封がなされ

ているでしょうから、そのままでお渡し下さい、とのことであった）

「沙弥崇鑑」とは、得宗《とくそう》（代々鎌倉幕府の執権《しっけん》を務めた北条氏の家督）北条高時《ほうじょうたかとき》のことである。北条高時から「越後守殿」＝六波羅探題北方《きたかた》北条仲時《なかとき》にあてた書状であるにもかかわらず、「武家」（六波羅探題）と関東申次西園寺公宗は開くことが出来ず、直接「御所」（ここでは治天《ちてん》の君《きみ》〈政務を掌握する上皇または天皇〉、後伏見上皇か）に届けるよう指示されていた。鎌倉幕府の執権も退き、ただの僧でしかない北条高時から、直接上皇にあてる書状の形式など存在しない。そのため仮の宛先として「越後守殿」が選ばれたものであろう。

この書状に「六波羅探題や関東申次は見てはいけない」という但し書きがあることが何を示すのか。幕府は、直接上皇にあてるという異例の書状であっても、形式上①のルートを通していることがわかる。結局、幕府が求めた手箱は見つからず、その旨の返事を後伏見が直接書いた。返事は公宗から六波羅探題の使者に渡されたという。このことからも、この書状が①のルートで送られてきたことがわかる。

2　公武それぞれの交渉の事例

関東申次を通さない公武交渉

鎌倉幕府側は、原則として関東申次を通して朝廷と交渉しているが、朝廷からは関東申次を通さず幕府と交渉する場合もあった。

正中元年（一三二四）、後醍醐《ごだいご》天皇が倒幕を企てた正中《しょうちゅう》の変《へん》が起こる。倒幕計画は事前に発覚し日野資朝《ひのすけとも》・俊基《としもと》が捕縛《ほばく》されたが、資朝が流罪《るざい》となったのみで後醍醐の身に累は及ばなかった。だが、後醍醐の失態を利用しようと、持明院統の後伏見上皇は我が子量仁《かずひと》親王の即位を望み、幕府に使者を送った。後醍醐も吉田定房《よしださだふさ》を使者として幕府に派遣し、大覚寺統の後二条《ごにじょう》天皇（後醍醐の兄）の子であった皇太子邦良《くによし》親王も同様に使者を派遣した。相次いで幕府に使者が派遣される様子を、世の人は「競馬《くらべうま》」と言った（『花園天皇宸記』正中二年正月十三日条）。

また、同じく正中の変に際して、後醍醐天皇は万里小路宣房《までのこうじのぶふさ》に自らの弁明書を持たせて幕府に派遣した。幕府側は、執権北条高時の舅安達時顕《あだちときあき》と御内人《みうちびと》（北条氏の家督である得宗の家臣）長崎円喜《ながさきえんき》の二名が対面した。二人の問答に、宣房は非常に戸惑った。後日幕府において宣房は時顕を恐れてすぐに退席し板張りの縁《えん》に下りたため、嘲笑の対象となったという（『花園天皇宸記』正中元年十月三十日条裏書《うらがき》）。

以上の事例のほかにも、朝廷側は関東申次を通さず幕府と直接交渉している。これは、西園寺氏を介さずに幕府と交渉して自らに有利な結果を導きたい、という考えからであろう。

幕府からの使者、東使

ここで、公武交渉に関して、鎌倉幕府から朝廷に派遣された使者について見てみたい。

幕府が自らの意志を伝達するために、朝廷側へ派遣した使者のことを、「関東使《かんとうし》」「東使」などといった。本章では「東使」で統一する。東使は、二人一組で派遣されることが多く、東使を務める者の家柄もある程度固定されていた。通常は幕府の評定衆クラスの御家人が二名で務めた。

また、得宗の使者として御内人が派遣される場合もあった。史料上は「御内御使《みうちおつかい》」などと記され、東使とは明確に区別されていた。

鎌倉から京へ向かった東使は、ほとんどの場合、西園寺氏邸に立ち寄っている。ここにも、朝廷との交渉に際しては関東申次西園寺氏を通す、という原則を貫く幕府の姿勢が表れているといえよう。

東使は、幕府の意向を朝廷に伝達するほか、寺社の争いの調停などをしている。延慶年間（一三〇八〜一一年）に起こった東寺《とうじ》・仁和寺《にんなじ》と延暦寺の争いの時は、調停にあたっていた東使の一人太田時《とき》連《つら》とその部下藤田行盛《ふじたゆきもり》が、延暦寺の訴えにより流罪に処されている（『元徳二年三月日吉社 幷 叡山行幸記《げんとくにねんさんがつひえしゃならびにえいざんぎょうこうき》』）。時連も行盛も幕府の命令に従って行動したのであるが、その過程で、延暦寺と武力衝突を起こしていた。幕府が最初から武力行使の指示を出していたとは考えがたく、東使にはある程度の裁量権があったことがわかるが、幕府は東使を守り通してはくれなかったのだ。

3　西園寺実兼の関東申次就任

皇位継承と実兼

文永六年（一二六九）六月に西園寺実氏は死去し、孫の実兼が二十一歳で西園寺氏の家督を継いだ。

その際に関東申次も引き継いだと考えられている。

文永九年二月、後嵯峨《ごさが》法皇が崩御した。周知の通り、後嵯峨は鎌倉幕府によって擁立された天皇であった。文永九年当時、天皇は後嵯峨の子亀山天皇で、亀山の兄後深草が上皇としてあった。後嵯峨は、自分の没後に後深草と亀山のどちらが治天の君となるかを指定せずに没した。これは幕府の意向に従うべくとった措置であるという。幕府が後深草・亀山の母である大宮院姞子《おおみやいんきっし》（西園寺実氏の娘）に後嵯峨の意向を確認したところ、後嵯峨の意向は亀山にありということで、亀山が治天の君となった（『神皇正統記《じんのうしょうとうき》』）。文永十一年正月には亀山の皇子世仁《よひと》親王が践祚《せんそ》（天皇の位につくこと）し（後宇多《ごうだ》天皇）、亀山は上皇となって院政（上皇が政務をとる国政の形態）を開始した。後深草は、自らの子孫が天皇となる望みを絶たれたとして、建治元年（一二七五）四月に自らの上皇の尊号を辞退し出家しようとした。しかし幕府の執権北条時宗が後深草に同情し、後宇多の皇太子に後深草の皇子煕仁《ひろひと》親王が立てられることとなった（『増鏡《ますかがみ》』第九「草枕」）。煕仁の母は実兼の祖父実氏の弟洞院実雄《とういんさねかつ》の娘であり、煕仁は実兼と又従兄弟の関係にあたる。実兼は春宮大夫《とうぐうのだいぶ》（皇太子の家政機関のトップ）となった。これが、のちの南北朝分裂につながる、大覚寺統・持明院統の成立である。これ以降、両統《りょうとう》はほぼ交互に天皇を出し（両統迭立《てつりつ》）、各々の子孫に皇位を伝えようと活動することとなる。

弘安十年（一二八七）九月、東使として佐々木宗綱《ささきむねつな》が上洛し、鎌倉幕府七代将軍源惟康《みなもとのこれやす》（後嵯峨法皇の長子で幕府六代将軍となった宗尊《むねたか》親王の子）を親王とするべく、親王宣下《せんげ》を申し入れた。その後、宗綱は関東申次西園寺実兼邸へ赴き、皇太子の即位を求める文書を置いて、そのまま鎌倉へ戻った

（『実躬卿記《さねみきょうき》』弘安十年十月九日条・十二日条）。東使が返事も聞かずに帰ってしまった以上、朝廷に拒否権はなかった。後宇多天皇は譲位し、皇太子煕仁が践祚する（伏見天皇）。治天の君は亀山上皇から後深草上皇に交替し、亀山は出家した。伏見の中宮《ちゅうぐう》（天皇の妃）には実兼の娘鏱子《しょうし》（のちの永福門院《えいふくもんいん》）が立った。

正応二年（一二八九）四月、幕府より実兼のもとに届けられた箱には、いくつかの事項が書かれた文書が入っていたが、その中に、前年に生まれた伏見の子胤仁《たねひと》親王を皇太子とすべきであるとあり（『公衡公記《きんひらこうき》』正応二年四月十三日条）、胤仁が皇太子となった。実兼の子公衡の日記『公衡公記』により、この件に実兼・公衡父子が深く関わっている様子がうかがえる。同年十月には、伏見の異母弟にあたる久明《ひさあきら》親王が幕府八代将軍として鎌倉に下向している（『勘仲記《かんちゅうき》』正応二年十月十日条）。天皇と幕府の将軍と、いずれも後深草の子息が占めたことになる。

後深草上皇が出家し、伏見天皇が親政をとることとなった正応三年三月、伏見の住まいである内裏に浅原為頼《あさはらためより》という武士が乱入するという事件が起きた。為頼の持っていた刀が、亀山法皇の側近三《さん》条実盛《じょうさねもり》の家に伝わる刀であったことから、事件への亀山の関与が疑われた。西園寺公衡は亀山の関与を主張し、亀山の身柄を六波羅へ移すよう幕府に求めたという（『増鏡』第十一「さしぐし」）。亀山が幕府に弁明書を送ったこともあって、結局亀山は不問となった。

伏見天皇は、歌人《かじん》で有名な藤原定家《ふじわらのていか》の曾孫にあたる京極為兼《きょうごくためかね》を重用していた。為兼は実兼の推挙で伏見に仕えたという。為兼は勅撰《ちょくせん》和歌集（天皇の命令で作られる和歌集）の撰者や、皇太子胤仁親王とその弟富仁親王（のちの花園天皇）の乳父《めのと》（後見）も務めた。伏見の信任が厚い為兼であったが、永仁六年（一二九八）正月、陰謀を企んだとして佐渡《さど》（現、新潟県の一部）へ配流となった。同年七月、伏見は譲位し胤仁が践祚した（後伏見天皇）。為兼の失脚が伏見譲位に影響したともいわれている。

翌八月に、大覚寺統の後宇多上皇の皇子邦治《くにはる》親王（のちの後二条天皇）が後伏見の皇太子となった。邦治は後伏見より三歳年長であった。実兼は正安元年（一二九九）六月に出家して隠居し、家督を子の公衡に譲った。

蒙古襲来と実兼

実兼が関東申次であった期間に、蒙古襲来（文永・弘安の役。文永十一年と弘安四年の二度、元が日本に攻めてきた事件）という大事件が起きた。蒙古襲来に対する公武間の交渉にも、関東申次は関わっている。

すでに文永五年正月、高麗《こうらい》の使者潘阜《はんぷ》らが蒙古国書《こくしょ》と高麗国書を持って大宰府《だざいふ》（九州の内政や、対外交渉をつかさどる地方行政機関。現在の福岡県太宰府市にあった）に至り、翌年二月にも蒙古と高麗の国使が対馬（現、長崎県対馬市）に上陸し、島民を拉致して高麗へ戻るなどの事態が起こっていた。

実兼が関東申次であった文永六年六月以降の期間を見ると、牒状《ちょうじょう》（国の元首が、他国の元首へ遣わす国書）を持参した蒙古や高麗の使節が六回日本を訪れていることが確認できる。

異国牒状は、まず大宰府にもたらされ、大宰府から幕府へ届けられた。国土防衛の最前線を担ったのは幕府であった。幕府からは関東申次を通して朝廷に牒状が渡され、朝廷では院評定《いんのひょうじょう》（院政下で治天の君が指名した構成員が集まりおこなわれる会議。訴訟などを扱う）をおこなうなどして、対応を協議している。

朝廷が牒状の返書を作成しても、幕府が「返事は出さない」と決定すると、返書は出されなかった。朝廷が決定権を持っていて、幕府はそれに対する意見を言うものの、最終的な判断は幕府ではなく朝廷の意向として示されている。幕府も口を挟んでいることは間違いないが、鎌倉時代後期の外交権はあくまでも朝廷にあったといえよう。

幕府が関東申次を通して朝廷に牒状を渡していること、朝廷が作成した「関東御返事綸旨《かんとうおへんじのりんじ》」は西園寺氏を通して幕府に届けられていることが注目される。公武交渉のルートにのって伝達されていたことがわかる。

4　大覚寺統・持明院統と関東申次

実兼から公衡へ

嘉元二年（一三〇四）夏、西園寺実兼の子公衡に、幕府から関東申次就任の打診があった（『後深草院崩御記』嘉元二年七月十六日条）。これをもって関東申次が実兼から公衡へ交代したとみられている。実兼は五十六歳、公衡は四十一歳であった。

西園寺公衡（公衡公）（『天子摂関御影』）
西園寺実兼の子で，父に先立って没した。日記に『公衡公記』がある。（宮内庁三の丸尚蔵館所蔵）

公衡は後深草と親密であり（『後深草院崩御記』同日条）、先に述べたように、伏見のいた内裏が襲撃された浅原為頼の事件の際に亀山を糾弾するなど、持明院統と関係が深い様子がうかがえる。公衡は娘の寧子《ねいし》（のちの広義門院《こうぎもんいん》）を持明院統の後伏見上皇の後宮に入れた。寧子は皇子量仁（光厳《こうごん》天皇）・豊仁《とよひと》（光明《こうみょう》天皇）の母となった。しかし、公衡は持明院統とのみ関係が深いわけではない。

公衡は、関東申次となった翌年の嘉元三年閏十二月、当時治天の君であった大覚寺統の後宇多上皇から勅勘（天子の仰せによる勘当）を受けた。翌四年幕府が取りなすことで、勅勘は解けている。取りなしには幕府より東使が派遣されている（『歴代皇《れきだいこう》記《き》』嘉元四年条）。勅勘を受けた原因は、公衡の妹昭訓門院瑛子《しょうくんもんいんえいし》が亀山法皇との間に生んだ恒明《つねあき》親王のことと考えられる。亀山は晩年に生まれた皇子恒明を皇位に就けるべく、恒明の伯父にあたる公衡に後事を託した（嘉元三年八月五日付亀山上皇置文、佐々木信綱氏旧蔵文書）。公衡も乗り気であったため、異母弟恒明親王が皇位に就くことによって自らの子孫による皇位継承が阻まれることになる後宇多上皇と衝突したという。公衡が幕府によって取りなしを受けている点が注目される。公衡が関東申次であることがその要因であろう。

公衡が皇位継承について関わった事例を見てみたい。嘉元三年から徳治二年（一三〇七）にかけて、幕府に使者が派遣されている（『公卿補任《くぎょうぶにん》』嘉元三年条・徳治元年条・同二年条）。使者の顔ぶれをみると、後宇多上皇や昭訓門院、伏見上皇（持明院統）の使である。次期皇太子についての要望であったと考えられ、昭訓門院と伏見上皇は、恒明親王を皇太子とし現皇太子である伏見の皇子富仁親王を天皇とするために手を組んだものと推定されている。

おそらく使者が鎌倉へ下向し交渉した結果であろう。延慶元年（一三〇八）八月、大覚寺統の後二条天皇が没し、皇太子富仁親王が践祚した際（花園天皇）、東使が派遣された。東使は、花園の父伏見上皇を治天の君とし、皇太子を後二条の弟尊治《たかはる》親王（のちの後醍醐天皇）とする案を、関東申次公衡に示した（立命館大学アート・リサーチセンター所蔵『東寺長者補任《とうじちょうじゃぶにん》』延慶元年九月四日条）。大覚寺統・持明院統両統の折衷案といえる。公衡が推した恒明親王が東宮となる案は実現しなかった。

もうひとつ、関東申次としての公衡の活動を見ると、正和四年（一三一五）三月、鎌倉で大火が起こり、鎌倉幕府九代将軍守邦《もりくに》親王をはじめとして、幕府要人の館が多く火災の被害に遭った。朝廷からも見舞いの院宣が遣わされたが、後宇多法皇・伏見法皇・後伏見上皇それぞれの院宣を幕府へ送るように、公衡から六波羅探題へ依頼している（『公衡公記』正和四年三月十六日条）。公衡が持明院統・大覚寺統両統と幕府の交渉を取り持っていることがわかる。

文保の和談

西園寺公衡は、正和四年九月に五十二歳で没した。公衡の嫡子実衡はこの時二十六歳であったが、関東申次とはならなかった。出家の身であった実兼が六十七歳で再び関東申次となる。

実兼二度目の関東申次の期間には、「文保《ぶんぽう》の和談《わだん》」があった。花園天皇の譲位をめぐっての大覚寺統・持明院統の抗争と幕府の調停による協議である。大覚寺統側により、花園は譲位を迫られ、結果として皇太子尊治親王が即位し（後醍醐天皇。大覚寺統）、皇太子には後二条天皇の皇子邦良親王（大覚寺統）がなった。文保元年（一三一七）九月に伏見法皇が崩御したことが持明院統に不利に働いた。後伏見上皇の子量仁親王が皇太子となるなら退位しても良い、とまで譲歩した持明院統側の希望を「立坊の次第、すでに関東定め申しおはんぬ（皇太子を立てることについては、すでに幕府が決定して伝えてきております）」（『花園天皇宸記』元亨元年十月十三日条裏書）と聞き入れない関東申次実兼に押し切られ、花園は譲位せざるを得なくなったのであろう。花園譲位・後醍醐即位・邦良親王立太子《りったいし》（皇太子に立つこと）は鎌倉幕府の意向ではなく、実兼の「僻案《へきあん》（誤った考え）か」と花園は日記に記している（『花園天皇宸記』同日条裏書）。

実兼は、元亨二年（一三二二）九月に七十四歳で没する。実兼は琵琶の名手で、伏見（持明院統）・後伏見（持明院統）・後醍醐（大覚寺統）が師事していた。また実兼の娘は、亀山（大覚寺統）・伏見・後醍醐に嫁している。実兼も持明院統のみに偏ることなく、大覚寺統・持明院統双方と関係していたことがわかる。

実兼から実衡へ

二度にわたって関東申次を務めた実兼も、元亨二年に病となった。幕府の了承を得て、実兼の孫実衡が関東申次となる（『花園天皇宸記』元亨二年八月二十五日条裏書）。時に実衡は三十三歳であった（『公卿補任』元亨二年条）。実兼は同年九月に没した。

実衡の代となった正中元年（一三二四）九月、後醍醐天皇の倒幕運動が露見した。正中の変である。主犯として捕らわれた日野資朝・俊基は実衡邸に行き、そこから六波羅探題へ出頭している（『花園天皇宸記』正中元年九月十九日条）。ここにも関東申次→六波羅探題→幕府というルートを確認できる。後醍醐は、自らは関係ないという弁明書を幕府に送った。この時は日野資朝を佐渡へ配流したのみで、後醍醐に処断の手は伸びなかった。

実衡は、嘉暦元年（一三二六）十一月に三十七歳で没し、嫡子公宗が関東申次の任を引き継いだ。公宗は十八歳であった。

公宗は、今までの関東申次の中では格段に若い。かつて西園寺公衡が没したときは、二十六歳の子息実衡は関東申次とならずに、公衡の父実兼が再登板した。今回は、公宗がそのまま関東申次となっている。西園寺氏の嫡流でなければ関東申次になれない、という認識が存在していたのであろう。

5　鎌倉幕府の滅亡とその後の西園寺氏

鎌倉幕府の滅亡

西園寺公宗が関東申次となったものの、鎌倉幕府滅亡の日は近づいていた。正中の変は失敗したが、後醍醐は倒幕を断念してはいなかった。元徳三年（元弘元年、一三三一）四月、後醍醐の重臣吉田定房の密告により、再び後醍醐の討幕運動が発覚する（元弘《げんこう》の変）。後醍醐は笠置山《かさぎやま》（現、京都府相楽郡笠置町）に立て籠もり挙兵したが、敗れて捕らえられる。後醍醐は翌正慶元年（元弘二年、一三三二）三月に隠岐《おき》（現、島根県の一部）へ流罪となった。公宗は、捕らわれた後醍醐に対して、配流にあたって出家する意志はあるかを確認するなど（『花園天皇宸記』元弘元年十一月二十七日条）、関東申次として幕府と後醍醐の取り次ぎをしている。

鎌倉幕府は戦い続ける後醍醐方を鎮圧することができなかった。同年五月九日の六波羅探題の滅亡を経て、同月二十二日に鎌倉幕府も滅びた。「関東」＝鎌倉幕府が滅亡したこの時をもって、関東申次の終焉と見るべきであろう。

幕府滅亡後の西園寺氏の動向

元弘三年六月に隠岐から戻った後醍醐天皇によって、鎌倉幕府が擁立した光厳天皇のもとでおこなわれた任官《にんかん》・叙位《じょい》は無効とされた。西園寺公宗も官職《かんしょく》を解かれている。

同年十二月に後醍醐の中宮となった珣子《じゅんし》内親王（のちの新室町院）は、後伏見法皇の娘で、光厳天皇の同母姉である。その母は西園寺公衡の娘寧子であり、公宗の従姉妹にあたる。公宗は中宮大夫（中宮に関する事務をつかさどる組織のトップ）となった。公宗は建武二年（一三三五）の珣子内親王の出産に際しても、安産祈願の祈禱の費用を負担している。

建武二年六月、西園寺公宗は、「太上天皇」（持明院統の後伏見法皇か）を奉じ謀叛を企てたとして捕らえられる（『匡遠記《ただとおき》』建武二年六月二十六日条）。南北朝時代後期に成立した軍記物語『太平記《たいへいき》』によれば、公宗は鎌倉幕府の得宗北条高時の弟泰家《やすいえ》が出家していたのを還俗《げんぞく》（一度僧となった者が俗人に戻ること）させて刑部少輔時興《ぎょうぶのしょうときおき》と名乗らせ、時興を京都の大将、高時の子北条時行《ときゆき》を関東の大将、北条氏庶流名越《なごえ》氏の名越時兼《ときかね》を北国の大将として蜂起する計画を立てていたという。公宗の謀反計画は未然に防がれたが、時行は同年七月に鎌倉を攻め落とす（中先代《なかせんだい》の乱《らん》）。公宗は、足利尊氏《あしかがたかうじ》が時行討伐のために京を出発した八月二日に誅されている。

公宗と北条泰家・時行が手を組んでいたことは『太平記』にしか記されていない。鎌倉を占領した時行方は光厳天皇の元号「正慶」を使用している（正慶四年〈建武二年〉八月十二日付北条時行奉行人連《ぶぎょうにんれん》署安堵状《しょあんどじょう》、相模明王院《さがみみょうおういん》所蔵法華堂文書《ほっけどうもんじょ》。正慶四年八月十五日付三浦時明寄進状《みうらときあききしんじょう》、相模鶴岡八幡宮文書《つるおかはちまんぐう》）。これは時行方が持明院統を奉じるという意思表示と推測され、公宗は泰家・時行と手を組んでいたと考えられる。公宗は、関東申次たるべき西園寺氏の復権を果たすため、「関東」＝鎌倉幕府の復活を目指したのではないだろうか。しかし、鎌倉占領からわずか二十日ほどで時行は鎌倉を追われ、中先代の乱は終息した。中先代の乱をきっかけに、足利尊氏は建武政権から離反し、室町幕府成立の契機となる。

　また、『太平記』によると、公宗の謀叛計画を後醍醐天皇に密告したのは、公宗の弟公重《きんしげ》であったという。西園寺の家門《かもん》（一門）は公重が継いだ。北朝（持明院統）においても同様であったが、公宗の遺児実俊《さねとし》を扶持せよという条件が付されていた（「御教書類」所収建武三年十二月八日付光厳上皇院宣）。最終的には西園寺氏の家門は実俊に継承される。

　北朝と室町幕府との公武交渉には、武家執奏《ぶけしっそう》が置かれた。西園寺氏庶流の今出川兼季《いまでがわかねすえ》（西園寺実兼の子）・実尹《さねただ》父子、初代「関東申次」（朝幕仲介役）の吉田経房《よしだつねふさ》の子孫勧修寺《かじゅうじ》経顕《つねあき》を経て、文和二年（正平八年、一三五三）十月に西園寺実俊が武家執奏となった。この時実俊は十九歳。鎌倉時代に関東申次を世襲してきた西園寺氏嫡流である実俊の就任をみたことは、武家執奏と関東申次の連続性、公武交渉における西園寺氏の重要性を示すものと言えるだろう。また、公重が武家執奏となっていないのは、関東申次が西園寺氏嫡流に代々継がれたものであることによるとも考えられる。

　永徳二年（弘和二年、一三八二）までは、実俊が武家執奏の任務を果たしていることが確認できる。それ以降、公武交渉は武家執奏ではなく武家伝奏《てんそう》が担うようになり、西園寺氏が公武交渉に影響を及ぼすことはなくなっていった。その後の西園寺氏は、清華家《せいがけ》（摂家に次ぐ名門の家柄）の家格を維持し、嫡流が絶え養子を迎えつつも、明治時代に内閣総理大臣を務めた西園寺公望《きんもち》にまでつながるのである。

おわりに

ここまで三章にわたって、鎌倉時代の関東申次について述べてきた。

構成の都合上、鎌倉時代を、平氏政権から承久の乱まで（第一章）、承久の乱後から関東申次西園寺実氏の没まで（第二章）、西園寺実兼の関東申次就任から鎌倉幕府滅亡まで（第三章）の三章に分割して述べた。しかし、第二章でも述べたように、関東申次の歴史は、二分割して語られるべきである。西園寺実氏が、鎌倉幕府の執権北条時頼《ときより》から正式に関東申次に指名された、寛元四年（一二四六）十月十三日（『葉黄記《ようこうき》』寛元四年十月十三日条）以前と以後に、である。

関東申次は、朝廷と幕府の交渉を担当する朝廷側の役職である。当初は鎌倉幕府将軍との個人的関係から関東申次に就任していた。関東申次は朝廷側に置かれたものであるが、その関東申次が幕府から任命されるようになるのは、執権北条時頼によって任命された西

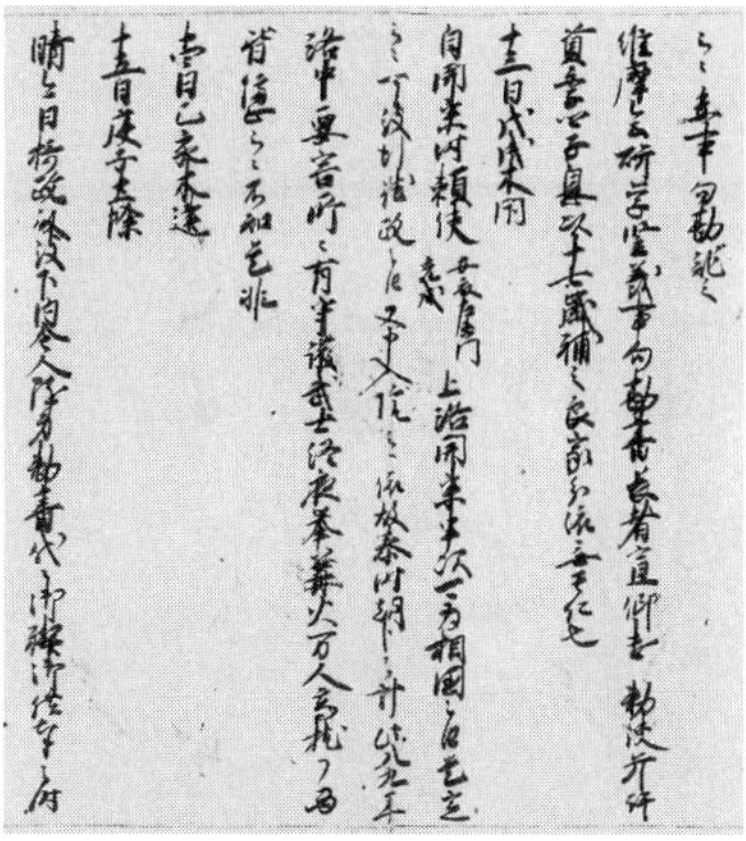

『葉黄記』寛元４年10月13日条

葉室定嗣の日記。鎌倉幕府の執権北条時頼により，西園寺実氏が正式に関東申次に指名される。（宮内庁書陵部所蔵）

園寺実氏からである。当時、従一位《じゅいちい》太政大臣《だいじょうだいじん》という、摂政・関白を除けば臣下ではトップの官位（官職と位階）にあった実氏を関東申次に任命した時頼は従五位上《じゅごいのじょう》左近将監《さこんのしょうげん》であり、実氏と時頼の間には直接会話することすらかなわないほどの身分の開きがあり、さらに時頼は、鎌倉幕府のトップである将軍でもなかった。執権時頼個人によって実氏が関東申次に任命されるという形式は、異例なものであった。しかし実氏の就任以降、代々西園寺氏嫡流が幕府によって関東申次に任命されるという形式は、鎌倉幕府が滅亡するまで続き、異例の事態も常態化されていったのである。

関東申次は、南北朝時代の武家執奏、室町時代以降の武家伝奏の前史となる存在である。西園寺実氏の関東申次就任は、関東申次にとっても、その後に続く武家伝奏にとっても、画期であったといえるだろう。関東申次という職は、鎌倉幕府と共にあり、鎌倉幕府と共に滅びたのである。

［主要参考文献］

筧雅博「道蘊・浄仙・城入道」（『三浦古文化』三八号、一九八五年）

筧雅博『蒙古襲来と徳政令』（日本の歴史一〇、講談社、二〇〇一年）

三浦龍昭「新室町院珣子内親王の立后と出産」（宇高良哲先生古稀記念論文集刊行会編『宇高良哲先生古稀記念論文集　歴史と仏教』文化書院、二〇一二年）

森茂暁『建武政権　後醍醐天皇の時代』（講談社、二〇一二年、初刊教育社、一九八〇年）

森茂暁『増補改訂　南北朝期公武関係史の研究』（思文閣出版、二〇〇八年）

第一～三章「関東申次」一覧表

氏　名	補任または初見【典拠史料】	辞任または終見【典拠史料】
吉田経房	文治元・5/11見【『吉記』】	正治2・閏2/10没【『猪熊関白記』同月11日条】
坊門信清	建永元・5/21見【『明月記』】	建保4・3/14没【『吾妻鏡』同月24日条】
西園寺公経	建保元・10見【『吾妻鏡』同月3日条】	寛元2・8/29没【『平戸記』同日条】
近衛家実	貞応元・8/17見【『鎌倉遺文』2956, 2957, 2992,『石清水文書』一　180, 181, 182】 安貞元・10/20見【『鎌倉遺文』3669, 3677】	安貞2・12/24辞関白【『公卿補任』】
九条道家	寛喜元・12見【『疋田家本離宮八幡宮文書』】	寛元4・9/4籠居【『歴代皇紀』】
近衛兼経	仁治元・12/13見【『吾妻鏡』同2年正月19日条,『鎌倉遺文』5691, 5710】	仁治3・3/25辞関白【『公卿補任』】
一条実経	寛元4・3/15見【『葉黄記』】	寛元4・10/13ヵ【『葉黄記』】※1
高階経雅	寛元4・3/15見【『葉黄記』】	寛元4・10/13ヵ【『葉黄記』】※1
葉室定嗣	寛元4・3/15見【『葉黄記』】	寛元4・10/13ヵ【『葉黄記』】※1
西園寺実氏	寛元4・5見【『葉黄記』同年3月15日条】 寛元4・10/13指名【『葉黄記』同日条】※2	文永6・6/7没【『公卿補任』文応元年条】
西園寺実兼	文永6・6実氏没後	嘉元2・夏【『後深草院崩御記』嘉元2年7月16日条】
西園寺公衡	嘉元2・夏【『後深草院崩御記』嘉元2年7月16日条】	正和4・9/25没【『公卿補任』応長元年条】
西園寺実兼	正和4・9公衡没後	元亨2・9/10没【『花園天皇宸記』】
西園寺実衡	元亨2・8/25【『花園天皇宸記』】	嘉暦元・11/18没【『公卿補任』】
西園寺公宗	嘉暦元・11/18父没後【『公卿補任』】	正慶2・5/22鎌倉幕府滅亡

（久保木圭一作成）


注：表中の文治元・5/11は，文治元年5月11日の意。また本文に記したように，関東申次の正確な任免年月日はほぼ不明であるため，下記のような表記を行った。

　「見」：関東申次としての事蹟と思われる記事がみえる時期。

　「没後」：前任者の死去が関東申次就任時期の上限と考えられるもの。

　「没」・「辞関白」：本人の死去・関白辞任が辞任時期の下限と考えられるもの。

※1：一条実経・高階経雅・葉室定嗣の3名は九条道家の補佐として関東申次の地位にあった人物。西園寺実氏の関東申次指名に伴い辞任したものと推定し「～ヵ」と表記。

※2：『葉黄記』寛元4年3月15日条にある追記から，実氏は同年5月に関東申次に任じられたことが知られるが，8月には関東申次の人選は追って決定するとされ，さらに10月13日実氏が正式に関東申次に指名された。詳細は本文第2章を参照のこと。

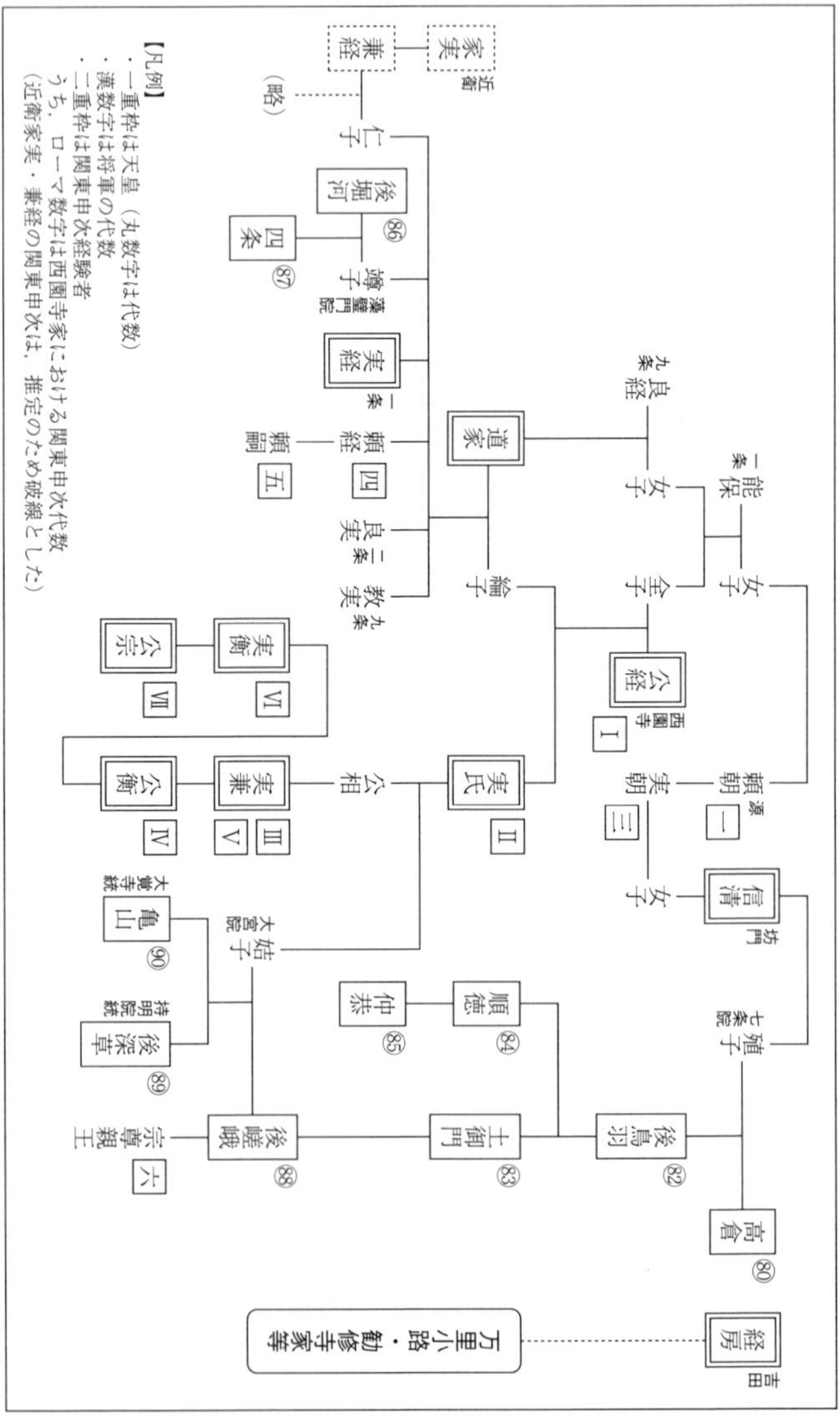

関東申次関係系図

（久保木圭一作成）

第Ⅱ部

南北朝・室町時代～戦国・織豊期

関東申次から武家伝奏へ

第四章　動乱期の公武関係を支えた公家たち

――「武家伝奏」の誕生

水野智之

はじめに

建武二年（一三三五）十月、足利尊氏《あしかがたかうじ》は建武《けんむ》政権《せいけん》から離反し、後醍醐《ごだいご》天皇方と対立した。翌年八月、尊氏は後醍醐天皇に敵対する不利な立場を解消するために、持明院統《じみょういんとう》の光明《こうみょう》天皇を擁立した。同年十二月、後醍醐天皇は吉野《よしの》（現、奈良県）に移り、自らの正統性を主張し、光明天皇・足利尊氏方と争った。これより、吉野の朝廷（南朝《なんちょう》）と京都の朝廷（北朝《ほくちょう》）・幕府とが敵対し、いわゆる南北朝の動乱の時代になった。

本章ではこの南北朝時代から、応仁《おうにん》・文明《ぶんめい》の乱にいたる室町時代までの朝廷と幕府の交渉および伝《てん》奏《そう》の動向を扱う。この時期の公武関係は室町幕府権力の確立と動揺があるため、大きく変容する。伝奏もその影響を受け、公武交渉のあり様は大きな変化を見せる。以下、その展開を示し、朝廷と幕府をめぐる政治的な動向を探ってみたい。

1　光厳上皇と足利尊氏・義詮の公武関係

北朝の政務と伝奏

北朝の政務は光明天皇の兄、光厳上皇《こうごんじょうこう》が院政を敷いて執りおこなわれた。暦応三、四年（一三四〇、四一）頃の光厳院政の政務のあり方を記したとみられる「制法《せいほう》」（『広橋家記録《ひろはしけきろく》』国立歴史民俗博物館所蔵）から探ってみよう。北朝の法廷である文殿《ふどの》に訴訟が提起されると、担当に定められた伝奏は、中《なか》原《はら》氏・坂上《さかのうえ》氏・小槻《おづき》氏・清原《きよはら》氏らの文殿衆《ふどのしゅう》を指揮しながら、訴訟の進行にあたった。担当の伝奏は、訴人《そにん》（原告）や論人《ろんにん》（被告）を呼び出す問状院宣《といじょういんぜん》を発給《はっきゅう》し、文殿の庭中《ていちゅう》で訴人と論人による互いの主張を述べる対決をさせると、どちらの言い分に理があるかなどを文殿衆に審議させた。伝奏は文殿衆に審議の結果を文殿注進状《ちゅうしんじょう》（勘状《かんじょう》）として提出させ、それを上皇に奏上して裁許《さいきょ》を得ると、その結果を伝える院宣を発給した。

また、雑訴評定《ざっそひょうじょう》（所領などに関する訴訟）がおこなわれており、ここでは評定衆《ひょうじょうしゅう》が審議した。評定衆の中には伝奏を兼ねる者もいた。評定の結論は上皇に奏聞《そうもん》（申し上げること）され、訴訟の当事者には院宣で判決が下された。

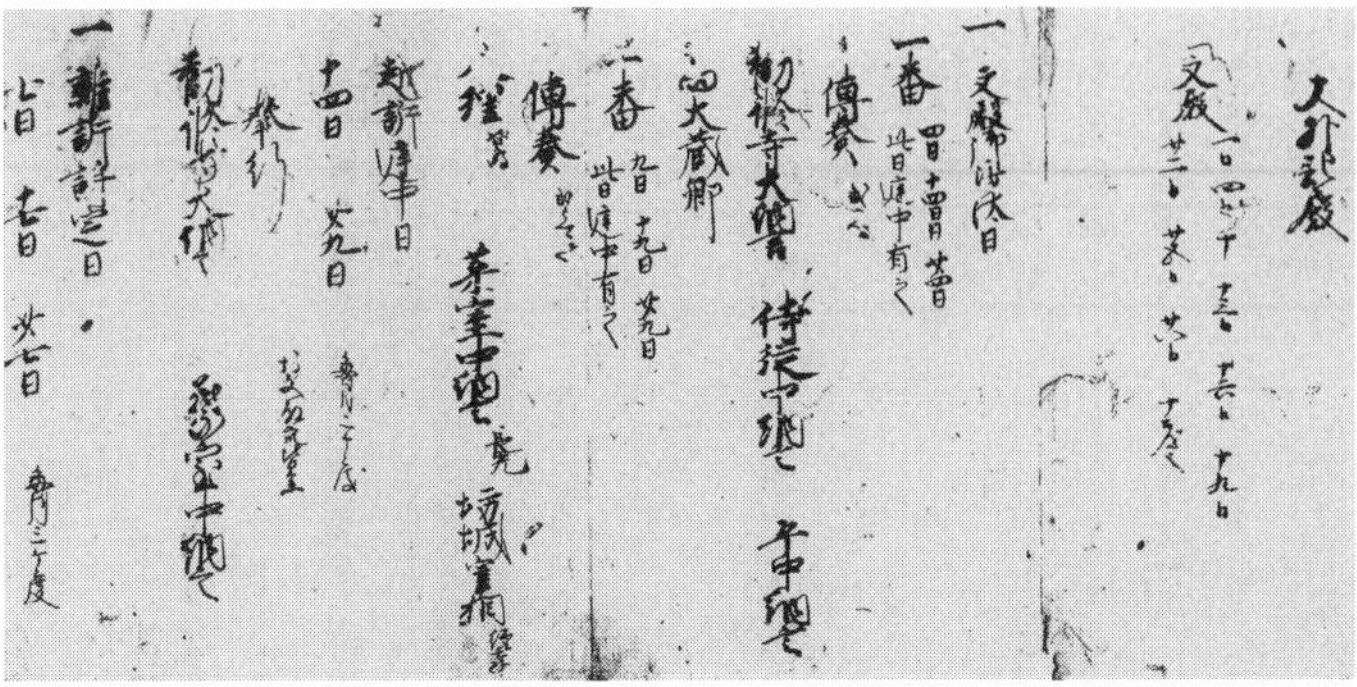

制　法

暦応３，４年頃の光厳院政の政務について記されている。前半には暦応雑訴法が記されている。（「広橋家記録」国立歴史民俗博物館所蔵）

さらに、上皇の臨席のもと、評定衆による御前評定《ごぜんひょうじょう》（院評定《いんのひょうじょう》）があった。これは北朝の最高議決機関であり、伝奏の立場では参加できなかった。ここでもさまざまな政務や訴訟に関することが評議された。伝奏は実務のうえで、また裁定にも評定衆として関与することがあったため、北朝の政務の中で重要な役割を担っていた。

伝奏を介した北朝と幕府の役割

関東申次《かんとうもうしつぎ》は鎌倉中期より西園寺《さいおんじ》家が務めていたが、鎌倉末期には持明院統に近い立場になっていた。そのため、建武新政期に西園寺公宗《きんむね》は関東申次を辞めさせられた。公宗は北条高時《ほうじょうたかとき》の弟と手を組み、復権を果たそうとして後醍醐天皇の暗殺を企てたが、公宗の異母弟公重《きんしげ》がその計画を後醍醐天皇に密告したため、公宗は捕らえられて流罪となった。その途次に公宗は殺害、もしくは自害したという。西園寺公重は吉野に向かった後醍醐天皇に仕えたため、北朝の光厳院政の公武交渉は西園寺家庶流《しょりゅう》の今出川実尹《いまでがわさねただ》が務めていた。公宗の子実俊はまだ幼かったので、公武交渉の任務に就いていなかった。十四世紀前半に、かつての関東申次の職務は今出川兼季《かねすえ》・実尹父子、勧修寺経顕《かじゅうじつねあき》が務めた。

北朝では文殿で評定がなされ、政務がおこなわれていたが、訴訟の判決を執行する際、押妨《おうぼう》や違乱《いらん》（いずれも不当行為）を停止する刑事的な案件は幕府がおこなうように求められていた。北朝は今出川氏らを介して幕府に施行《しぎょう》を命じることによって、判決の強制力を強めていたのである。このような施行のあり方は北朝の評定が実施されていた南北朝期の後半まで続いた。上皇の命令を幕府に伝える伝奏の役割は、北朝・幕府の支配体制を支えるうえで重要であった。

伝奏の交渉とその意義

幕府は南朝との戦いを優位に進めていき、支配体制も整えつつあったが、観応《かんのう》の擾乱《じょうらん》という、足利尊氏・高師直《こうのもろなお》と足利直義《ただよし》方との対立が起きると、直義は一時南朝に下って手を組んだため、再び南朝方の勢力は強まった。高師直、足利直義の死という代償をはらって安定に向かった幕府であったが、観応三年（一三五二）閏二月、南朝方が北朝の光厳・光明・崇光《すこう》上皇とかつて皇太子であった直仁親王《なおひとしんのう》らを八幡《やわた》（現、京都府）に移し、同年六月に彼らを賀名生《あのう》（現、奈良県）に拘留《こうりゅう》すると、北朝は窮地に追い込まれた。幕府は光厳上皇の皇子で、延暦寺《えんりゃくじ》妙法院門跡《みょうほういんもんぜき》（天台宗三門跡《てんだいしゅうさんもんぜき》の一つ。天皇家や公家の子弟が門主《もんしゅ》となる）に入室する予定であった弥仁《いやひと》を天皇に擁立しようとした。そこで、幕府は佐々木導誉《ささきどうよ》を通じて光厳上皇の母、広義門院《こうぎもんいん》（西園寺寧子《ねいし》）に治天《ちてん》の君《きみ》（天皇家の家長《かちょう》）の立場に立って、弥仁を擁立してもらうよう依頼した。導誉は伝奏を務める勧修寺経顕と共に説得を試みたが、広義門院はこのような事態にいたった原因は尊氏が直義を攻める際、南朝に降参し、北朝を裏切ったためであるとの怒りからか、再三辞退した。実のところ、広義門院は光厳上皇が弥仁の擁立に反対であり、直仁親王に継承させたいという意向を知っていたため、弥仁の擁立に反対したとも考えられている。

新たな天皇を擁立できなければ、政務は滞り、北朝・幕府の支配体制は保ちえないので、この交渉は極めて重要であった。その後、勧修寺経顕は説得を重ね、それが奏功して、広義門院は治天の君の立場に就任することを承諾した。見過ごされがちではあるが、経顕の交渉如何によっては北朝・幕府の支配体制が破綻しかねなかったため、その任務は重圧のかかることであったと思われる。

これより後光厳《ごこうごん》天皇は践祚《せんそ》（天皇の位の継承）したが、三種の神器《じんぎ》（八咫鏡《やたのかがみ》・八尺瓊勾玉《やさかにのまがたま》・草薙剣《くさなぎのつるぎ》）もなかったため、北朝の廷臣にすらその正統性に疑問を抱かれるようであった。当初、後光厳天皇の政務や儀式に参仕する廷臣は少なく、南朝からは「偽朝」と呼ばれることもあった。幕府は後光厳天皇の権威を高め、正統性を誇示することに腐心した。

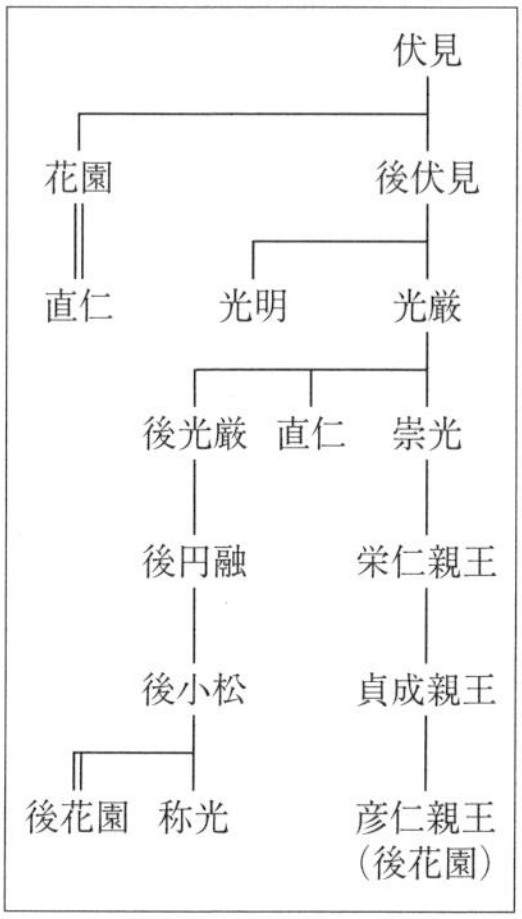

天皇家系図

北朝は崇光天皇の系統と後光厳天皇の系統に分裂し，対立がみられる。

2　後光厳・後円融天皇と足利義詮・義満の公武関係

武家執奏から将軍家の家礼へ

文和二年（一三五三）六月、南朝方の山名時氏《やまなときうじ》や楠木正儀《くすのきまさのり》（楠木正成《まさしげ》の三男）らが京都に攻め入り、足利義詮《よしあきら》は後光厳天皇と共に美濃国《みののくに》（現、岐阜県）に逃れたが、翌月に義詮の軍勢は京都を奪い返した。同年九月、足利尊氏は美濃に避難していた後光厳天皇を奉じて入京することができた。これより戦乱は徐々に収束し、北朝・幕府体制は落ち着きを取り戻しつつあった。同年十月十九日、後光厳天皇は西園寺実俊《さねとし》を関東申次の役割を果たす武家執奏《ぶけしっそう》に任じた。すでに幕府は京都に所在して久しいことから、この頃になると鎌倉時代の関東申次は武家執奏と呼ばれるようになった。公武の交渉は西園寺実俊が就任して比較的円滑になされたようである。

延文三年（一三五八）八月、足利尊氏が死去すると、将軍職は子の義詮（二代将軍）に任じられた。その頃の将軍家は後光厳天皇の権威を高めるため、朝廷の政務や儀式、行事に関与しており、公家《くげ》衆《しゅう》にも影響力を強めつつあった。鎌倉時代以来、幕府に伺候《しこう》する公家衆が存在し、彼らは関東伺候の廷臣《ていしん》などと呼ばれていたが、その系譜にある者は室町幕府にも仕えていた。康永四年（一三四五）八月二十九日、天龍寺《てんりゅうじ》でおこなわれた後醍醐天皇供養で、御布施《おふせ》を受け取る御布施取《おふせとり》の役割は「関《かん》東恩顧《とうおんこ》の輩《ともがら》」（幕府から恩を受けた者）が務め、公卿として飛鳥井雅孝《あすかいまさたか》、高階雅仲《たかしなまさなか》、一条実豊《いちじょうさねとよ》、持《じ》明院家藤《みょういんいえふじ》らが、殿上人《てんじょうびと》（清涼殿《せいりょうでん》の殿上間《てんじょうのま》に昇ることを許された四位《しい》・五位以上の者）として難波宗有《なんばむねあり》、持明院基秀《もとひで》、姉小路基賢《あねがこうじもとかた》、二条雅冬《にじょうまさふゆ》、持明院盛雅《もりまさ》らが参仕《さんし》した（『園太暦《えんたいりゃく》』同四年八月二十九日条）。多くは関東伺候廷臣の系譜にあった。足利直義に仕えた藤原有範《ふじわらのありのり》のように、直義が京都から没落する際にも付き従って北陸に下向する者もいた。

　義詮の執政期になると、将軍家に仕える関東伺候廷臣の活動は確かめられなくなっていき、代わって将軍家の家司《けいし》や家礼《かれい》の活動が見られるようになる。家司とは三位《さんみ》以上の公卿の家などに設置が認められた家政機関《かせいきかん》の職員である。家礼とは有職故実《ゆうそくこじつ》（古来の儀式・礼法などの先例）や学芸を習得したり、給付を得たりするために主家に仕え、主人の出仕《しゅっし》や主家の行事に伺候、奉仕した者を指す。世尊寺行忠《せそんじゆきただ》や橘知任《たちばなのともとう》らが知られるが、義詮の跡を継いだ三代将軍義満《よしみつ》の頃には、さらに多くの家司、家礼が仕えるようになった。

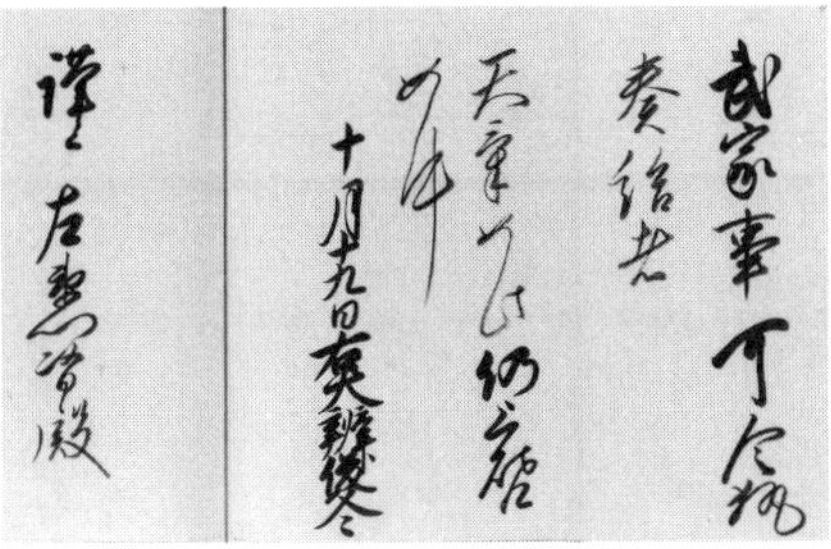

後光厳天皇綸旨写
（「吉田文書」文和２年10月19日）
西園寺実俊を武家執奏に任じる綸旨。「～事」と書き始められる形式で記されている。（東京大学史料編纂所影写本）

　永和四年（一三七八）、足利義満は二条良基《にじょうよしもと》との連携のもと、足利家の家格《かかく》を上昇させて、摂関家《せっかんけ》（公家の最上位層）に準拠するように改めた。その後、義満は父祖を超えて永徳元年（一三八一）に内大臣《ないだいじん》に、翌年には左大臣《さだいじん》に就任した。このような昇進がなされた理由は、義満が公家化を果たして、公家社会内に身を置かなければ、公家衆や後光厳天皇方の皇統《こうとう》と対立した崇光上皇方の勢力を十分に統御することができなかったためと見なされている。

　このような義満の公家化の過程で、将軍家に仕える家司や家礼の活動が顕著になってくる。たとえば、永和五年四月二十八日、義満は参内《さんだい》（朝廷への出仕、天皇との対面）したが、その際、万里小路嗣《までのこうじつぐ》房《ふさ》以下の殿上人が「家礼の有無を謂《い》わずに」、みなが四足門《よつあしもん》（禁裏《きんり》の計四本の控え柱を設けた門）の外にまで出迎えた（『後愚昧記《ごぐまいき》』同五年四月二十八日条）。この例は家礼以外の者も奉仕したことが特記されたのであるが、このような状況より、家礼ならば将軍家に日常的に伺候していたと推測されよう。また、山科教冬《やましなのりふゆ》や同教遠《のりとお》ら、将軍家の家司を務めた者は結番《けちばん》をして義満に対する申次《もうしつぎ》の役目を果たしていた。このように家司、家礼らは扈従《こしょう》（貴人につき従うこと）したり、将軍家の家政に携わったりするようになった。さらに、康暦二年（一三八〇）十一月二十日、武家執奏に対する返答として仰《おおせ》詞《ことば》（天皇から伝えられた言葉や命令。また、それを記した文書）が伝えられたが、そこには「武家奉行《ぶけぶぎょう》」が関わっていた。次の史料は後円融《ごえんゆう》天皇の仰詞案である（『東寺百合文書《とうじひゃくごうもんじょ》』ヤ函三六）。

「（端裏書）武家奉行銘
勅答　康暦二十一廿」
万里少路執　奏
東寺寄検非違使《よせけびいし》俸禄ならびに瓺原《みかのはら》給の事、奏聞《そうもん》の旨聞こし食《め》されおわんぬ。御影堂《みえいどう》造営中これを閣《さしお》かるべきなり。

寄検非違使とは独自の検断《けんだん》（取り締まりや刑事裁判）をなしうる寺社に対して設定され、当初は警察行為を補う者であったが、次第に寺社の訴訟を取り次いだり、寺社の利益になる務めを果たしたりするようになった。東寺寄検非違使の俸禄《ほうろく》（報酬）は東寺から支払われるもので、この仰詞により御影堂造営中はその俸禄と じ原給は支払わなくてよいと認められた。 じ原とは京都府木津川市の地名で、 じ原給とはその分の給付を指す。執奏に携わったのは「万里少路」とあり、武家執奏西園寺実俊《さねとし》ではないようである。端裏書《はしうらがき》（文書の右端裏に受給者側が記した記事）に「武家奉行銘」とあり、本文冒頭に「万里小路執奏《しっそう》」とあることから、これは武家奉行として、将軍家の家礼万里小路嗣房が武家（将軍家）の執奏を務めたことを示している。武家の執奏は西園寺家を介することが一般的であったが、この事例のように将軍家の家礼で伝奏を務めていた万里小路嗣房がその役割を担ったとすれば、それは武家執奏の役割が伝奏を務めた将軍家の家礼に代替されたことを意味している。この活動はのちの「武家伝奏」の職務に至る過渡的なあり様を示していると見なされる。

将軍家の家礼から伝奏（武家伝奏）へ

伝奏を務める将軍家の家礼万里小路嗣房はほかにも注目すべき活動をしている。永徳三年（一三八三）七月五日、万里小路嗣房は幕府奉行人《ばくふぶぎょうにん》松田貞秀《まつださだひで》に対して、後小松《ごこまつ》天皇の大嘗会《だいじょうえ》にかかる悠紀《ゆき》・

主基《すき》抜穂使《ぬきほのつかい》斎郡《さいぐん》料足《りょうそく》についての義満の仰せを伝える奉書《ほうしょ》を発給した。大嘗会とは天皇が即位後に初めておこなう新嘗祭《にいなめさい》のことであり、新穀を神々に供える儀式を指す。悠紀は新穀《しんこく》・酒料を献上する第一の国郡《こくぐん》であり、主基は第二の国郡である。神々に供える新穀を出す国郡は卜定《ぼくじょう》（占い）により選ばれ、抜穂使は新穀を出す国郡から、神饌《しんせん》用の稲穂を抜く儀式にあたった。義満はその儀式の費用についての指示を万里小路嗣房に命じたのである。その史料を挙げてみよう（『吉田家日次記《よしだけひなみき》』永徳三年七月五日条）。

大嘗会悠紀・主基抜穂使斎郡料足の事、申状一通これを進らせ候。申し沙汰せしめ給うべきの由、
仰せ下され候なり。恐々謹言。
（永徳三年）七月五日　　（万里小路）嗣房
（貞秀）松田丹後守殿

この文書は幕府奉行人松田貞秀という、幕府の構成員に手続きを命じたものである。伝奏の本来の職務に幕府奉行人と交渉する役割はなかったため、嗣房は足利家の家政に携わる家礼の立場からこの文書を発したと見なされている。

さらに、至徳二年（一三八五）八月三十日、嗣房は義満が春日社参《かすがしゃさん》の際、春日社への敬信《けいしん》（神社を敬い信じること）を先んじ、興福寺《こうふくじ》には厳儀《げんぎ》（厳かな振舞）に及ばなかったにもかかわらず、興福寺《こうふくじ》が丁

重にもてなしてくれたことなどを感謝する旨の奉書を発給している（『春日《かすが》権神主師盛記《ごんのかんぬしもろもりき》』）。

室町殿《むろまちどの》御《み》教書案《ぎょうしょあん》
御社参の事、敬信を先んじられ、儼儀《げんぎ》にあたわざるのところ、満寺の沙汰鄭重《ていちょう》、懇志の至りか。なかんづく延年風流、希世壮観、ただ遊僧の奇芸にあらず。すなわち舞童の妙技に及び、一場尽美《じんび》し、万感多端。これらの次第、殊《こと》に寺門《じもん》に仰せ達せらるべきの由、内々に申すべき旨に候なり。この旨をもって申し入らしめ給うべし。恐々謹言。
至徳二乙丑
八月廿日　（万里小路）嗣房
謹上　権右中弁殿（平知輔）

この文書は義満の意を奉じているが、伝奏の立場からではなく、私的に足利家に仕える家礼《かれい》の立場から発せられたものであった。すなわち、「義満の意を奉じる家礼の奉書《ほうしょ》」である。

のちの明徳四年（一三九三）四月二十八日に後円融《ごえんゆう》上皇が没すると、治天の君が不在になったため、義満は伝奏を介して自らの意志を伝え、その奉書は足利家の家礼の立場からでなく、伝奏の立場として発せられるようになる。すなわち、「義満の意を奉じる伝奏奉書《てんそうほうしょ》」である。このような武家の意を奉じる伝奏が、将軍家の家礼でなく、伝奏の立場に基づく内容を扱う奉書を発給するにいたり、いわゆる「武家伝奏」が誕生したと言える。

公武関係の評価として、義満が伝奏に将軍家の家礼としての立場から奉書を発給させる行為にとどまるならば、義満は治天の君、すなわち天皇家の家長の地位に及んでいないが、伝奏としての立場から奉書を発給させられるようになれば、天皇家の家長の地位と同等と見なすことができる。この点は伝奏の研究において、重要な論点と言える。

なお、武家執奏の西園寺実俊の活動は永徳年間に見られなくなった。義満が公家社会の内部で、家礼関係にある公家衆に直接命令を下すようになったため、西園寺家を介する公武交渉がなされなくなったからである。さらに、西園寺実俊は義満の所存に違う者の一人と伝えられている（『後愚昧記』永徳二年九月十八日条）。このことも西園寺家が公武交渉に携わらなくなる理由であったと思われる。

3　後小松天皇と足利義満の公武関係

「武家伝奏奉書」の初見

義満の意を奉じた伝奏奉書を確認してみよう。次は鴨社《かもしゃ》（下鴨神社《しもがもじんじゃ》）領の越中国《えっちゅうのくに》（現、富山県）寒《さむ》江《え》・倉垣両荘《くらがきりょうしょう》の支配が社務《しゃむ》に認められ、日野資教《ひのすけのり》がその手続きを務めることを伝えた右馬助範氏の奉書である（『賀茂社古代荘園御厨』）。社務とは神社の事務をつかさどった神職の長のことである。

当社領越中国寒江・倉垣両庄、社務に仰せ付けられ候。□□せられべきの由、日野大納言（資教）殿ご奉行候所なり。よって執達件の如し。

明徳四年七月十三日　　右馬頭〔助〕範氏

謹上　鴨禰宜殿舊記に見ゆ。

明徳四年（一三九三）四月二十八日に後円融上皇は死去しており、寒江・倉垣両荘の支配を社務に認める命令を伝えうる者は義満であるとみられている。永和初年（一三七五）頃、日野《ひの》資教《すけのり》の姉業子《なりこ》は義満の正室になっており、資教はその関係を背景としつつ、義満に仕えて権勢を強めており、「近日の権勢、傍若無人《ぼうじゃくぶじん》か」（『愚管記《ぐかんき》』永和四年三月九日条）、「資康卿《すけやすきょう》・資教ら、武家の権威に依り、かくの如き傍若無人の下知に及ぶか。すでに末代といい、希代《きだい》のことなり」（『後愚昧記』永和五年正月二日条）などと伝えられている。資教が伝奏に補任された日時は判明しないが、後円融院政下において、資教は伝奏を務める資格とも言える公卿の立場にありながら上皇の命令を伝える院宣《いんぜん》を奉じており、康応元年（一三八九）十二月十五日に院執権《いんのしっけん》の勧修寺経重《つねしげ》が没した後に、その職に就いた。院執権とは、院司《いんのつかさ》の筆頭として院庁《いんのちょう》での政務の運営の責任者を指す。鎌倉時代に院執事《いんのしつじ》の中から、能力のある者が院執権に選ばれるようになった。このような経歴から、明徳四年の時点で資教は伝奏の役職を兼ねていたとみてよい。したがって、右の文書は伝奏日野資教自身が発した文書ではないが、伝奏の資教が奉行をして寒江・倉垣両荘を社務に付けることを鴨祐有《かものすけあり》に伝えるものであり、それを命じた主体者は義満とみられる。よって、武家が伝奏を通じて、職務を遂行させるようにした文書であり、いわゆる「武家伝奏奉書」の性質を兼ね備えた文書であると言える。

次は伝奏が奉者として発したものである。明徳五年三月、日野資教が近江《おうみ》国《のくに》船木荘《ふなきのしょう》（現、滋賀県。朝廷所有の荘園）の年貢《ねんぐ》の内、毎年千五百疋《ひき》を崇賢門院《すうけんもんいん》（後円融天皇生母、広橋仲子《ひろはしなかこ》）に送るようにとの指示を珠阿弥陀仏《しゅあみだぶつ》に伝えた奉書案である（「宝鏡寺文書《ほうきょうじもんじょ》」）。ちなみに千五百疋は十五貫文《かんもん》に相当し、一貫文は現在の金額として十万円から十五万円ほどと考えられている。よって、十五貫文は現在の百五十万円から二百二十五万円ほどの金額にあたる。

（端裏書）「御教書案　明徳五」
江州船木庄御年貢の内、毎年千五百疋、女院（崇賢門院）に進らせらるべきの由、申すべきの旨仰せ下され候なり。恐々謹言。
三月二日　　資教（日野）
珠阿弥陀仏

近江国船木荘は後光厳院流の所領《しょりょう》であり、この仰せの主体は崇光《すこう》上皇ではなく、義満であったと考えられている。あて先の珠阿弥陀仏は義満の側近古山珠阿弥陀仏の可能性があるという。このような命令が後小松《ごこまつ》天皇でなく、義満によって伝えられていたために、義満が治天の君としての権限を行使していたと見なされているのである。

伝奏の果たした役割

応永年間（一三九四〜一四二八年）になると、義満の意を奉じた伝奏奉書は多く確かめられるようになり、現在のところ六十通ほどが知られている。その大部分は寺社《じしゃ》にあてたものであり、祈禱《きとう》・祭礼の執行や料足《りょうそく》（費用）の支給、寺社領の返付《へんぷ》・安堵《あんど》（領有の保障）などの権益の認定や寺領での濫妨《らんぼう》（違法行為）停止、検断《けんだん》（取り締まりや刑事裁判）や私戦《しせん》の停止などが伝えられた。伝奏奉書のみならず、将軍の発した御判御教書《ごはんのみぎょうしょ》（室町時代の将軍が加判して発行した公文書）や管領《かんれい》の発した管領奉書があわせて発給された例から、伝奏の役割や義満政権の性格が考察されている。

たとえば、応永十一年（一四〇四）に興福寺は摂津国《せっつのくに》（現、大阪府）兵庫河上等諸関について過書《かしょ》を停止する特権が認められている。具体的に、それらの文書を挙げてみよう。

①伝奏広橋仲光奉書案（『春日神社文書《かすがじんじゃもんじょ》』第一、二四五号）

摂津国兵庫河上等諸関過書の事、寺社造畢《ぞうひつ》の間、堅く停止せらるるところなり。その旨を存じ、修造を専らにすべきの由、御下知あるべきの由、申すべきの旨に候なり。誠恐謹言。

（応永十一年）三月廿九日　曇寂（広橋仲光）奉《うけたまわ》る。

（良兼）一乗院殿

②足利義満御判御教書案（『春日神社文書』第一、二二七号）

寺社造営要脚兵庫河上諸関の事、国料ならびに過書を止《と》めおわんぬ。もし年貢舟において少事たりといえども、商売物混合の儀あらば、一円その舟を点定し、春日造営に寄せるべきの状、件の如し。

応永十一年四月廿一日　　御判（足利義満）

興福寺別当僧正御房（孝円）

③管領畠山基国施行状（『春日神社文書』第一、二四四号）

寺社造営料兵庫河上諸関の舟、御所丸、御座丸、八幡丸、御判船を除く、事、早く去月廿一日の御書の旨に任せて、国料舟ならびに過書を止めらるべし。次いで、問丸船頭等においては諸権門舟商買物を積まざるの由、告文を捧ぐべきの旨、相触れらるべきの由、仰せ下さるるところなり。よって執達件の如し。

応永十一年五月廿五日　　沙弥（畠山基国）（花押）

興福寺別当僧正御房（孝円）

過書（過所）とは関所《せきしょ》などの通行税を免除することであり、まず義満は①の伝奏奉書を用いて、寺社を造り終えるまで摂津国兵庫河上等の諸関を通行する船の税免除の特権を停止して税を徴収することにし、集めた税を寺社の修造《しゅうぞう》費用に充てることを興福寺の一乗院良兼《いちじょういんりょうけん》から下知《げち》するようにと伝えた。二十日余り後に、義満は改めて興福寺の寺務を統轄する長官にあたる興福寺別当《べっとう》の孝円《こうえん》に国《くに》料《りょう》の徴収と過書の停止を命じ、もし商品を混ぜた年貢船があったら積載物を没収し、春日社の造営費用に充てる規定を加えて命じた。再びその一ヶ月余り後、管領から③の施行状が出された。それには義満の仰せとして、関を通行する船のうち、御所丸《ごしょまる》以下の幕府料船《りょうせん》（寺社の修造費用を幕府に送り届ける船）には過書の特権を認めるようにし、諸権門《しょけんもん》の年貢船には商品を積まないように問丸《といまる》（年貢や物資の運送、管理、中継ぎ取引などに従事した商人）や船頭らから、告文《つげぶみ》（誓約書）を提出させることを興福寺別当の孝円から命じさせるものであった。

これらの文書が発給された背景として、まず義満は①の伝奏奉書で過書を停止して税の徴収を認める権益《けんえき》認定の旨を内意として示し、次に②の自らの花押《かおう》（サイン）を据えた御判御教書で正規の権益認定の旨を興福寺別当に伝えた。その後、おそらく幕府内部から年貢船・幕府料船は過書の特権を認めるよう要請されたので、③の管領施行状《かんれいしぎょうじょう》（管領が御判御教書の命令の執行を守護に命じる文書）で、義満は興福寺との調整のうえ、それを認め、加えて問丸や船頭らに対して、諸権門の船に商売物を混ぜて積載しないと誓約させるよう興福寺別当孝円から命令を発するようにと指示したのである。

この一連の過程および他の伝奏奉書と幕府文書が発給された事例から、伝奏奉書の役割とは、義満の意志を私的ないしは緊急に示す場合に用いられたと見なされている。伝奏奉書は御判御教書やその遂行を命じた管領施行状を代替するものでなく、法的強制力を伴う正規の命令としては幕府の発給文書を通じて命じられたという。この指摘は武家の意を奉じる伝奏および伝奏奉書の性格として、留意すべき重要な一面を示していると思われる。

公武の交渉人としての伝奏

伝奏は義満の意を奉じて文書を発給するようになり、朝廷・幕府いずれにも文書の発給を促すようになった。たとえば、応永九年（一四〇二）二月二十五日、鴨社領越中国寒江荘、倉垣荘をめぐる訴訟に対して、伝奏坊城俊任《ぼうじょうとしとう》は祐詞の訴えを棄却する旨を蔵人《くろうど》（天皇の秘書官的な役職）および幕府奉行人に伝えている（「賀茂社諸国神戸記」七）。伝奏は以前より蔵人に綸旨《りんじ》（天皇の意思を伝える文書）の発給を指示していたが、この時の伝奏坊城俊任は義満の仰せを奉じて蔵人に指示を伝達していたため、義満は自らの意思で綸旨を発給しえたことになる。自らの御判御教書で伝達することも可能であろうが、天皇家と縁の深い鴨社のことであるので、綸旨が用いられたのであろう。義満は伝奏を介した命令伝達により、太政官《だじょうかん》が発した太政官符《だじょうかんぷ》や弁官《べんかん》が下した官宣旨《かんせんじ》などでさえ発給できたと見なされている。

伝奏は事前の通知として私的な連絡をする場合に、また緊急を要する場合に義満の意を奉じて伝奏文書を発給したのであったが、役割はそれだけでなく、伝奏は公家社会において武家への交渉窓口として重要視されていたことが知られる。

たとえば、応永十三年八月、山城国《やましろのくに》（現、京都府）に段銭《たんせん》（一段あたりの田の面積に応じて賦課《ふか》させた税）が課され、それは山科家の家領山科東荘《けりょうやましなひがしのしょう》にも及んだ。山科教言《のりとき》は段銭の支払いを回避するため、以前に免除を認められた証明書である折紙《おりがみ》を示して、守護高師英《しゅごこうのもろひで》に免除を申し入れたが拒否された（『教言卿記《のりときききょうき》』同十三年八月九日条）。そこで政所執事《まんどころしつじ》伊勢貞行《いせさだゆき》に免除を申し入れたが、そこでも拒否された。山科教言はその経緯を日野重光《しげみつ》に申し入れると、重光より守護に取り計らうとの返答があった（『同』同十三年八月十三日条）。翌日、重光は守護高師秀に山科東荘への段銭の賦課を免除するよう申し入れた（『同』同十三年八月十四日条）。八月十七日、守護高師秀は義満の免除の可否が決定されるまで段銭の催促を停止し、二十四日には義満が段銭の免除を決定した。ただし、料足が不足しているため、結局は再度賦課されるに至ったが（『同』同十三年九月十七日条）、ここでの重光の交渉力は大きかったことが知られる。守護（謀反《むほん》人や殺害人の逮捕などを務める幕府の役職。室町時代には一国の領主の性格を強めた）および政所執事《まんどころしつじ》（将軍家の家政・財務を担う政所の長官）が拒否した案件を一時的にせよ、承諾させていたのである。ほかにも『教言卿記』には官位の昇進や家領についての口入《くにゅう》（仲介、口添え）を重光に依頼していることは多々見受けられ、非常に頼りにされていたことが知られる。同様の活動は広橋仲光《なかみつ》や万里小路嗣房にも見られるため、伝奏は官位（官職と位階）の昇進や所領の安堵・返付、段銭の免除など、さまざまな公家衆の権益を認められるよう要請を受けて、幕府や守護と交渉していたのである。

4　後小松・後花園天皇と足利義持・義教の公武関係

後小松天皇・足利義持の政務と伝奏

義満による伝奏を用いた命令伝達は後小松《ごこまつ》天皇と協議する手段というより、公武の首班として自らの判断を伝えるものであった。伝奏奉書の仰せの主体は後小松天皇でなく、義満であり、後小松天皇もそのような義満の執政を容認していた。これより、義満はあたかも法皇《ほうおう》のように権勢を振るったが、応永十五年（一四〇八）五月六日に死去した。その跡は義満の晩年に官位の昇進を重ねた子の足利義《よし》嗣《つぐ》ではなく、管領斯波義将《しばよしゆき》らに支持された四代将軍義持《よしもち》が継ぐことになった。

同年十月、義持は公家方のことを日野（裏松《うらまつ》）重光《しげみつ》が、武家方のことを伊勢貞行が取り扱うように指示した（『教言卿記』同十五年十月八日条）。重光は伝奏と、足利家の別当としての立場を兼ねていた。この頃の伝奏は足利家の家司（家政にあたった職員）・家礼という立場にあり、伝奏奉書もその主従関係から発給されたという要因が濃厚であった。

ただし、義満が没して後小松天皇が政務への関与を深めていくと、伝奏は天皇家の家長の意を奉じるという本来の活動をおこなうようになった。このことは後小松天皇が治天の君として立場を回復していくことを意味する。応永十九年八月二十九日、後小松天皇は称光《しょうこう》天皇に譲位し、同年九月十四日に後小松上皇の御所でその政務を始めることを宣言する儀式である院庁始《いんのちょうはじめ》がなされると、後小松上皇の仰せを奉じる伝奏奉書は多くみられるようになる。「公武間申次《こうぶかんもうしつぎ》」として、公武の調整役を務める伝奏は義持と後小松上皇に両属するようになった。

義持は後小松上皇の院執事《いんのしつじ》（院政の政務にあたる院司の中の責任者）になっており、内大臣として後小松院政を輔佐する立場にあった。公家衆は義満の生前時と同じように義持に伺候しようとしたが、義持はその必要はないとして参仕する者を限定した（『兼宣公記《かねのぶこうき》』応永十九年九月二十七日条、応永二十四年正月十日条）。義満は自らを上皇に准《なぞら》えたが、義持は後小松上皇との関係からそのような姿勢を改め、上皇を輔佐する臣下としての立場を明確にしたのである。

さらに、応永二十年代には武家の裁許（裁判で判決や決定を与えること）の原則が見直され、院宣による裁許が幕府と関係なくおこなわれるようになる。後小松上皇が独自に院宣を発給することにより、義持と調整する必要性が高まり、伝奏がその調整の仲介役を務めるようになった。

また、義持期になると、寺社に対して天皇もしくは上皇を願主《がんしゅ》とする祈禱《きとう》が増加した。天皇や上皇の不予《ふよ》（病気）平癒《へいゆ》という祈禱もあるが、変異、怪異《かいい》などを鎮めるための祈禱もなされている。これは後小松天皇（上皇）が治天の君としての政務を主体的におこないはじめたことを示唆している。義満の執政期には義満を願主とする武家祈禱が伝奏を通じて頻繁に実施されており、天皇を願主とする祈禱はあまり実施されていなかったが、状況は変わってきたのである。さらに、義持期には朝廷と幕府が兼帯して同時に祈禱が催される公武祈禱もおこなわれるようになった。たとえば、応永二十六年五月十二日に醍醐寺三宝院《だいごじさんぽういん》の満済《まんさい》は「公家禁裏、仙洞《せんとう》ならびに室町殿御祈禱」として、翌月十四日より寺家において薬師ならびに不動供《ふどうく》（薬師如来《やくしにょらい》、不動明王《ふどうみょうおう》を供養する祈禱）をそれぞれ七日間勤修《ごんしゅ》するよう、伝奏広橋兼宣《かねのぶ》が奉行として執りおこなうことを伝えている（「東寺百合文書」そ函／三八）。

応永三十年三月十八日、義持が将軍位を子の義量《よしかず》（五代将軍）に譲ると、その後には義持・義量を共に願主とする公武祈禱がおこなわれた。応永三十一年四月九日、変異に対して、伝奏広橋兼宣は「室町殿、同将軍御方御祈禱」を同月十一日よりおこなうよう、長者僧正御房《ちょうじゃそうじょうごぼう》に伝えている（「東寺百合文書」追加之部五函／東寺凡僧別当私引付）。同日、兼宣は「禁裏、仙洞御祈禱」を同人におこなうように伝えており、一通の伝奏奉書で武家（義持・義量）祈禱を、もう一通の伝奏奉書で公家（称光天皇・後小松上皇）祈禱の実施を伝えている（同）。この事例では二通の伝奏奉書で祈禱の実施を伝えているが、総じて一通の伝奏奉書で、変異に対して公武祈禱（天下《てんか》弥《いよいよ》太平《たいへい》并《ならびに》公家《こうけ》武家《ぶけ》御息災延命《ごそくさいえんめい》之御祈禱）を命じる場合もあった（「東寺百合文書」せ函／一三九）。この祈禱は天下がさらに太平となり、天皇・上皇、将軍が息災で延命を願うために行われたものである。このような公武祈禱について、東寺での実施状況をみると、義持の跡を継いだ六代将軍義教《よしのり》のときには減少したが、八代将軍義政の時期には非常に多く行われている。このような武家祈禱、公家祈禱、そして公武祈禱の状況を探ることは伝奏が誰の意思を奉じているかを探ることにつながり、公武関係の実相を解明する一手段となっている。

足利義教の将軍就任

応永三十五年正月十八日、足利義持は後継者を決めないまま、死去した。管領以下幕府の重臣たちは籤《くじ》によって次期将軍を決定し、義持の弟である青蓮院義円《しょうれんいんぎえん》が選ばれた。のちの足利義教である。同年二月二十三日、勧修寺経興《つねおき》・広橋宣光《のぶみつ》・万里小路時房《ときふさ》が公武間の取り次ぎを職務とする「申次」（取り次ぎの役職）に任命され、彼らが公武の交渉に携わることになった。その人事は幕府側から意向を示し、後小松上皇が認可する形式であり、称光天皇にも報告された。このうちの万里小路時房は就任にあたって、次のように日記に記している（『建内記《けんないき》』応永三十五年三月日条）。

公武の間において、私曲《しきょく》を構え、あるいは叡慮《えいりょ》の旨趣を申し達せず、巧言してその理を枉《ま》げ、あるいは御申詞《おんもうしことば》の旨趣を奏達《そうたつ》せず、令色《れいしょく》してその理を枉ぐ。かくの如き事、これ私曲たるなり。言詞の多少前後などに至る者、鈍根《どんこん》の上は、その旨を任せがたき事、繁多《はんた》たるべきなり。ただ、御本意の旨趣を失うべからざるのみ。これ則《すなわ》ち私曲の謂《いわ》れに非ざるなり。ついでを以て愚意《ぐい》を記すのみ。

時房は公武交渉で私曲を構えること、つまり私的な感情から取り次ぐことを避け、ただ天皇（上皇）、もしくは将軍の本意の内容を失わないように取り次ぐべきことを述べている。「申次」の職務を遂行するにあたって改めて留意すべきことを記したのである。

正長元年（一四二八）七月、称光天皇が危篤《きとく》に陥り、後継者が崇光院流《すこういんりゅう》の後花園《ごはなぞの》天皇になると定められた。後小松上皇は「新主方伝奏《しんしゅかたてんそう》」、つまり後花園天皇の伝奏を万里小路時房に任じた。先述した三名の申次のうち、勧修寺経興・広橋宣光は後小松上皇の「申次」のままであった。勧修寺経興・広橋宣光の二人は永享三年（一四三一）三月二十四日に後小松上皇が出家する際、共に出家する者の許可を得るため、「両伝奏」として義教に取り次いだことが知られる。これより、義教との公武交渉は後花園天皇の「新主方伝奏」と後小松上皇の「両伝奏」による体制であったと導かれる。このような伝奏の活動は、次第にのちの「武家伝奏」（狭義）の活動に連なっていき、必ずしも将軍家の家司・家礼の関係に基づかない職務として定着するようになる。

義教は自らの威光《いこう》を高めるため、専制的な姿勢で政務に臨んだ。義教の不興を買って所領を没収されたり、籠居《ろうきょ》（謹慎して自宅に籠ること）したりする者は非常に多かった。中次を務めた勧修寺経興は永享三年三月に義教の勘気《かんき》を被ってしばらく出仕停止となり、一旦許されたが、翌年には所領《しょりょう》を没収されて籠居《ろうきょ》した。朝廷には出仕できたが、幕府には出仕できず、永享九年三月二十四日に没した。万里小路時房も永享五年十月に義教の怒りを被り、南都伝奏《なんとてんそう》（興福寺などを担当する伝奏）を更迭《こうてつ》され、公武間の中次の立場を事実上辞めさせられた。そのため、永享五年十月以降、公武交渉は広橋宣光（兼郷《かねさと》）によって担われた。同月二十日に後小松上皇は没したため、公武の政務については義教と後花園天皇の間で、広橋宣光（兼郷）が単独で交渉する状況となった。このとき宣光（兼郷）は「御祈《おいのり》伝奏《てんそう》」に任じられた。この役職は将軍家の「御祈奉行《おいのりぶぎょう》」にあたると見なされている。この違いの意味するところは、将軍家の家政内の職務、あるいは幕府の職務であった「御祈奉行」は、朝廷・幕府間交渉の公的な職務である「御祈伝奏」として位置づけられることであり、祈禱に関する取次ぎなどの職務が将軍家との家礼関係（主従関係）に基づかなくても担当しうる役職へと変容したのではないかということである。

ただし、永享八年十月、宣光（兼郷）も義教の勘気を被って失脚した。そのため、同月十五日に中《なか》山定親《やまさだちか》が「御祈伝奏」に、ついで十七日に「禁中伝奏《きんちゅうてんそう》」（天皇に取り次ぐ伝奏）に任じられた。前者は義教が任じ、後者も義教が主体的に進めているが、後花園天皇の形式的な認可を得て任じられた。このように定親は宣光（兼郷）が務めていた「申次」の役割を担った。

この頃の公武交渉の業務は永享五年以降に広橋兼郷が、ついで永享八年以降に中山定親が、単独で務めることになり、多くの案件が一人に集中して対処されたことから、公武の申次である伝奏の立場は非常に高まった。いわば公武の意向を取り次ぐ伝奏として権威を高め、他の個別寺社担当の伝奏よりも高い立場にあると見なされる風潮がおこった。永享十二年三月、万里小路時房は後花園天皇より賀茂祭伝奏《かものまつりてんそう》（賀茂祭のことを取り次ぐ伝奏）に任命されたが、賀茂祭に参仕する女官《にょかん》の人選について奏聞《そうもん》（天皇に申し入れること）すると、「伝奏」中山定親とよく相談せよと伝える女房奉書が発せられた。時房は宮中の女房《にょうぼう》（後宮《こうきゅう》女房）が認識不足であるとして機嫌を損ね、伝奏についての考えを日記に記した。それによると、現在公武交渉の伝奏は中山定親が務めているため、彼一人が伝奏と呼ばれているが、賀茂社伝奏《かもしゃてんそう》（賀茂社のことを扱う伝奏）は時房自身であるので、時房が主体的におこなうべきであること、加えて「伝奏」の称号も案件に応じて使い分けるべきであるという。実際のところは時房の認識と異なり、公武の交渉を担う「伝奏」は他の個別寺社担当の伝奏よりも優位にあり、個別寺社担当が扱う案件にも関与すべきであると見なされつつあったのである。

5　後花園天皇と足利義政の公武関係

嘉吉《かきつ》の乱後の伝奏

嘉吉元年（一四四一）六月、播磨《はりま》（現、兵庫県）・備前《びぜん》（現、岡山県）・美作《みまさか》（現、岡山県）の三ケ国の守護であった赤松満祐《あかまつみつすけ》は足利義教に討たれるのではないかと恐れ、逆に義教を自邸に招いて討った。この事件により、将軍の権威は失墜し、幕府の支配体制は大きく揺らいだ。義教の跡継ぎとなる子の義勝《よしかつ》（七代将軍）はいまだ七歳の少年で幼く、赤松満祐を討伐《とうばつ》するにあたって将軍に次いで幕政を統轄する管領の役職にあった細川持之《ほそかわもちゆき》の命令では心もとないため、幕府は後花園天皇の綸旨《りんじ》（主に蔵人《くろうど》が天皇の仰せを奉じて出す奉書形式の文書）を申請した。

朝敵《ちょうてき》（天皇・朝廷の敵）として討伐を命じる治罰《ちばつ》の綸旨は応安、康暦年間より後に途絶え、明徳《めいとく》の乱（明徳二年、一三九一）、応永の乱（応永六年、一三九九）、上杉禅秀《うえすぎぜんしゅう》の乱（応永二十三年、一四一六）の際には発給されなかったが、永享《えいきょう》の乱（永享十年、一四三八）のときに関東征伐の綸旨が発せられて復活していた。赤松満祐は将軍の家臣であるため、治罰の綸旨を申請すべきでないが、今回の赤松の所為は悪逆で朝敵であるので発給されることとなった（『建内記』同年七月二十六日条）。この綸旨は伝奏中山定親が奏聞《そうもん》して勅許を得てから、職事《しきじ》（蔵人）坊城俊秀《としひで》に執筆を命じて発給された。後小松上皇の没後、義教が公武の政務の実質的な首班《しゅはん》として伝奏に指示していたが、義教が死去したため、後花園天皇が伝奏に命令を伝えて政務にあたっていたのである。同元年九月、赤松満祐は治罰の綸旨を掲げた幕府方の軍勢によって播磨国で討伐された。義教殺害から一連の戦いを嘉吉の乱という。満祐の討伐は幕府がすぐに軍勢を編成できず、遅れていたが、綸旨により幕府軍の士気《しき》は高まったと推測される。将軍暗殺という危機で露顕《ろけん》した幕府権力の脆弱性《ぜいじゃくせい》は綸旨によって補われたとも説かれている。

義教の没後は後花園天皇が発言力を強めて伝奏に命令を伝えることで、公武の政務がおこなわれていた。公武の取り次ぎの伝奏は中山定親が務めていたが、個別寺社の伝奏や行事担当の伝奏らは公武を取り次ぐ伝奏の指示を受けて職務にあたっていた。永享八年に広橋宣光（兼郷）が失脚して、南都伝奏は欠員のままになっていたため、興福寺など南都の訴訟が滞っている状況を解決しようとして、後花園天皇は万里小路時房を南都伝奏に命じた。時房は南都に関わる案件を処理しようとするが、幕府は公武の取り次ぎの伝奏中山定親と折衝する態度のままであった。文安四年（一四四七）九月、時房は自身が重用されないことを怒り、「本来、伝奏とは数多く存在し、そのうち寺院、神社の伝奏も設置されていた。ただし、近年は人数が減少し、義教の執政の末には中山定親一人が申次をおこなっていたため、人々は中山のことを伝奏と呼ぶようになってしまったが、これはおかしなことである」と日記に記している（『建内記』同四年九月七日条）。

また、宝徳元年（一四四九）閏十月、朔旦冬至旬儀《さくたんとうじしゅんぎ》伝奏（十一月一日が冬至にあたる年に旬政《しゅんせい》という天皇が政務を聞く儀式を取り次ぐ伝奏）の日野町資広《ひのまちすけひろ》はその儀式の費用を幕府から支出する証書にあたる切符《きっぷ》を出していたが、将軍は「武家伝奏」中山親広《ちかひろ》と日野町資広が連署《れんしょ》（共に署名して発給にあたること）して切符を出すように命じた（『康富記《やすとみき》』同元年閏十月二十五日条）。この事例でも幕府は公武を取り次ぐ伝奏を重用していたことが認められる。なお、この中山親広《ちかひろ》は中山定親の子であり、この記事の「武家伝奏」の呼称はその初出史料である。本来は儀式伝奏や公武の取り次ぎをおこなう伝奏など、それぞれが独立した職務であったが、公武の取り次ぎに案件が集中した結果、義教没後も幕府は公武の取り次ぎの伝奏である中山定親や子の親広を主要な伝奏として重用したのである。

後花園天皇の頃には「武家に働きかける伝奏」としての「武家伝奏」の実態が顕在化した。康正二年（一四五六）、公武間を取り次ぐ伝奏は「物伝奏《そうてんそう》」と呼ばれており、その最初の人物として中山親広が確認される。個別寺社の伝奏から幕府へ要望を伝える場合、寺社の伝奏は天皇に奏聞《そうもん》し、天皇から物伝奏である武家伝奏を介して幕府に要望が伝えられた。文安年間（一四四四〜四九年）以降、個別寺社の伝奏は公武の申次をおこなわなくなっていった。

伝奏と敷奏《ふそう》

寺社に関する交渉は南都や賀茂社など個別寺社担当の伝奏が務めたが、武家に交渉する際は物伝奏すなわち武家伝奏がその職務にあたっていた。このようなあり方に対して個別寺社担当の伝奏は南都伝奏万里小路時房のように、不満を持っていたことをすでに述べたが、個別寺社担当の伝奏も後花園天皇の頃には独自の活動が見られる。

享徳三年（一四五四）四月、甘露寺親長《かんろじちかなが》は賀茂社伝奏を務めたが、それに伴って「伝奏」にも任じられていたことが知られる。次の史料は後花園天皇の綸旨写である（『親長卿記《ちかながきょうき》』文明五年十月二十五日条）。

伝奏に候せしめ給うべし、てえれば、天気により、上啓件の如し。
（享徳二年）四月七日　右中将雅行（庭田）
謹上　甘露寺中納言殿（親長）

甘露寺親長は賀茂社伝奏に任じられるにあたって、「伝奏」に任じられていた。これは賀茂社以外の案件も天皇に取り次ぐことができるようにするためであった。この「伝奏」は「敷奏《ふそう》」と同一であり、「敷奏」に任じられることによって、国政運営における発言権を天皇から認められたという見解がある。そもそも「敷奏」とは天皇に奏上《そうじょう》、すなわち申し入れることであり、主に大納言《だいなごん》の職掌《しょくしょう》として奈良時代より認められ、のちには中納言にも適用されていた。

これに対し、他の個別寺社や事項担当の伝奏に対して「敷奏」の勅許は同時代の史料である古記録《こきろく》で確かめられていないこと、加えて、公武を取り次ぐ伝奏として国政運営に深く関与し、唯一の「伝奏」を見なされていた中山定親・親通《ちかみち》父子も「敷奏」に任じられていないようであることから、後花園天皇親政《しんせい》期に「敷奏」を国政運営で天皇が重要視することはなかったとする見解がある。ここでは「敷奏」の職掌ないし役職は「伝奏」に代替もしくは同一とされていたのか、それとも「敷奏」は独立して別個の職掌ないし役職として機能していたのかが論点となる。公武関係の観点で見れば、前者の見解は嘉吉の乱以降の天皇権威の上昇という展開と合致して理解しやすいが、現時点ではさしあたり後者の見解に従っておこう。

「敷奏」の役割が明確になるのは、文明年間以降である。なお、甘露寺親長は賀茂伝奏のほかに、還幸《かんこう》伝奏（天皇が内裏《だいり》に還幸する行事の取り次ぎにあたる伝奏）、大嘗会伝奏（大嘗会について取り次ぐ伝奏）、旧院仏事《きゅういんぶつじ》伝奏（後花園上皇の仏事について取り次ぐ伝奏）、改元《かいげん》伝奏（改元の政務について取り次ぐ伝奏）、女院作善《にょいんさぜん》伝奏（女院が造仏《ぞうぶつ》・写経《しゃきょう》など仏縁《ぶつえん》を結ぶための善行について取り次ぐ伝奏）を務めており、それぞれの職務に関して別記を記しており、その活動の詳細を知ることができる。

さらに、個別寺社担当の伝奏の活動として、康正三年（一四五七）正月、興福寺大乗院門跡《だいじょういんもんぜき》を務めた尋尊《じんそん》は興福寺の法会《ほうえ》を無事に遂行したことについて、南都伝奏日野勝光《かつみつ》よりそのことを奏事始《そうじはじめ》の事書《ことがき》として提出するように求められた。奏事始《そうじはじめ》の事書とは、年の初めに天皇に奏上するにあたって、奏上の項目を記した文書を指す。尋尊は以前にそのようなことはなかったと日記に記しており、新儀《しんぎ》であったことが知られる（『大乗院寺社雑事記《だいじょういんじしゃぞうじき》』同三年正月十七日条）。これは個別寺社担当の伝奏が担当寺社に対して関与を深めようとしていたことを意味し、ひいては天皇の寺社に対する影響力を強めることにつながったと考えられる。

なお、公武の取り次ぎをおこなう伝奏（公武伝奏《こうぶてんそう》、物伝奏）は、個別寺社担当の伝奏が扱うべき案件について公武伝奏からではなく、個別寺社担当の伝奏から武家に申し入れるように要求していた。文明四年（一四七二）、公武伝奏の広橋綱光《つなみつ》は自らの職務の負担を減らすため、賀茂社の案件を自身が武家に申し入れるのではなく、賀茂社伝奏が担当するように要求した。

応仁・文明の乱（一四六七〜七七年）がおこると、後土御門《ごつちみかど》天皇は足利義政《よしまさ》（八代将軍）の室町第《むろまちてい》に避難して同居し、乱後には朝儀《ちょうぎ》（朝廷の儀式や政務）の復興がなされるようになった。そこでは奏事始が恒常的におこなわれるようになり、天皇との奏聞、宣下《せんげ》（天皇の命令を口頭、ないし文書で伝達すること）に携わる「敷奏」の呼称が多く用いられるようになった。嘉吉の乱、そして応仁・文明の乱によって将軍家の影響が弱まると、朝廷では伝奏を再編することがなされた。公武の交渉を独自におこなっていたこれまでの公武伝奏、惣伝奏は、その地位を低下させ、「武家伝奏」（狭義）として事項別担当の伝奏と同一次元の立場に位置づけられていった。あわせて「敷奏」は事項別担当の伝奏に補任される前に任命される者、あるいは武家伝奏に補任される者が補任時に兼ねるように任命され、奉行職事に宣下することを認められて職務を果たすようになったの

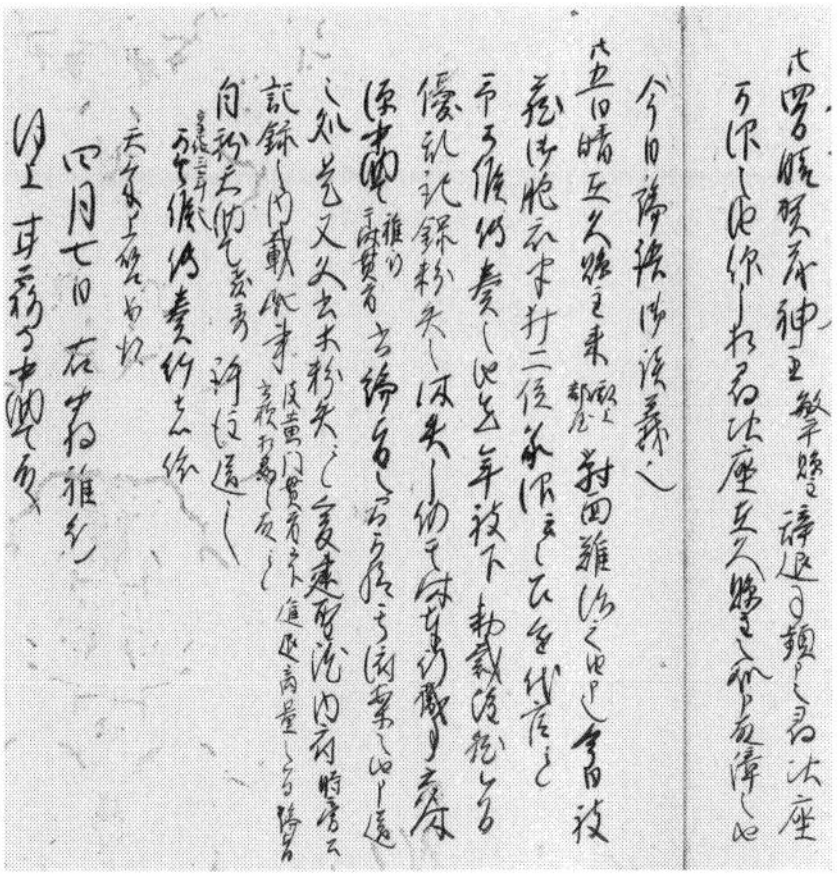

後花園天皇綸旨写
（『親長卿記』文明５年10月25日条）

甘露寺親長を伝奏に任じる綸旨。「可令候〜」と書き始められる形式で記されている。（宮内庁書陵部所蔵）

である。

おわりに

南北朝期から室町期の朝廷と幕府の交渉と伝奏の動向を探ってきたが、大きな画期が二つ認められた。一つは足利義満の執政期に、将軍家の家司もしくは家礼になった伝奏が義満の仰せを奉じるようになった「武家伝奏」（広義）の成立と、もう一つは公武の調整役として、足利義持から足利義教の執政期に朝廷・幕府に両属して取り次ぎをおこなう「公武伝奏」を経て、足利義政の執政期に、次第に幕府との取り次ぎを担当とする「武家伝奏」（狭義）の成立である。いずれの出来事も治天の君としての立場をめぐる天皇家と将軍家の推移が反映されている。

応仁・文明の乱後、天皇は政務の復興を目指した。武家伝奏およびさまざまな寺社・行事担当の伝奏らを通じて、自らの命令を伝える政治体制をととのえたのである。

［主要参考文献］

家永遵嗣「室町幕府と『武家伝奏』・禁裏小番」（朝幕研究会編『近世の天皇・朝廷研究』五号、二〇一三年）

伊藤喜良『日本中世の王権と権威』（思文閣出版、一九九三年）

井原今朝男『室町廷臣社会論』（塙書房、二〇一四年）

上嶋康裕「『敷奏』に関する一考察」（『古文書研究』八一号、二〇一六年）

小川信「足利将軍家の権力に関する一考察――伝奏の機能を通じて」（同『足利一門守護発展史の研究』吉川弘文館、一九八〇年、初出一九七九年）
富田正弘「室町時代における祈禱と公武統一政権」（日本史研究会史料研究部会編『中世日本の歴史像』創元社、一九七八年）
森茂暁『増補改訂　南北朝期公武関係史の研究』（思文閣出版、二〇〇八年、初刊一九八四年）

第四章「武家執奏」「武家伝奏」一覧表

氏　名	補任または初見【典拠史料】	辞任または終見【典拠史料】
今出川兼季	建武4・9/16見【9月16日付光厳上皇院宣，東寺百合文書，ゐ函39／2】	暦応元・12/3見【12月3日付光厳上皇院宣，相州文書】
今出川実尹	暦応2・11/26見【(暦応2年) 11月26日付光厳上皇院宣，高野山文書】	暦応4・9/24見【(暦応4年) 9月24日付光厳上皇院宣，天龍寺造営記録】
勧修寺経顕	康永2・4/23見【(康永2年) 4月23日付光厳上皇院宣，東大寺文書9】	文和2・2/30見【(文和2年) 2月30日付後光厳天皇綸旨，随心院文書】
西園寺実俊	文和2・10/19任【(文和2年) 10月19日付後光厳天皇綸旨，柳原家記録163，西園寺文書】	永徳2・2/16見【(永徳2年) 2月16日付後円融天皇綸旨，長門国分寺文書】
万里小路嗣房	康暦2・11/20見【東寺百合文書，ヤ函36】	応永5・8/6没【迎陽記】
広橋仲光(曇寂)	康応元・12/15見【兼宣公記】	応永13・2/12没【教言卿記】
日野資教	明徳4・7/13見【賀茂社古代荘園御厨】	応永5・12/27見【迎陽記】
裏松重光	応永5・7/11見【口宣綸旨院宣御教書案】	応永20・3/16没【公卿補任】
広橋兼宣(常寂)	応永9・2/11見【東寺百合文書，ホ函38】	応永34・5見【権別当引付】
甘露寺清長	応永20・5/20任【公卿補任】	応永20・6/24辞ヵ【公卿補任】
松木宗量(宗宣)	応永19・6/5見【廿一口方評定引付，同年6月7日条】	応永25・9/2辞ヵ【看聞日記】
清閑寺家房	応永20・7/23任【公卿補任】	応永30・4/8辞ヵ【公卿補任】
勧修寺経興(経成)	応永27・12/4任【看聞日記】	永享3・3/24辞ヵ【看聞日記】
広橋親光(宣光・兼郷)	応永35・2/23任【建内記】	永享8・10/15辞ヵ【看聞日記】
万里小路時房	応永35・2/23任【建内記】	永享5・10/13辞ヵ【看聞日記】
中山定親	永享8・10/17任【看聞日記】	文安5・6/23辞ヵ【公卿補任】
万里小路時房	嘉吉3・11/22任【看聞日記】	文安4・9/12見【建内記】
正親町三条実雅	嘉吉3・11/22任【看聞日記】	文安4・9/12見【建内記】
中山親通(親広)	文安5・3/末日任【康富記，同年4月7日条】	寛正3・5/5没【公卿補任】
万里小路冬房	宝徳3・3/5任【康富記，同月6日条】	応仁元・10/5辞ヵ【公卿補任】
広橋綱光	寛正3・9/22見【東寺百合文書，ニ函334】	文明9・閏正月/5辞【長興宿祢記】
勧修寺教秀	文明3・4/29任【親長卿記】	明応5・6/3辞【親長卿記】
広橋兼顕	文明9・閏正月/5任【長興宿祢記】	文明11・5/14没【公卿補任】

注：表中の「任」は補任を，「見」は初見あるいは終見を示す。「～ヵ」は史料上確定しえない事例。

［参考文献］
明石治郎「後土御門天皇期における伝奏・近臣」（羽下徳彦編『中世の政治と宗教』吉川弘文館，1994年）
家永遵嗣「室町幕府と「武家伝奏」・禁裏小番」（朝幕研究会編『近世の天皇・朝廷研究』5号，2013年）
上嶋康裕「「敷奏」に関する一考察」（『古文書研究』81号，2016年）
瀬戸薫「室町期武家伝奏の補任について」（『日本歴史』543号，1993年）
森茂暁『増補改訂　南北朝期公武関係史の研究』（思文閣出版，2008年，初刊1984年）

第五章　足利将軍家に仕えた公家たち

——戦国期の武家伝奏と昵近衆の活躍

木下昌規

はじめに

室町から戦国期にかけて、朝廷・天皇と幕府・将軍との間を取り持っていたのは武家伝奏《ぶけてんそう》と呼ばれる公家衆であった。「伝奏」とは「奏聞《そうもん》（天皇に申し上げる）と、伝宣《てんせん》（天皇の命を伝えること）」をおこなう公家衆である。なお、朝廷にはいわゆる武家伝奏以外に、南都《なんと》伝奏（興福寺《こうふくじ》などを担当とする伝奏）・賀茂《かも》伝奏（賀茂社を担当する伝奏）・神宮伝奏（伊勢神宮を担当する伝奏）などが存在している。また、「武家」とは、当時の用法としては「幕府」・「将軍」のことであり、いわゆる「武士」という意味で使用することは基本的にない。さらに、この当時、公武間交渉を担う武家伝奏は、単に「伝奏」と史料に表記されることが多く、一般的に知られる「武家伝奏」という名称自体は必ずしも一般的に使用されていたわけではなかった（本章では便宜上「武家伝奏」で表記する）。この武家伝奏は室町前期の「公武間申次《こうぶかんもうしつぎ》」が発展したものと考えられている。

さて、本章では、応仁《おうにん》・文明《ぶんめい》の乱（一四六七～七七年）以降、室町幕府滅亡（一五七三年）までのおよそ百年間にわたる武家伝奏と公武間交渉について述べていく。この時代の武家伝奏の任命や実態について理解するには、瀬戸薫氏による研究成果がまず大きい。さらにそれに関連する敷奏《ふそう》の研究も進んだ（後述）。本章も先行研究の成果に基づく部分が大きいが、武家伝奏以外の公武間交渉を担った公家衆の活動についても述べていくことで、この時代の公武間交渉の実態を見ていきたい。

1　応仁・文明の乱と武家伝奏（一四六七～九三年）

応仁元年（文正二年、一四六七）に応仁・文明の乱が勃発した。そこで、当時の後花園《ごはなぞのじょうこう》上皇と後土御門《ごつちみかど》天皇は内裏《だいり》より三種の神器《じんき》（八咫鏡《やたのかがみ》・八尺瓊勾玉《やさかにのまがたま》・草薙剣《くさなぎのつるぎ》）を携え、第八代将軍義政《よしまさ》の御所である室町殿《むろまちどの》（花《はな》の御所《ごしょ》）に一時避難した（『宗賢卿記《むねかたきょうき》』文正二年八月二十三日条、天皇は寝殿《しんでん》を御所に、上皇は泉殿《いずみどの》を院御所にしたという）。一時的とはいえ、将軍と上皇・天皇が同じ敷地内に居住することになったのである。その後、後花園法皇（応仁元年九月に出家）は文明二年（一四七〇）に室町殿で崩御し、後土御門天皇は乱が終結するまで、室町殿の一角に寄寓《きぐう》したままであった。当然同じ敷地内とはいえ同居していたわけではなく、天皇と将軍との生活空間は区切られていた。いわば戦国期の公武関係は特殊な環境で始まったが、その大乱期も、公式な公武間交渉は武家伝奏を介しておこなわれていた。当時、足利将軍家と天皇家との交渉を担当する武家伝奏と呼ばれる公家衆は広橋綱光《ひろはしつなみつ》一人であった。綱光の正確な補任《ぶにん》日は不明であるが、若い時分より日記などの記録を残しており、その日記から当時の公武間交渉の実態を読み解くことができる（当頁上段の画像・肖像参照、武家伝奏となった広橋家当主は日記を残している場合が多い）。同じ敷地にいるのだから天皇と将軍が直接話せばよいと思われるかもしれないが、封建社会では、それぞれの身分や役割が伝統のうえで固定化されており、その範囲内でそれぞれの活動をおこなっている。いくら将軍とはいえ、天皇の臣下

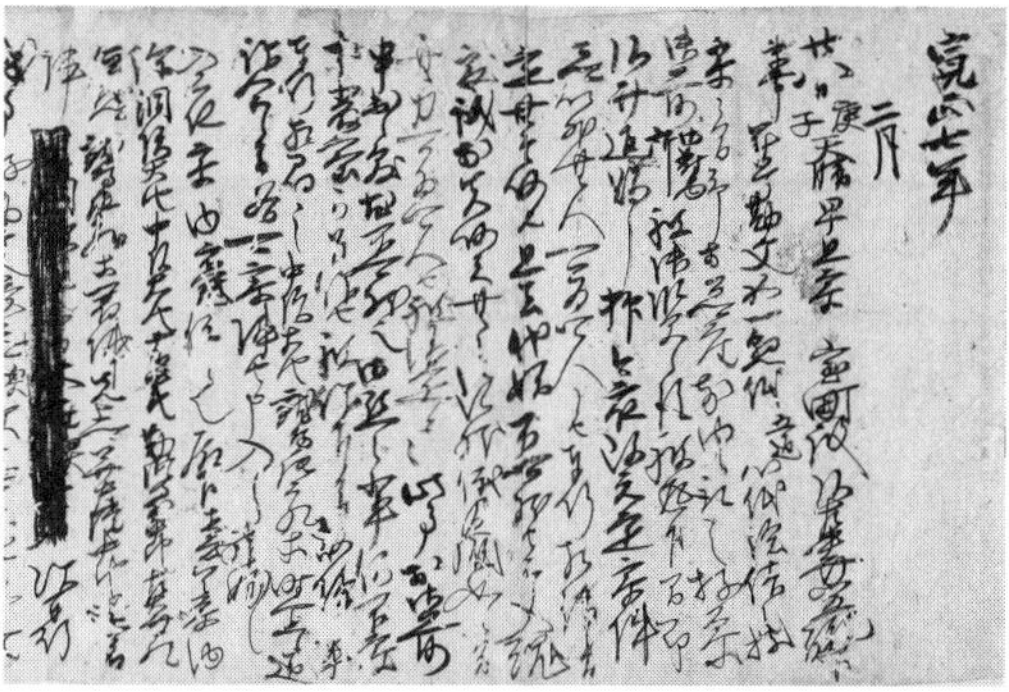

改元記草（『綱光公記』寛正７年２月28日条）
武家伝奏の綱光が改元勘文を足利義政に披露する内容の記事。（東京大学史料編纂所所蔵）

広橋綱光（1431～77）
（東京大学史料編纂所所蔵模写）

であり、その天皇に直接面と向かって交渉はおこなわないのである。

その後の伝奏の人員を見ると、文明三年に勧修寺《かじゅうじ》教秀《のりひで》が「武家《ぶけ》申次《もうしつぎ》」として加わり武家伝奏は二名体制となる。少なくとも応仁・文明の乱以降の武家伝奏の定員は二名ないし一名が基本であった。なお、足利義政期の武家伝奏であった広橋綱光や勧修寺教秀は「惣伝奏《そうてんそう》」という立場であり、さまざまな伝奏を総括する存在であったという。

綱光・教秀の二名であった武家伝奏の内、文明九年に綱光が死去し、その子兼顕《かねあき》がその職務を継いで武家伝奏となった。しかし、兼顕が文明十一年に亡くなると、直接の跡継ぎがいなかったこともあろうが、兼顕の跡は補充されず、もう一人の勧修寺教秀が単独で武家伝奏を務め、義尚《よしひさ》期・義材《よしき》（のち義稙《よしたね》）期と、明応《めいおう》の政変（明応二年、一四九三）をはさんで、しばらく別人が補充されることはなかった。このように、当時武家伝奏は一人でもよく、近世のように二名である必要はなかったのである（これが後に問題となる）。

2　武家伝奏の任命と昵近公家衆

そもそも、武家伝奏の任命権は誰にあったのか。これまでの研究により、武家伝奏補任権は天皇にあり、通常足利将軍家の昵近《じっきん》公家衆のうち、将軍の推挙した人物が天皇により任命されることが普通であったことが知られる。言い換えれば、将軍による事前承諾制であった。

ここでいう昵近公家衆（以下、昵近衆とする）とは、大臣任官など堂上《とうしょう》公家としての身分も持つ足利将軍家に家司《けいし》・家礼《けらい》《かれい》として将軍に近侍《きんじ》した堂上《とうしょう》公家衆のことである（瀧澤：一九九七）。それぞれ将軍の代によってもその家の数は異なり、同じ代でも多少の家の変動はある。おおむね正親町《おおぎまち》三条・日野・烏丸《からすま》・広橋・勧修寺・冷泉《れいぜい》・飛鳥井《あすかい》・高倉の八家を中心として、中山、山科、白川、阿野、東坊城《ひがしぼうじょう》、万里小路《までのこうじ》などの公家衆も数代に渡って含まれる。これらの昵近衆は将軍の儀礼や御成《おなり》などに扈従《こしょう》し、さらには武具《ぶぐ》を整えて合戦に従軍することさえあった。さらに公武間交渉の担い手という面もあったとされる。「武家伝奏」一覧表（一四五頁）にあるように、少なくとも応仁・文明の大乱以降で武家伝奏を務めるのは、昵近衆の家柄でも、概ね広橋家（日野流）と勧修寺家（勧修寺流）に限定される。父が辞職すればその子が継ぐといったように、この両家が代々の武家伝奏となっていた。もちろん、たとえ広橋・勧修寺家といっても年少であればその任には就かない。

武家伝奏はおおむね実務クラスの中級公家衆（大納言《だいなごん》や中納言《ちゅうなごん》まで昇進する家）が就任するものと考えて良い。とくに、「名家《めいけ》《めいか》」という家格《かかく》にある公家衆が多い。

右のような武家伝奏になる家以外の昵近衆は、このような武家伝奏としての職務をおこなうことはまずない。しかし、前述のように昵近衆も公武間交渉の担い手として活動することもあった。そのため、武家伝奏就任者の場合、将軍の昵近衆としての活動なのか、武家伝奏としての活動なのか判断に難しい場合もあるが、基本的には武家伝奏となった昵近衆は武家伝奏としての役目であったのだろう。武家伝奏でないにも関わらず公武間交渉に表立って現れる昵近衆もいたし、朝廷への将軍の御使《おつかい》となる場合もあった。

ここで、昵近衆について若干の補足をすると、昵近衆は必ずしも将軍の側近とは呼べない。なぜなら、戦国期には昵近衆は一種の家格《かかく》となっており、将軍に近侍することはあっても儀礼的な範囲に留まる公家衆も多かったのである。それに対して側近である公家衆（以下、側近公家衆と別表記する）は昵近衆の構成員のみならず、将軍との個人的関係により新規登用され、実際に将軍の政務運営を担った公家衆で、従来の昵近衆の一員になることもあった。そのため、家格としての昵近衆と、文字通り将軍の手足として働く側近公家衆は一応区別して考えなければならない。

3　武家伝奏の役割

公武間交渉とその伝達ルート

武家伝奏は戦国期においても、天皇と将軍との公武間交渉のいわば仲介者として活動する。当然両者の政策の伝達はもとより、幕府との儀礼的贈答の使者もその役割である。また、公武一統《いっとう》の意思伝達者としての役割もあった。

①基本ルート

朝廷・天皇

↕
武家伝奏（伝宣と奏聞）
↕
幕府・将軍

となり、基本的には武家伝奏が公武間それぞれの使者を交互に務める。しかし、武家伝奏に問題があった場合には昵近衆が使者を務める。また、天皇と武家伝奏の間に女房《にょうぼう》などが介在する場合もあった。

ほかに、公武間交渉について、贈答儀礼を除いた具体的な当時の交渉の流れを見ると、多くの場合、朝廷より将軍に要望・伝達する案件があれば（多くは公家衆の依頼による）、天皇の命令を奉じた禁裏《きんり》女房（＝後宮《こうきゅう》女房）による女房奉書《ほうしょ》（奉書は、主人の意を奉って臣下が出す文書）が武家伝奏に宛てて発給される。それを当事者が武家伝奏に渡し、それを受けた武家伝奏が将軍にそのことを伝達する（伝奏の書状が女房奉書に副えられることもある）。

②朝廷より幕府への要請ルート

当事者（依頼者の公家）
↓　女房奉書発給を依頼
朝廷・天皇

←　承認、発給を指示

禁裏女房

←　女房奉書を武家伝奏宛に発給

当事者

←　女房奉書を受け取って武家伝奏へ

武家伝奏

←　当事者より女房奉書を受け取り、幕府へ伝達、または当事者本人の場合も

幕府・将軍

このような女房奉書には必ず、武家伝奏より「よくよく心得て室町殿に申すように」という意味の文言が記される。この場合、「室町殿《むろまちどの》」とは将軍家の家督《かとく》を意味する（現職の将軍とは限らない）。また、天皇から将軍への命令が綸旨《りんじ》（主に蔵人《くろうど》が天皇の仰を奉じて出す奉書形式の文書）・勅書《ちょくしょ》（天皇の命を下達《かたつ》する文書。あるいは天皇の手紙）で直接下されるということもあった。将軍は武家伝奏よりそれを受けて当事者の要望等に対応する、という流れである。それを示す将軍の文書（「足利義晴御内書《よしはるごないしょ》」国立歴史民俗博物館所蔵）を次にあげる。

理性院《りしょういん》知行の儀について、勅書の旨を謹しんで拝見いたしました、まずはこのようなことかしこ

まり存じます。すぐに勅裁《ちょくさい》に応じてお請けいたします。よって御太刀《おんたち》一腰《ひとこし》を進上いたしますこと、よろしく（天皇へ）申し入れくださ い。

十二月十四日　　義晴（花押）

両伝奏中

これは戦国期の将軍である足利義晴が武家伝奏（勧修寺尹豊・広橋兼秀）に宛てた御内書である。ここでは、理性院の知行地《ちぎょうち》について、勅書によって直接天皇より命を受けたため、将軍義晴は武家伝奏に対して、天皇の命令を承諾した旨を披露してくれるように伝達していたのである。

反対に将軍から天皇に何か申請（執奏《しっそう》）があれば、武家伝奏が使者となってその旨を天皇に伝達するのである。天皇はその申請に対して、同じく武家伝奏を介して返答する。

このように基本的には将軍と天皇との交渉には必ず武家伝奏が介在し、両者を取り持っていた。ただ、留意する点がある。それは右の②における交渉で、受益者（依頼者）が女房奉書を得たあと、武家伝奏に女房奉書を示し、そこで武家伝奏より一筆（副状《そえじょう》）書いてもらい、それを武家伝奏でなく、依頼者本人が幕府へ持参するということもあった。この場合、武家伝奏本人は直接幕府と交渉するわけではない。これは中世における当事者主義の原則に則ったものである。ここでの武家伝奏の役割は、これは公式な公武間交渉であるとの保証をするためのものであった。そして、依頼者としては武家伝奏はあくまでも幕府交渉のための手続きである。

また、右の場合でも武家伝奏は将軍と天皇との間を直接取り持つのではなく、多くの場合、将軍と武家伝奏の間には、さらに将軍の側近が窓口として介在していた。つまり、

③武家伝奏から将軍への伝達ルート

武家伝奏
←→
将軍側近（将軍への窓口・申次、伝奏へ奉書を発給）
←→
将軍

という伝達ルートで公武間交渉がおこなわれることもあった。この場合の将軍側近は当然将軍側に立脚するものである。将軍側近なのだから当たり前では、と思われるかもしれないが、何故このような言い方をするかというと、この将軍側近は武士ではなく、公家である場合もあるからである。それについては、次節で詳しく述べる。

当然、将軍から朝廷へ伝達する場合、この経路は逆になる。つまり、将軍の命を奉じた側近の奉書が武家伝奏に宛てられて発給される。そして武家伝奏から天皇へその内容が伝達されるというルートである。これが公武間の公式な伝達ルートになる。

ただ、留意すべき点としては、このような公武間交渉は武家伝奏のみがおこなっていたわけではなく、天皇の意向を受けた公家であれば、幕府との交渉をおこなうことは可能であった。とくに後述するような、昵近衆などの将軍と親しい公家衆であったり、武家伝奏となるような家柄でない上級の公家衆の場合もあった。

これまで将軍と天皇との関係を述べてきたが、武家伝奏はただ将軍と天皇との交渉を取り持つだけでなく、戦国時代になると各地の大名と天皇との間も取り持つこともあった。たとえば、天文五年（一五三六）の後奈良《ごなら》天皇即位式をめぐって、その費用二十万疋《びき》（二千貫文。一貫文は現在の金額で約十万円から十五万円にあたるため、二十万疋は約二億〜三億円に相当）を進上した周防《すおう》（現、山口県）の大名大内《おおうち》義隆《よしたか》は、武家伝奏を通じて申請していた。また、安芸《あき》（現、広島県）の毛利元就《もうりもとなり》は宿敵陶晴賢《すえはるかた》と交戦するにあたって、天皇に討伐の勅命《ちょくめい》（天皇の命令）を下してもらえるように依頼したが、元就の依頼状は武家伝奏に宛てられている。これは地方の大名が将軍・幕府を前提とせずに、天皇に直接接近しはじめたためであろう。このように戦国期になると武家伝奏が幕府のみならず、大名や武士たちの窓口となっていたのである。

とくに後奈良天皇の即位に関しては、即位式挙行後、六月より十二月までの期間、武家伝奏である広橋兼秀《かねひで》が周防まで勅使《ちょくし》（天皇の使者）として派遣されている。武家伝奏は地方へ勅使として下向することもあったのである。

敷奏

そこで武家伝奏の活動と密接に関係するのが「敷奏《ふそう》」という職掌である。敷奏については、最近では上嶋康裕氏が詳細に検討されている。その成果を基に述べていくと、その役割が明確化するのは戦国期以降という。敷奏とは、天皇に奏上《そうじょう》する（申し上げる）行為であり、とくに諸寺社伝奏に就任できるのは、「敷奏の家」と呼ばれる公家衆に限定されるという。もともと南北朝期に天皇に意見を取り次ぐ「伝奏」の異称が「敷奏」であり、それが室町期に「伝奏」が公武の意思の調整と伝達役の呼称となり、公武の一体的意思の伝達者としての「公武伝奏」となる。そして、応仁・文明の乱以降の政情の変化により、再び天皇の奏宣《そうせん》（奏上と下達）を担う「敷奏」の職掌が復活し、戦国期以降、とくに将軍が廃立された明応の政変（明応二年、一四九三）以降、天皇と将軍との間を取り持つ「伝奏」が「武家伝奏」として定着していったという。

そして、敷奏は武家伝奏補任者が補任《ぶにん》時（任官時）に兼ねるものとなっていくという。さらに後述するが、義昭期の武家伝奏飛鳥井雅教《まさのり》が家格に不相応の大徳寺《だいとくじ》伝奏を兼帯する申請を元亀三年（一五七二）に拒否されて以降、史料から「敷奏」という言葉が消滅するという。これは、公武の意思の調整と伝達を担う伝奏と天皇の奏宣を担う伝奏（「敷奏」）との区別の必要がなくなったためという。

4　義澄・義稙期（一四九三〜一五二一年）の公武関係——昵近衆と伝奏の役割

武家伝奏補任問題

戦国期の足利義澄《よしずみ》から義稙期になると武家伝奏補任に関していくつか混乱が生じていた。義政期の文明十一年（一四七九）に広橋兼顕が死去して以来、唯一の武家伝奏であった勧修寺教秀は明応五年（一四九六）に武家伝奏の辞職を願い、兼顕の後継者である広橋守光《もりみつ》に譲りたいと申請した。しかし、それはさまざまな要因もあって認められず、結局息子の政顕《まさあき》が父存命中は「教秀代行」という形で伝奏となった。しかし教秀死後、政顕は唯一の正式な武家伝奏となったにもかかわらず、永正元年（一五〇四）に自身の領地のある加賀国《かがのくに》（現、石川県）に下向してしまった。代わってその息の尚顕《ひさあき》が加賀より上洛《じょうらく》して伝奏代行になったのだが、当初将軍義澄が経験不足として反対を表明した。結局該当する人物が他にいないということで妥協し、義澄の「武命」という形で尚顕が武家伝奏を代行することになった。このことがのちにさらに問題を起こすことになる。この勧修寺家の場合、唯一の武家伝奏という立場より、家領《けりょう》の維持を優先したということになろう。ここで興味深いのは、新任の伝奏の補任に対しては、勧修寺家と広橋家以外は考慮されていないことである。義澄期にはこの両家が武家伝奏をいわば家職《かしょく》として認識され、他家が入り込む余地がなかったということであろう。

さて、前将軍義稙（当初義材、のち義尹《よしただ》、さらに改名して義稙、本章では義稙に統一する）は明応の政変

（明応二年、一四九三）によって将軍職を追われたのち各地を流浪し、永正五年（一五〇八）にいたり、将軍義澄を追放して再度将軍職に復帰した。

そこで、前述の尚顕は義澄によって武家伝奏に補任したとして、義稙の上洛以前にその職務を辞任した。その後任として期待されたのが先ほどの広橋守光であった。しかし、守光は武家伝奏補任を拒否したのである。結果、前将軍義稙が軍事的勝利を背景に上洛するという、政治的に重要なこの時期に武家伝奏が存在しないという事態になった。結局尚顕は武家伝奏を事実上代行する形で続けていたのだが、最終的に守光一人の武家伝奏を望んでいた義稙によって辞職を要求されることになる。しかし、守光がなお就任を固辞し続けたため、義稙はその不満から将軍の持つ武家伝奏の推挙権を放棄するから、勝手に朝廷で決めてください、と言い出した。朝廷は尚顕を義稙として武家伝奏に推挙するように要望し、最終的に尚顕が父政顕の代行で無く正式な武家伝奏となった。なお守光は翌六年に正式に武家伝奏となり、武家伝奏の二名体制となる。あくまでも武家伝奏就任には将軍の推挙が必要だったのである（瀬戸：一九九三）。

ここではいくつか問題となったことがあるが、その一つが武家伝奏は一人なのか、という点である。冒頭でも述べたように、義政期には二人の武家伝奏がいたときもあったが、長い間勧修寺家が単独で武家伝奏に就任していた。しかし、義澄期には武家伝奏が一人のため、当人の行動次第で公武間交渉に支障がきたすこともあった。尚顕は守光にこだわる義稙に対して、武家伝奏は二人でも可能ということを述べており、それが尚顕の武家伝奏就任を義稙が許可した要因ともなった（義稙は当初武家伝奏は一人のみと思っていた)。この件以来、武家伝奏は基本的に二名体制となる。また、朝廷側も勝手に武家伝奏を補任することはできず、あくまでも将軍の推挙が補任の前提であったことがわかる。

義稙期の公武間交渉

さて、義稙期の政務運営の特徴としては、側近公家衆による著しい政治関与がある。当然これは公武間交渉も同様である。

武家伝奏補任に強い推薦権を持っていた将軍ではあるが、前述のように、当人が就任を拒否してしまうと希望通りに進むとは限らない。そこでこのような問題に対応したのが側近公家衆であった。この尚顕と守光はともに将軍の昵近衆という家柄であるものの、流浪《るろう》期間の長い義稙本人との直接の交流はほぼ存在していない。それに対して、義稙の流浪に扈従《こしょう》した公家衆がいた。その代表は阿《あ》野季綱《のすえつな》であり、そのほか松殿忠顕《まつどのただあき》や烏丸冬光《からすまふゆみつ》なども随っていた。義稙からすれば、ほとんど交流のなかった武家伝奏の尚顕よりも、自分の苦しかった流浪に随った公家衆をより重用することになるのは当然だろう。

義稙の将軍復帰時に、公式の公武間交渉担当者である武家伝奏就任をめぐって問題が起こったが、公武間交渉には、武家伝奏を介する公式のルートと、非公式の「内々」のルートが存在していた。

そこで、当時の記録である『実隆公記《さねたかこうき》』から当時の公武間交渉を見ると、記主の三条西《さんじようにし》実隆と義稙の側近公家衆である阿野季綱の活動に注目がいく。武家伝奏問題の解決に奔走したのが季綱であった。季綱は義稙の流浪に扈従していた義稙側近の公家衆であった。公式のルートが混乱している以上、非公式のルートで問題を処理していかなくてはならない。そこで活躍したのが季綱であった。とくに季綱は三条西実隆と問題処理に奔走していたらしく、同記の内容から、

後柏原《ごかしわばら》天皇
⟷
三条西実隆（公家側の窓口、天皇への取次）
⟷　内々の交渉
阿野季綱（武家側の窓口、将軍への取次）
⟷
足利義稙

という交渉ラインが存在していたことが判明する。当時実隆は公家社会の長老として、後柏原天皇の信頼も厚い存在であった。一方の季綱は前述のように義稙の側近第一の存在であった。季綱は当然堂上公家衆という身分であるが、その役割は天皇側に立脚するものではなく、あくまでも武家側（義稙の意向）を代表するものであった（いわば、公家身分をもつ将軍側近）。一般の公家衆と異なり、ほかの武家の近習と何ら変わることのない活動をしたのである。

このように、非公式のルートでは、とくに将軍、天皇とお互いに信頼できる人物が、公武間交渉の窓口としてその役割を担っていた。

しかし、あくまでもこのルートは非公式の「内々」のものであったため、正式な申請には武家伝奏を介することになっていた。つまり、公式のルート以前に非公式のルートで意見調整をおこない、その後、武家伝奏を介する公式の交渉をおこなっていたのである。

しかし、季綱が数年ののち、若くして亡くなると、その役割は義稙の側近公家衆であった神祇伯《じんぎはく》雅業王《まさなりおう》（白川《しらかわ》雅業）が引き継ぐが、季綱ほどの重要な活動は担わなかった（湯川：二〇一二）。雅業は天皇の信任の厚い実隆とは季綱ほどの関係は結ばなかった。非公式のルートは、義稙よりの信頼と季綱個人の能力、実隆との関係を前提としたものであったためであろう。

5　義晴・義輝期（一五二一〜六五年）の公武間交渉と近衛家

第十二代足利義晴・第十三代義輝《よしてる》期になると、公武間交渉において、一つの転換点が起こる。それが近衛《このえ》家の介入である。

近衛家は天皇家の外戚《がいせき》として栄華を誇った藤原道長《ふじわらのみちなが》の直系であり、公家社会の頂点ともいうべき摂関家《せっかんけ》の筆頭であった。朝廷内で重きを置いていたことは言うまでも無い。しかし、戦国期にこの近衛家をめぐって公武間において大きな転換点があった。天文三年（一五三四）六月に第十二代将軍義晴が正室を近衛家（尚通《ひさみち》娘）から迎えたのである。さらに次代の義輝も正室を近衛家（稙家《たねいえ》娘）から迎えた。それまで中級公家であった日野家を正室としていたが、当時の政治情勢などから、義晴・義輝二代の将軍は、日野家よりはるかに格上の近衛家より正室を迎えることになった。

これによって、古くは天皇の外戚《がいせき》であった近衛家は、天皇の摂政《せっしょう》・関白《かんぱく》となるだけでなく、ここで将軍家の外戚という立場を手に入れたのである。そのため、この時代には近衛家が、将軍家外戚という立場で新たに公武間交渉に介入することになった。

とくに、近衛家の場合、当主のみならず、母親（稙家母徳大寺維子《とくだいじふさこ》）、兄弟（久我晴通《こがはれみち》・大覚寺義俊《だいかくじぎしゅん》・聖護院道増《しょうごいんどうぞう》など）や将軍正室（義晴正室慶寿院《けいじゅいん》）など、一門揃って幕府政治に関与した。このような、将軍家と近衛一門との密接な関係による幕府体制を「足利—近衛体制」ともいう。

近衛稙家

近衛家の動向を検討した湯川敏治氏によれば、当時の当主稙家が武家伝奏と同じ役割を果たしていたこともあったという。とくに稙家は将軍義晴正室の兄であり、また、娘を甥である将軍義輝に嫁がせたため、将軍の義父であった。天文十五年（一五四六）に義晴から、当時十一歳の義輝に将軍職が移譲《いじょう》されたが、義晴が大御所《おおごしょ》としてなお実権を握っていた。しかし、天文十九年に義晴が薨去《こうきょ》したのち、まだ若い義輝を生母で義晴正室慶寿院とともに稙家が将軍を後見する立場となった。当然、朝廷より幕府へのはたらきかけにおいて、近衛家、とくに稙家の役割が重要なものであったことに異論はないであろう。稙家は幼年の義輝が参内した際に、後見役を務めるなどしており、朝廷内での作法等を義輝に指導していたと思われる。当時の武家伝奏は広橋兼秀・国光（一四五頁「武家伝奏一覧表」参照、当頁上段に国光の肖像）父子と勧修寺尹豊《ただとよ》であったが、この両者も伝奏としての活動はおこなっているので、武家伝奏の制度がなくなったわけではない。

では、近衛家がおこなった実際の公武間交渉について、いくつか見てみよう。まず、天文二十二年に将軍の昵近公家衆であった高倉永家《ながいえ》が権大納言《ごんのだいなごん》に昇進した事例から見る。高倉家は本来権中納《ごんのちゅうな》言《ごん》止まりの家格であったが、永家は幼少より将軍家に出仕した。さらに、義晴・義輝の近江動座にも扈従した公家であり、将軍家よりも信任が厚かったのだろう。そのため、「去去年（天文二十年）」より度々、近衛稙家が武家執奏《ぶけしっそう》（将軍による天皇への依頼・要請、この武家執奏を天皇は拒否しないという暗黙のルールがある）の使者として朝廷に働きかけていたという。つまり、義輝から永家を権大納言に昇進する申請を稙家が朝廷への使者としておこなっていたということになる。朝廷内部の記録である『お湯殿《ゆどの》の上《うえ》の日記』天文二十二年閏正月十五日条には、義輝側より何度も申請があったため昇進を許可したと記されている。また、ここには武家伝奏の関与が確認されないので、稙家が直接使者として朝廷側と交渉したのだろう。

広橋国光（1526～68）
（東京大学史料編纂所所蔵模写）

幕府・将軍
↕
近衛家（武家執奏を仲介）
↕
朝廷・天皇

また、稙家が将軍の執奏と関わりなく地方の武家の任官《にんかん》を斡旋《あっせん》している事例（『お湯殿の上の日記』天文二十一年六月十四日条・同二十二年七月十五日条など）もあるが、これは将軍の執奏を前提としたものであったのかは判然としない。

次に、湯川氏も言及されている山科《やましな》家の事例を見る。天文二十一年に山科家の要望により、朝廷より女房奉書が発給された。その際、女房奉書は二通発給され、一通は武家伝奏の広橋国光から将軍へ渡され、もう一通は国光の父で前武家伝奏であった広橋兼秀が稙家に渡したという。両通とも文面は不明だが、おそらく直接の宛先は先例通り武家伝奏であろう。

もちろんこの場合も公式には武家伝奏が将軍側へ朝廷の意向を伝達しているが、ここでは一つの問題の解決に、義輝と稙家の両者に伝達したということになる。これから、稙家は幕府側に立脚する存在として認識されていたことといえる。

朝廷・天皇
↕
武家伝奏（両者に依頼）
↕　⇅
稙家→（取り成し）→義輝

このように、武家伝奏単独で将軍に伝達するのではなく、将軍の外戚である稙家もその伝達対象であった。

また、近衛家の場合、関白という立場や、その家格のため、伝奏を介在させず、直接天皇に将軍家の要望を伝達することができたのだろう。

当然、将軍の側近やほかの公家衆も公武間交渉を担当することもあり、義晴・義輝期の公武間交渉は近衛家が独占したわけではない。しかし、このような近衛家の活動は義晴・義輝期の一つの大きな特色であったといえる。

なお、義輝期末期、公家の勧修寺晴右《はれみぎ》の記した『晴右公記《はれみぎこうき》』永禄八年（一五六五）三月十三日条に「禁裏申次《きんりもうしつぎ》」という言葉が見られる。公家の山科家が管理する内蔵寮領率分《くらりょうりょうりつぶん》（関所の一種）に関して、天皇の意思を伝える女房奉書が発給された。その宛先は「くわんしゅ寺中納言」であった。当時の正式な伝奏は記主勧修寺晴右の父尹豊（永禄十年まで）であったが、日記の記述を見ると、「いまだ禁裏申次がいないので、（晴右が）内々に将軍側近の進士晴舎《しんじはるいえ》に女房奉書を渡した」と見える。ここでいう「禁裏申次」は武家伝奏の別称とも思われるが、当事者の山科言継《ときつぐ》の日記にはより詳細な記述が見られる。これによれば、本来は大館《おおだち》某（晴光か）が幕府側の担当であったが、所労（病気）のため、代わって進士晴舎が将軍への申次をおこなったとある。そのため、ここでの「禁裏申次」とは、武家伝奏と将軍の間を取り持つ幕府側の申次であったと理解される。あまり、見慣れない言葉だが、これが幕府側の正式な取次役としての職名なのか、晴右が便宜的に付けた名称かは判然としない。

三好政権と武家伝奏

さて、天文年間末期に義輝が三好長慶《みよしながよし》との対立の結果、京都より近江に没落すると、近衛一門もそれに扈従し、三好氏が京都周辺を実効支配することになる。そうすると、朝廷も今現在起きている問題を解決するために、京都にいない将軍より三好氏に問題解決を期待するようになる。つまり、それまで伝奏の交渉相手は将軍であったのが、三好氏に代わる。

天文二十二年（一五五三）十月、御料所内蔵寮領率分を三好氏家臣が押領《おうりょう》した。その解決のため、主人である三好長慶にむけて広橋国光宛の女房奉書が発給された（『言継卿記《ときつぐきょうき》』天文二十二年十一月五日条）。その交渉担当者となったのは武家伝奏国光であった。国光は女房奉書の副状である長慶宛の自身の書状を認めた。これは長慶が押領した人物の主人であったということもあろうが、やはり、将軍がいないという現状のなかで、その代行策として長慶に対応が期待されたためであろう。

また、義輝が天文末から永禄元年（一五五八）までの京都不在期間には、長慶に対して禁裏の修理を命じるように指示させる女房奉書が武家伝奏宛てに発給されている事例もある（『勧修寺文書《かじゅうじもんじょ》』）。これを長慶が将軍に代わる存在と認識されていたとみるか、単に現状に鑑みてそのように指示したのかは判断がわかれるところだろう。少なくとも義輝が在京の間は、武家伝奏宛ての女房奉書は将軍ではなく長慶に伝達するようにとなっている。その際、武家伝奏は女房奉書の副状を発給している（『壬生家文書《みぶけもんじょ》』など）。しかし、公武間の贈答は断続的ながらも確認される。公武の関係は完全に絶たれたわけではないが、そこに武家伝奏の関与は確認されない。

さらに、永禄改元《かいげん》（元号の変更）をめぐっては朝廷は近江国朽木《おうみのくにくつき》（現、滋賀県高島郡《たかしま》）にいた義輝に事前に諮《はか》ることがなかったと見え、それによって義輝の不興を買っている。それについて、公家の万里小路惟房《これふさ》は武家伝奏が将軍に連絡していなかった不備を批判しており、この間は将軍と武家伝奏間の連絡が事実上停止していたことがみてとれる（『惟房公記』永禄元年五月二十六日条）。しかし、惟房の認識では、やはり将軍に諮るべきことは武家伝奏が伝達しなくてはならないものであったのであろう。なお、永禄元年末に義輝の帰京したことにより、将軍と武家伝奏の不通はなくなる。

6　足利将軍家と武家伝奏の関係の終焉（一五六五～七三年）

将軍弑逆後の武家伝奏

永禄八年（一五六五）五月十九日、将軍義輝が三好三人衆（三好長逸《ながやす》・三好釣閑斎宗渭《ちょうかんさいそうい》・石成友通《いわなりともみち》）や松永久通《まつながひさみち》らによって殺害された。その後、当然将軍が不在となり、事実上幕府の機能が停止したため、公武間交渉自体はおこなわれなかったが、次期将軍職をめぐって三好三人衆や阿波《あわ》（現、徳島県）の勢力が擁立する足利義栄《よしひで》と義輝の弟一乗院覚慶《いちじょういんかくけい》（のちの義昭《よしあき》）が対立した。京都を押さえていたのは三好三人衆側であったため、朝廷は三好三人衆に諸々の解決を期待した。そして、三人衆の擁立《ようりつ》する義栄が永禄十年から十一年にかけて将軍就任を交渉したのが武家伝奏であった。当時の武家伝奏は勧修寺晴右（永禄十年十月十六日に、父尹豊が西国《さいごく》に勅使として下向《げこう》するために、尹豊に替わり伝奏に補任）と広橋国光であったが、晴右は武家伝奏として義栄の永禄十一年二月の将軍宣下《せんげ》に関与した。もう一人の武家伝奏広橋国光は当時三好三人衆と対立する義弟松永久秀（国光の妹保子《やすこ》が久秀の側室）を頼り大和《やまと》（現、奈良県）に下向していたため、義栄の将軍宣下には関わらなかった（神田：二〇一七）。

晴右の関与は、新将軍として義昭を否定し、義栄を支持するという政治的事情云々というよりは、単に武家伝奏としての役割であったからである。

足利義昭と武家伝奏

しかし、同年（永禄十一年）義栄が没し、十月には義昭が織田信長に擁立されて上洛し、第十五代将軍に就任したため問題が起こる。晴右は前述のように義栄の将軍宣下に関与していたが、対立する義昭とは一切関係を持ってこなかった。両者の間をうまく行き来していればよかったが、一方（義栄派）としか関係を結ばなかったため、上洛した義昭の不興を買ったのである。

実際に義昭が将軍となった時点での武家伝奏は、晴右と義輝期以来の国光であった。しかし、晴右は前述の活動により義昭上洛後、事実上排除されることになる。晴右は義栄の将軍宣下に対して、義栄への支持ではなくあくまでも武家伝奏としての職掌として担当していたとして、義昭の不興に対して迷惑と不満があったものの（『言継卿記』永禄十一年十二月四日条）、その職が解かれている。さらに、国光は義昭の将軍就任当時は武家伝奏として活動したものの、病身であったためか、同年十一月に没してしまう。なお、義栄の将軍宣下に上卿《しょうけい》（担当の公卿）として出席した公家衆の山科言継は義昭陣営とも関係を持って、うまく両者を行き来していたため、義昭上洛後も重用される。晴右には言継のような政治的な器用さがなかったのだろう。

そうしたなか、同十二年に義昭の昵近衆の一人である、飛鳥井雅教が「武命《ぶめい》」によって武家伝奏に登用されるのである。従来飛鳥井家が武家伝奏になった先例はない。また、晴右の後任として万里小路惟房が武家伝奏の職務についていたと思われる。万里小路家の武家伝奏就任もこの当時は珍しいことである。前述のように室町中期以降、おおむね武家伝奏になる公家衆は勧修寺・広橋家であった。

これにより、義昭政権には従来公武間交渉を担ってきた広橋・勧修寺両家による武家伝奏が事実上不在となったのである。

雅教の補任の背景については水野嶺氏の研究に詳しいが、飛鳥井家は歌道《かどう》や蹴鞠《けまり》を家業《かぎょう》とする公家衆であった。これ以前にも昵近衆のなかでも将軍側近公家衆として活躍した事例はあるが武家伝奏になった者はいない。とくに雅教は前述の敷奏でなかったため、もろもろの活動に不便を生じさせることがあり、その点任命は失敗であった。

この状態のなか、実質的に公武間交渉を担ったのが先の山科言継であった。しかし、言継の活動はあくまでも朝廷側に立脚する立場であり、将軍側近として公武間交渉に関与したわけではないが、当時の公武間交渉の一翼を担っていたことは相違ないだろう（木下：二〇一四）。

元亀四年（天正元年、一五七三）に義昭が没落した。一般的にこれをもって室町幕府の滅亡とされる。この後、義昭には扈従する公家衆はなく、義昭と朝廷の関係は断絶する。公武間交渉の担い手であった武家伝奏はこれ以降、義昭でなく信長との交渉役を務め、足利将軍家との関係は消滅するのである。

おわりに

本章では、室町から戦国期にかけての公武間交渉を見てきたが、いわゆる武家伝奏のみが単独で公武間交渉を担当したわけではなかった。将軍の側近であったり、外戚（近衛家）であったり、武家伝奏に限定されずに、公式のルートと内々の非公式ルートの存在など、場合によっては柔軟に公武間交渉がおこなわれていたのである。

また、本来の武家伝奏が地方下向など、在京奉公をおこなうのに不都合があった場合には、その子息が伝奏の代として活動しており、武家伝奏の職務がほぼ世襲に近いものであったことが窺える。応仁・文明の乱以降は、広橋家と勧修寺家のほぼ独占であったことから、他家に補任するのではなく、その両家内で対応しようとしたのだろう。とくに勧修寺家の事例から見ると、武家伝奏はその職務もあろうが、基本的には在京し、天皇に奉仕していなければならなかった。もしそれができなくなれば武家伝奏の職は別人（通常は子息）に代行か職を譲らなくてはならなかったのである。ただし、そのため、正式な就任期間が不明となってしまっている人物も多い。

いずれにせよ、室町幕府の終焉まで、武家伝奏が公武間交渉の中心にあったことは相違ない。ただし、末期の義昭期に見られたように、武家伝奏本来の活動が機能不全に陥ることもあった。とくに義昭期は本来武家伝奏となるべき広橋家や勧修寺家に問題があったため、本来公武間交渉を担うような家でない飛鳥井家が武家伝奏になるなど、人事面で問題が生じることになる。このような公武間交渉をめぐる不都合もあり、義昭の没落と同時に、将軍家と天皇家は没交渉となってしまう。朝廷が相手にする武家権力は織田信長であり、二度と武家伝奏が足利将軍に派遣されることはなかったのである。

〔主要参考文献〕

家永遵嗣「室町幕府と『武家伝奏』・禁裏小番」（科学研究補助金基盤研究（C）「近世天皇・朝廷研究の基盤形成」第五回大会成果報告書『近世の天皇・朝廷研究』五号、二〇一三年）
上嶋康裕「『敷奏』に関する一考察」（『古文書研究』八一号、二〇一六年）
神田裕理「久秀の義兄・武家伝奏広橋国光と朝廷」（天野忠幸編『松永久秀』宮帯出版社、二〇一七年）
木下昌規『戦国期足利将軍家の権力構造』（岩田書院、二〇一四年）
瀬戸薫「室町期武家伝奏の補任について」（『日本歴史』五四三号、一九九三年）
高梨真行「将軍足利義輝の側近衆——外戚近衛一族と門跡の活動」（『立正史学』八四号、一九九八年）
瀧澤逸也「室町・戦国期の武家昵近公家衆——その構成を中心として」（『国史学』一六二号、一九九七年）
水野嶺「武家伝奏飛鳥井雅教の登用とその背景」（『戦国史研究』七三号、二〇一六年）
湯川敏治『戦国期公家社会と荘園経済』（続群書類従完成会（八木書店）、二〇〇五年）
湯川敏治「大内義興、従三位叙任の背景と武家伝奏の職務——『守光公記』を中心に」（『山口県史研究』一九号、二〇一一年）

第五章「武家伝奏」一覧表

氏　名	補任または初見【典拠史料】	辞任または終見【典拠史料】
広橋綱光	寛正3・9/22見【東寺百合文書】	文明9・閏正/5辞【長興宿禰記】
勧修寺教秀	文明3・4/29任【親長卿記】	明応5・6/3辞【親長卿記】
広橋兼顕	文明9・閏正/5任【長興宿禰記】	文明11・5/14没【公卿補任】
勧修寺政顕	明応5・7/6任【実隆公記】	永正元・閏3/13賀州下向【宣胤卿記】
勧修寺尚顕	永正元・7/2任（政顕代）【後法興院記】	永正5・6/23辞【宣胤卿記】
	永正5・6/24任【公卿補任】	享禄元・9/18賀州下向【公卿補任】
広橋守光	永正6・6/21任【公卿補任】	大永6・4/1没【公卿補任】
広橋兼秀	大永6・9/23任【公卿補任天文四年条】	天文19・10/3見【お湯殿の上の日記】
勧修寺尹豊	享禄2・6/6見（尚顕代）【お湯殿の上の日記】	永禄10・10/16与奪【晴右公記】
広橋国光	天文17・9/30見（兼秀代）【お湯殿の上の日記】	永禄11・11/12没【公卿補任】
勧修寺晴秀（晴右）	永禄8・3/13見（尹豊代）【晴右公記】	永禄11・9蟄居【公卿補任】
	元亀4・4/8見【お湯殿の上の日記】	天正5・正/1没【公卿補任】
万里小路惟房	永禄11・10/18見【お湯殿の上の日記】	元亀4・6/9没【公卿補任】
飛鳥井雅教	永禄11・10/20見【言継卿記】	天正5・正/18見【お湯殿の上の日記】

注：表中の「任」は補任を，「見」は初見あるいは終見を，「辞」は辞任を示す。

［参考文献］

瀬戸薫「室町期武家伝奏の補任について」（『日本歴史』543号，1993年）

第六章　織田・豊臣期の武家伝奏

神田裕理

はじめに

本章では、主に織田信長《おだのぶなが》・豊臣秀吉《とよとみひでよし》という武家権力者、いわゆる「天下人《てんかびと》」が政権を掌握していった時期（＝織豊期《しょくほうき》）をとり扱う。

一九九〇年代の終わりから二〇〇〇年代に入って、信長・秀吉と朝廷との関係をめぐる研究（公武《こうぶ》関係史研究）は、とみに活発化しており、彼らの権力構想を探るうえでの論点の一つとなっている。中でも、信長・秀吉と朝廷との結節点となった武家伝奏《ぶけてんそう》については、顔ぶれ、任命の経路、活動状況などが明らかにされつつある反面、武家伝奏の制度そのもの、とくに伝奏制度の成立時期に関しては、いまだ議論の余地を残している。

またこの時代、信長・秀吉ら武家権力者と朝廷を結ぶ交渉役を担ったのは、必ずしも武家伝奏に任命された公家たちばかりではない。よってまず、織豊期の公武間の交流について、日常的な交流も含めてその実態を把握し、武家権力者と朝廷を結んだ人々の具体像を明らかにしていく。つづいて、公武交流の中でしだいに形成されていった武家伝奏の活動状況について検討したい。

中世から近世への移行期にあたるこの時代、朝廷と武家権力者という異なる身分集団・社会集団同士が関係を構築していくうえで、武家伝奏はいかにはたらき、どのような効果をもたらしたのか。また、武家伝奏を務める公家衆および朝廷側は、たび重なった武家権力者の「交代」に対し、いかなる対応をおこなったのか。とくに朝廷側に視点をあてて考察し、織豊期公武関係の特質を示したい。

なお、織豊期を通じて、朝廷と武家権力者との交渉を担う公家は、史料上では「伝奏」と表記される例が散見される。本章では、朝廷—武家権力者間の交渉役という意味を際立たせるため、武家伝奏という表記に統一する。

1　信長・義昭と朝廷——交流のはじまり

万里小路惟房の活躍

永禄十一年（一五六八）九月、「天下御再興《てんかごさいこう》」を掲《かか》げる足利義昭《あしかがよしあき》とともに上洛《じょうらく》した信長は、その後、自らの政権を打ち立てていく過程でしだいに朝廷にも接触するようになった。上洛直前、時の天皇の正親町《おおぎまち》天皇は朝廷が動乱に巻き込まれるのを回避すべく、信長に宛てて禁裏《きんり》警護を命じる綸旨《りんじ》（天皇の意思・命令を下す手紙）を発給《はっきゅう》した（『経元卿御教書案《つねもときょうみぎょうしょあん》』）。この時、朝廷側の窓口ないし交渉役となったのは、万里小路惟房《までのこうじこれふさ》である。惟房は、勧修寺晴右《かじゅうじはれみぎ》の伝奏（武家伝奏）退任（永禄十一年十二月退任、一説には同年十月退任）を受けてその後任についたと見なされる傾向にあるが、実際は晴右の退任以前から活動していたことがうかがえよう。

そもそも万里小路家は室町・戦国時代を通じて、広橋《ひろはし》・柳原《やなぎはら》・日野《ひの》・勧修寺・甘露寺《かんろじ》・中御門《なかみかど》・三条西《さんじょうにし》と並ぶ、敷奏《ふそう》（天皇の奏宣《そうせん》を担う役職）の「家」である。惟房自身もまた、約四年前までは敷奏を務めていた（永禄六年秋に退任し、嫡男《ちゃくなん》の輔房《すけふさ》が着任。『惟房公記《これふさこうき》』永禄七年正月二日条）。さらに万里小路家は、「朝廷内部において諸事をつかさどる家」（『蔭凉軒日録《いんりょうけんにちろく》』明応二年六月五日条）の流れを汲む「家」である。それゆえ同家は、当時の朝廷内で政務運営を担当する集団として編成されている禁《きん》裏小番衆《りこばんしゅう》という組織の中でも、内々衆《ないないしゅう》というグループに属していたのである。内々衆は、もう一つの外様衆《とざましゅう》というグループと比較して、より天皇との親密度も高い面々で構成されており、朝廷の政務運営面でも重要な役割が課されることも多かった。実際、惟房は正親町天皇の従兄弟《いとこ》にあたる。おそらく惟房は、天皇からの信頼も厚かったのであろう。ゆえに、朝廷側の使者を任されたといえる。

その後も惟房父子は、朝廷―義昭・信長間をつなぐ役割を担っている。上洛後まもなく、義昭・信長が三好三人衆《みよしさんにんしゅう》（三好長逸《ながやす》・三好釣閑斎宗渭《ちょうかんさいそうい》・石成友通《いわなりともみち》）攻めのため摂津《せっつ》芥川城《あくたがわじょう》（現、大阪府高槻市）に布陣《ふじん》した際、正親町天皇はその祝いとして、義昭に太刀《たち》を信長に酒肴《しゅこう》を贈っている。その使者となり、現地に赴いたのが輔房《すけふさ》であった（『お湯殿《ゆどの》の上の日記』永禄十一年十月六日条、以下『お湯』と略記）。戦国時代以来、朝廷は、京都をめぐって多発した武家の抗争によって危機に陥らないように、対立する武家の双方と接触を持ったり、勝敗が決しない段階では陣中見舞《じんちゅうみまい》はおこなっていない。よって、今回の朝廷の対応は、義昭・信長を新たな京都の支配者として認めていたことを示しているのである。

さらに、惟房は義昭の室町幕府第十五代将軍宣下《しょうぐんせんげ》の儀式（『お湯』永禄十一年十月十八日条）のほか、将軍任官の御礼言上の参内《さんだい》（朝廷への参上）について、その準備にあたっている（『言継卿記《ときつぐきょうき》』同十一年十月二十二日条、以下『言継』と略記）。このほか、義昭の権大納言《ごんのだいなごん》への昇進希望も朝廷に取り次ぎ、実現させている（『言継』永禄十二年四月二十一日・六月二十二日条）。

また、義昭は将軍任官直後から、改元《かいげん》（元号の変更）を望み、朝廷に対して実施を申し入れていた（『言継』永禄十二年四月八日条）。当時、改元には「京都を中心とする『天下』を制した者の宣言」という意義があり、朝廷は武家（室町将軍）からの改元要請を受け容れることで、その実質的支配に正当性を与えていた。それゆえ、義昭は改元を望んだのである。義昭の希望は、惟房ともう一人の武家伝奏の飛鳥井雅教《あすかいまさのり》（義昭の意向で武家伝奏に就任）がとりはからい（『言継』永禄十二年四月八・二十一日条）、翌年四月の挙行にいたった（元亀改元。『言継』永禄十三年四月二十三日条など）。

以上のように、惟房は永禄十二年末に辞任する（『晴右公記《はれみぎこうき》』永禄十三年正月五日条）まで、武家伝奏としての務めを果たしていたことがわかる。

武家伝奏と義昭・信長の関係

朝廷側の使者となった公家衆は、ほかにもいる。義昭の将軍任官後まもなくして、義昭—朝廷間の交渉は密におこなわれるようになった。室町幕府「再興」・新たな将軍の誕生で、武家政権のいちおうの安定を見てとった朝廷および公家たちは、しばしば家領《けりょう》の回復を求めている。このような折、朝廷側の使者（勅使《ちょくし》）として義昭・信長のもとに遣わされたのは、武家伝奏の広橋国光《くにみつ》と飛鳥井雅教であった（『言継』永禄十一年十月二十日条）。将軍任官を機に、使者の面々も増え、とくに長年武家伝奏を務めている広橋国光の派遣も見られるようになった。つまり、公武交渉における従来の公式ルートが用いられるようになったのである。この点から、朝廷側も義昭を名実共に「室町将軍」と認識しはじめたことがうかがえよう。

一方この時期、朝廷—信長間の関係はさほど深まっていない。信長もまた、摂津芥川城攻めの際、勅使派遣を受けている。だが、勅使万里小路輔房は、まず義昭に面会したのち、信長にも面会している（『お湯』永禄十一年十月六日条）。つまり、勅使派遣の対象は、あくまでも義昭だったのである。また、公家からの家領回復要求の際も、同様である。山科言継《やましなときつぐ》による家領（山城国山科七郷大宅村《やましろのくにやましなしちごうおおやけむら》。現、京都市山科区）の回復要求は、朝廷を通し、義昭・信長に伝えられている。前述のように、義昭への伝達は、広橋国光・飛鳥井雅教ら二人の武家伝奏がその任を負っている。同時に信長に対しても家領回復とその実行を義昭に念押しする内容の伝達がなされているが、それを請け負ったのは飛鳥井雅教のみであった（『言継』永禄十一年十月二十日条）。

これらの点からも朝廷側は、この時期の武家政権、つまり室町幕府の主体はあくまでも義昭と認識しており、信長は実力者であってもいわば副次的な存在だったことがわかる。

2　義昭・信長並立期の公武交流

義昭・信長と朝廷との交流

義昭・信長が並立した政治体制が展開していく中、義昭の「将軍」としての意識はさらに高まった。この様子を、朝廷―義昭間でおこなわれた献上《けんじょう》・下賜《かし》行為（贈答行為）から探ってみよう。

義昭の献上が始まる。将軍任官後初めての年賀を皮切りに、乞巧奠《きっこうでん》（七夕）・玄猪《げんちょ》（十月の猪の日に除病・子孫繁栄を祈る行事）・歳末などの年中行事・節目に際して、天皇に対しその行事にちなんだ品（七夕には花、歳末には玉毬打《たまぎっちょう》〈正月遊戯用の木製の杖〉）の献上をおこなうようになった（『お湯』など）。このほか、参内時には太刀・馬を献上している（『言継』永禄十二年二月二十六日条・同十三年二月二日条など）。これは第十三代将軍であった義輝《よしてる》もおこなっており、献上の契機・献上品の品目とも同じである。義昭はかつての室町将軍の献上行為を踏襲することによって、朝廷側に将軍としての自身の地位・立場を印象づけたのであろう。このような献上の際、義昭から朝廷への使者となったのは、ほとんどが飛鳥井雅教である。逆に朝廷から義昭に対しても、参内に対する祝儀や玄猪の折に下賜がなされているが、使者は飛鳥井のほか万里小路惟房もその役を担っている。この点からも、雅教の武家伝奏登用は義昭の命によること、また惟房の場合は朝廷側の意向がはたらいていたこと、というそれぞれの登用背景が見てとれる。

　他方、この時期の信長による献上行為は、彼の在京時に集中しておこなわれており、献上品の品目も食品（水産物・鳥）が多い。中には鮒や鯨など珍品も含まれており、天皇のほか公家たちの目を引いている（『言継』永禄十二年二月六日条）。このように信長の献上行為は、義昭のそれと共通するものはない。加えて、信長から朝廷へ献上品を取り次いだ使者も比較的、飛鳥井雅教が務める頻度は高かったものの、必ずしも雅教に集中していたわけではない。とくに元亀二年（一五七一）以降は、広橋兼勝《かねかつ》・山科言継・万里小路惟房ら公家のほか吉田社《よしだしゃ》の神主《かんぬし》吉田兼見《かねみ》などもその役を務めるようになる（『お湯』など）。のち信長単独政権期にいたると、さらにその面々は増加し、信長家臣《かしん》（京都所司代《きょうとしょしだい》〈行政担当者〉の村井貞勝《むらいさだかつ》ら）まで広がったが、献上の目的や品目によって使者が決まるという法則性は見られない。また、天皇から信長へも折に触れ、下賜がなされているが、その使者となった者はやはり雅教・惟房に限定されていない。そして、元亀四年以降（＝信長単独政権期）ではその顔ぶれも多彩化した。

　つまり信長・義昭並立期においては、信長は、義昭のように特定の武家伝奏を登用するといった志向性は持たなかったようである。このように、献上行為を通して見ると、信長は義昭との差違化をはかったうえで朝廷に対して自身の存在をアピールしていたことがうかがえる。

武家伝奏と朝廷

それでは、義昭・信長の並立・連合政権に対し、朝廷はどのように接していたのだろうか。その中で、いかなる公家が公武間をとりもったのか。そのトピックとして「勅命講和《ちょくめいこうわ》」をとりあげ、具体的に見ていこう。

戦国乱世とは言え、戦況が膠着《こうちゃく》した際には泥沼化・自軍勢の弱体化を避けるため、お互いにある程度の妥協を図り、講和が結ばれることは珍しくなかった。この時、天皇の命令によって講和が結ばれること（＝勅命講和）もあった。

元亀元年（一五七〇）、信長と義昭は畿内《きない》周辺の多数の反信長勢力に包囲され窮地《きゅうち》に陥った。九月に挙兵した大坂本願寺《おおさかほんがんじ》との戦いは、足かけ十一年に及ぶ石山戦争《いしやませんそう》の始まりとなった。本願寺—信長間の争いが勃発した状況を見てとった朝廷は、独自の判断で講和に乗り出そうとしていた。朝廷では、本願寺にはたらきかけるべく、勅使（天皇からの使者）として飛鳥井雅教を派遣することを協議しはじめた。だが再三、雅教が拒否したため、ひとまず柳原淳光《あつみつ》が代替者に決まった（『言継』元亀元年九月十五・十六日条）。その矢先、信長と義昭が朝廷に申し入れ、本願寺に対する勅命講和を望んだことを受け（『お湯』同元年九月十八日条）、朝廷は直ちに行動に移した。停戦に向けて、正親町天皇は本願寺に宛てて勅書《ちょくしょ》（天皇の手紙。内容は休戦の呼びかけと、本願寺側の言い分を聞くというもの）をしたためている（『言継』同元年九月二十日条）。この勅書は、三人の公家衆（烏丸光康《からすまみつやす》・柳原淳光・正親町実彦《おおぎまちさねひこ》）からなる勅使によって本願寺へ届けられる手はずとなった。ただ結果的に、この勅書は戦火の影響もあって本願寺には届かなかった。だが、本願寺の本寺にあたる青蓮院門跡《しょうれんいんもんぜき》（天台宗総本山比叡山延暦寺《てんだいしゅうそうほんざんひえいざんえんりゃくじ》の三門跡の一つ）からのはたらきかけのほか、松永久秀《まつながひさひで》も介入したことにより、本願寺と義昭・信長の戦いは、いったん休戦状態となったのである（『尋憲記《じんけんき》』同元年十一月十二日条）。

ここで注目すべきは、講和の使者となるべき武家伝奏の飛鳥井雅教が、一貫して消極的な姿勢をとっていたにもかかわらず、とくに問題視されず即、代替者が決まったことである。代わりに勅使となった烏丸光康は、昵近衆《じっきんしゅう》（武家昵近公家衆《ぶけじっきんくげしゅう》。室町将軍に近侍《きんじ》した堂上《とうしょう》公家衆）の一人で、義昭と近い関係にあった。さらに烏丸家は、顕如光佐《けんにょこうさ》の本願寺宗主《しゅうしゅ》の任命時期（＝天文二十三年〈一五五四〉、証如《しょうにょ》光教《こうきょう》から顕如への代替期）から本願寺との関係を深めている。そのため、光康は永禄二年（一五五九）十二月の本願寺の門跡成《もんぜきなり》（『お湯』同二年十二月二十七日条）を支援した。加えて、光康は永禄二年から同九年にかけて、また正親町実彦も同時期に、ともに大坂本願寺に滞在していた（『言継』永禄九年十二月二十三・二十四日条）。烏丸・正親町ともに、本願寺とゆかりの深い公家たちだからこそ、勅使に選ばれたことがわかる。

一方、本願寺の挙兵《きょへい》を受けて、浅井《あざい》氏・朝倉《あさくら》氏も近江坂本口《おうみさかもとぐち》（現、滋賀県大津市）まで進出した。元亀元年十一月末、浅井・朝倉・比叡山延暦寺（反信長勢力）—信長・義昭間の戦況がいっそう悪化したため、講和が模索された。講和交渉は、合戦の当事者ではあったが、信長・朝倉氏双方に接点を持つ義昭と、交渉の実務を担った関白二条晴良《かんぱくにじょうはれよし》の二人によって進められている。

晴良の尽力により、まず朝倉氏と信長が講和に応じた（『尋憲記』元亀元年十二月十三日条）。講和をしぶる延暦寺に対しては、正親町天皇から講和条件（領地《りょうち》の安堵《あんど》）を保証したうえで講和を勧める内容の綸旨が発給された（『伏見宮御記録《ふしみのみやごきろく》』）。それを受けてのち、十二月十五日、講和は成立するにいたったのである（『言継』元亀元年十二月十五日条）。

彼らが交渉に携わった理由について見ると、義昭は、上洛前、二年ほどのあいだ朝倉氏に保護されていたという縁があったからである。さらに代々、二条家は足利将軍家と親交があり、代々の当主は足利将軍の諱《いみな》（実名《じつみょう》）から一字をもらって自身の実名に使用していた（晴良の「晴」は、第十二代将軍義晴《よしはる》から「晴」の字をもらう）。加えて晴良は、越前《えちぜん》（現、福井県北部）の朝倉氏のもとに滞在中であった義昭に対し、自ら赴いて元服をとりおこなっていた（『言継』永禄十一年三月二十四日条）。他方、義昭もまた晴良の関白再任（永禄十一年十二月十六日再任）にはなんらかの口利きをする（『諸家伝《しょけでん》』十二）ほか、家領荘園《しょうえん》の押領《おうりょう》（侵奪行為）をめぐる二条家―勧修寺家間の相論《そうろん》（紛争裁定）の際、晴良に有利に事を進めている（『言継』永禄十三年三月二十一日条）。このように、晴良と義昭も密接な関係を構築しており、それゆえ晴良は実際の交渉役として適任であったと言えよう。

このように、二つの事例を検討したところ朝廷は、講和当事者を講和交渉のテーブルに着かせる役割や講和条件の内容を保証する役割を果たし、講和に向けて調停をはかる交渉人つまりネゴシエーターとしてはたらいていたことがわかる。また、かかるより政治的な意味を持つ交渉面において、その担い手となったのは武家伝奏だけではなかったことは注目に値しよう。朝廷は、交渉の場面ごとにフレキシブルに対応し、交渉人として最も適任と思われる人物を自発的に選んでいたのである。

3　信長単独政権期の公武交流

武家伝奏の活躍

義昭と信長は、元亀四年（一五七三）四月にいったん講和を結んだが、同年七月、義昭は再び叛旗《はんき》をひるがえした。信長は義昭を京都から追放し、以降、信長の単独政権期が始まる（『お湯』同四年七月十九日条）。

この時期の、朝廷—信長間を結んだ使者はこれまでとは様変わりした点も散見される。つづいて、その様子を追っていこう。まず、信長—義昭間の講和後から、勧修寺晴右の使者としての活動が確認できることを指摘したい（『お湯』元亀四年四月八日条）。晴右は義昭の不興《ふきょう》を買い、彼の上洛時から武家伝奏の職を事実上排除されていたが（本書一四一頁、参照）、当時点にいたって復帰したのである。この時点で信長が武家権力者のトップに立ったこと、晴右も朝廷もそれを認識したからこそ、新たに信長と関係を結ぶべく復帰したのであろう。

またこの時期にいたり、公家の最トップたる関白も使者として活動する機会が増えたことも見逃せない。たとえば、最後の義昭—信長間の講和は正親町天皇がはたらきかけ、成立にいたった。この折、信長のもとに派遣された三人の勅使の中には、晴良も含まれていたのである。（『兼見卿記《かねみきょうき》』元亀四年四月五日条〈以下『兼見』と略記〉・『お湯』元亀四年四月七日条）。

さらに同年（＝天正元年、一五七三）十二月、信長から朝廷へ正親町天皇の譲位《じょうい》を準備しようと申し入れ、天皇もそれを「頼もしい」と歓迎している（『東山御文庫所蔵史料《ひがしやまごぶんこしょぞうしりょう》』）。朝廷では後花園《ごはなぞの》天皇の譲位（寛正五年、一四六四）以来、百年以上にわたって譲位がおこなわれず、天皇は生涯在位しつづけるという異常事態に陥っていたからである。なお、これを「信長が譲位を強制して、朝廷を圧迫した」と捉える見解（今谷：一九九二）もあるが、一連のやりとりを見ると、妥当とは言えない。「頼もしい」と言う正親町天皇の返答を信長にもたらしたのは、晴良だったのである（『孝親公記《たかちかこうき》』天正元年十二月八日条）。

このように、当時無位無官《むいむかん》であった信長に対し、関白が朝廷の使者として赴いたのは破格の待遇と見なされる。もちろんこれは、信長が将軍にかわる権力者であることの証しであり、朝廷もそのように認識していたからである。それに加えて、関白の派遣は交渉の場面によって決まるものではないだろうか。いずれの事例も、武家権力者の政治体制の安定化をはかること・天皇位の継承といった、より政治的に重要な意味を持つ交渉である。かかる場面では、朝廷側の代表として最上位者＝関白が派遣されるという選択がなされていたことが読みとれよう。

「五人衆」の設置

さらに天正三年（一五七五）にいたると、信長の意向により五人の伝奏（武家伝奏）が定まった。きっかけは、絹衣《けんえ・きぬころも》（絹織の僧侶《そうりょ》の法服《ほうふく》）の着用勅許《ちょっきょ》（天皇の許可）をめぐる常陸国《ひたちのくに》（現、茨城県）の天台宗寺院《じいん》と真言宗《しんごんしゅう》寺院との相論（＝絹衣相論）に関して、朝廷での裁定がなかなか進展しなかったことにある。この状況を憂えた信長は同年、五人の公家から成る奉行衆《ぶぎょうしゅう》を設置し、当相論の再審議を求めたのである（「三条西実枝書状《さんじょうにしさねきしょじょう》」）。その面々は、三条西実枝《さんじょうにしさねき》・中山孝親《なかやまたかちか》・勧修寺晴右・庭田重《にわたしげ》保《やす》・甘露寺経元《かんろじつねもと》らである。彼らは禁裏小番内々衆に属し、これまでも朝廷の政務運営に貢献してきた者たちであった。奉行衆を設定するうえで、信長は恣意《しい》的に事を進めることなく、天皇との関係や実務経験を考慮していたことがうかがえる。信長の意図は、従来唱えられてきた「朝廷運営への侵犯」ではなく、朝廷の政務運営の円滑化をはかることにあった。

同時に彼ら五人（「五人衆」）は、「伝奏」（武家伝奏）としても位置づけられ（「誠仁親王書状案《さねひとしんのうしょじょうあん》」）、しばしば朝廷―信長間をとり結んでいる。翌四年六月、信長が下野国《しもつけのくに》（現、栃木県）国衆《くにしゅう》（地域支配者）の佐野宗綱《さのむねつな》の但馬守《たじまのかみ》任官を朝廷に奏請《そうせい》（天皇に申し上げ、許可を得ること）した際、実際に媒介したのは彼らであったと言う。とくに彼らのうち、晴右・経元・孝親らは、室町〜戦国期に武家伝奏を務めた「家」の出身者であることから、そのノウハウを買われてのことであろう。

また、天正七年末から同八年の、信長―本願寺間の最終戦においても、武家伝奏としてのはたらきが確認できる。孤立し窮地に陥った本願寺に対して朝廷は講和を勧告し、本願寺も受け容れた（「正親町天皇女房奉書《にょうぼうほうしょ》」）。勧告および実際の交渉に携わったのは、庭田重保・勧修寺晴豊《はれとよ》のほか近衛前久《このえさきひさ》であった。重保は「五人衆」のメンバーであり、晴豊は「五人衆」の一人勧修寺晴右の嫡男《ちゃくなん》で、父の跡を継ぎ武家伝奏となっていた。とくに重保は、本願寺宗主顕如の母親（重子《しげこ》、顕能尼《けんのうに》）と姉弟という姻戚《いんせき》関係から、前久は教如光寿《きょうにょこうじゅ》（宗主顕如光佐の嫡男）を猶子《ゆうし》（相続を目的としない養子関係）に迎えていたことからそれぞれ使者に選ばれたのであろう。ここから、武家伝奏であることに加え、やはりこれまでと同様、本願寺との関係が密接な人物が交渉人となっていることがうかがえる。

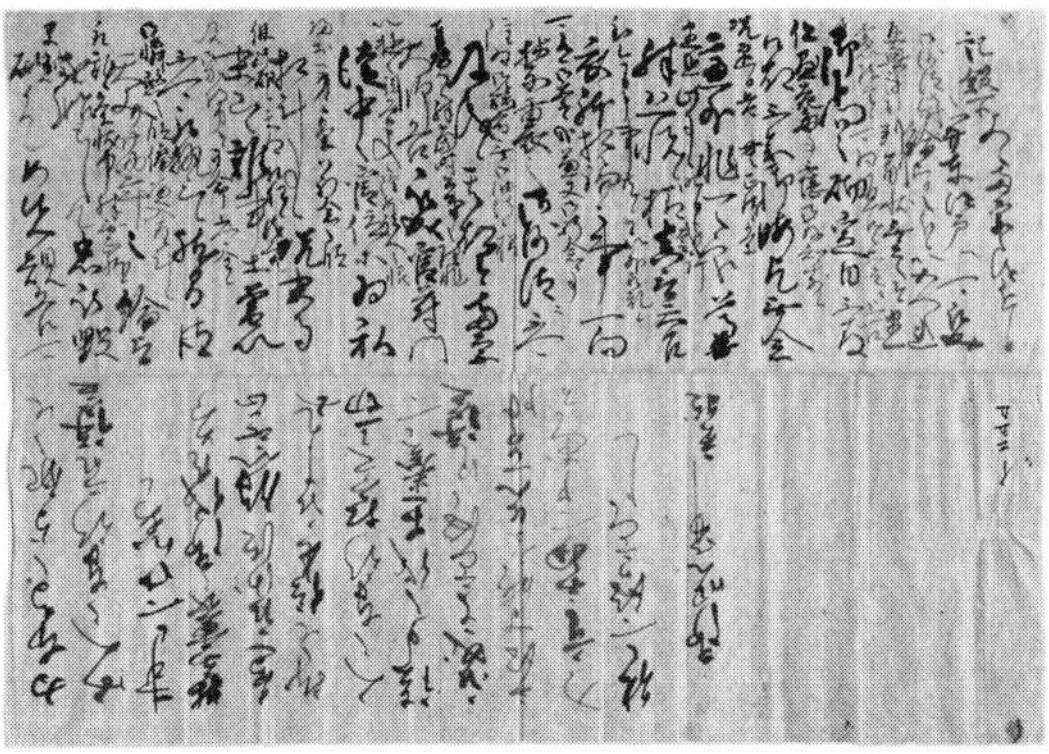

「三条西実枝書状案」

東寺（教王護国寺）の僧侶宛て（宛所は「御児御中」）の，三条西実枝書状。（「東寺百合文書」京都府立京都学・歴彩館所蔵）

一方、前述の奉行衆としての役割は、絹衣相論以外の案件すなわち公家の家督《かとく》相続・領地売買・関所《せきしょ》の権益《けんえき》をめぐる相論の処理など、多岐にわたっている。持ち込まれた案件を処理するため、奉行衆は日夜、評議に追われ多忙を極めていた。その結果、当時六十代半ばの実枝は疲労困憊《こんぱい》し、「正しく審議にあたっているのにもかかわらず、訴訟人の恨みを一身に買ってしまう」と愚痴をこぼして（「三条西実枝書状案」）、同三年十一月早々には身を引いてしまったのである。

だが実枝と信長の関係は、その後も続いている。たとえば実枝は、信長の権大納言・右大将《うだいしょう》任官時（天正三年十一月）に宣下の上卿《しょうけい》（儀式の責任者）を務めるほか、右大臣《うだいじん》・右大将辞官（天正六年四月）の際にはそれを朝廷に伝達するなど、ひきつづき朝廷―信長間を結ぶ役割を果たしていたのである（『公卿補任《くぎょうぶにん》』天正三年・同六年の項・『総見寺文書《そうけんじもんじょ》』）。

使者となった後宮女房

ただし、朝廷―信長間を結んだのは彼ら武家伝奏ばかりではなかった。天皇に仕える後宮女房《こうきゅうにょうぼう》たちもまた、その役割を担っているのである。その例を二点、見てみよう。

天正九年（一五八一）三月、朝廷は信長を左大臣《さだいじん》に任じるため、勅使として勾当内侍《こうとうのないし》（内侍のトップ。長橋局《ながはしのつぼね》）と上臈局《じょうろうのつぼね》（二条尹房《にじょうただふさ》の娘）を派遣し、信長の意向を打診した。この左大臣推任の折、かつて俎上《そじょう》に載せていたものの白紙に戻った正親町天皇の譲位問題が、再び表面化したのである。もっとも信長が、左大臣任官を受けることはなかった。しかしこの時、勾当内侍は信長から、再び譲位に同意し、実現のため費用提供を約する言葉をいったんは引き出している（『お湯』天正九年三月九日条）。ただ結果として、朝廷側の調査によりこの年は凶年《きょうねん》にあたることが判明したため、今回も譲位の挙行は見送られてしまった。

翌十年四月には、甲斐武田氏《かいたけだし》を滅ぼし居城の安土城《あづちじょう》へ戻った信長のもとに、朝廷から三職《さんしき》（太政《だいじょう》大臣《だいじん》・関白《かんぱく》・征夷大将軍《せいいたいしょうぐん》）に推任《すいにん》する使者が遣わされた（『晴豊公記《はれとよこうき》（日々記《にちにちき》・天正十年夏記《てんしょうじゅうねんなつき》）』同十年五月三日条）。この折、勅使として正親町天皇からは上臈局、東宮使《とうぐうし》（皇太子からの使者）として誠仁親王《さねひとしんのう》（正親町天皇の第一皇子）から大御乳人《おおおちのひと》（皇太子の後見役）が、それぞれ派遣されている。安土城へは彼女たちに加え、勧修寺晴豊《かじゅうじはれとよ》も赴いた。注目すべきは、晴豊は武家伝奏であったにもかかわらず二人の女房の介添え的な存在であった点である。

このように後宮女房たちには、朝廷―武家権力者間の実際の交渉の場で、問題解決に向けて折衝したり、双方の意向を確認しあうといった、武家伝奏と同様な役割が課せられていた。かかる役割は、室町時代、義昭・信長並立期にも、そして豊臣時代以降も確認できない織田期特有のものであった。

以上のように、信長単独政権期の公武交渉は、しだいに武家伝奏が担うようになったものの、必ずしもそれに限定されるというわけではなかった。信長もまた、武家伝奏を集中的に用いている様子もない。信長単独政権期においても、公武交渉は、交渉の対象・内容に沿って、多彩な顔ぶれが務めていたこと、あわせて朝廷・信長もフレキシブルに対応していたことがわかる。

4　秀吉期の公武交流

無位無官期の公武交流

朝廷―秀吉《ひでよし》間の主な交流は、天正十年（一五八二）六月、山崎《やまさき》の戦いで明智光秀《あけちみつひで》を破った秀吉のもとへ、朝廷から戦勝祝賀《せんしょうしゅくが》のため、勅使勧修寺晴豊・東宮使広橋兼勝が派遣されたことにはじまる（『日々記』同十年六月十四日条）。これは、秀吉が武家権力者の地位に立ったことを朝廷側も認めたしるしである。その後、しだいに朝廷―秀吉間の関係が深まっていくが、時期が下るにつれ両者をつなぐ面々にもさまざまな特徴が表れている。

まず、秀吉が無位無官であった時期に朝廷―秀吉間をつなぎ、とくに天皇からの使者となった者は、公家のほか聖護院道澄《しょうごいんどうちょう》（聖護院門跡。近衛稙家《たねいえ》次男、前久弟）や吉田兼見（吉田社神主）ら僧侶・神官《しんかん》も存在する。公家の中には、右にも挙がっているようにのち武家伝奏を務める勧修寺晴豊も含まれるが、面々は固定化していない。いわば不特定多数の公家が務めている状態であった。

彼ら公家たちは、上洛見舞や下賜品の取り次ぎ等の使者を務めることで、朝廷―秀吉間をつないでいた。加えて、朝廷側では所領《しょりょう》安堵（土地の領有〈権〉を確定・承認）や所領の売買などで秀吉の差配《さはい》を必要とすることが多々あった。実際に正親町天皇が秀吉に対し、所領安堵を命じ実行させている（『お湯』天正十一年閏正月二十九日条）。新たな武家権力者に対してはかかる期待もあることから、秀吉が無位無官であっても朝廷側は接触を持ったのである。

叙任期の公武交流――豊臣期武家伝奏の登場

秀吉は天正十二年（一五八四）十一月の従三位《じゅさんみ》権大納言への叙任《じょにん》（叙位《じょい》任官）によって、公卿《くぎょう》に列せられる。翌十三年三月には正二位内大臣《ないだいじん》、同年七月には武家出身者として初めて従一位《じゅいちい》関白に叙任された。史上初の「武家関白」の誕生であり、ほどなくして新たな姓の「豊臣」に改めたと言う。そして翌十四年十二月には、太政大臣となった（関白はそのまま）。右のように秀吉の正式な官位叙任《じょにん》は従三位権大納言叙任（天正十二年十一月）であるが、この時、朝廷から秀吉へ叙任を伝える使者となったのが、今出川《いまでがわ》（菊亭《きくてい》）晴季《はれすえ》・勧修寺晴豊・久我敦通《こがあつみち》らのほか、中山慶親《のりちか》も加わっていたようである。

正式な官位叙任を経て秀吉は、朝廷内部の問題にも携わるようになった。たとえば、正親町天皇は長年の望みであった譲位を実現すべく秀吉にはたらきかけ、それを受けた秀吉も仙洞御所《せんとうごしょ》（上皇《じょうこう》の住居）の造営に着手している（『兼見』天正十二年十月四日条など）。あわせて天皇は摂家《せっけ》（公家の最トップ層）・清華家《せいがけ》（摂家に次ぐ家格《かかく》）・堂上公家（清華家に次ぐ家格に相当する公家）たちに対し、譲位や仙洞御所に関する記録類の収集・調査を命じている（伝『中御門宣光記《なかみかどのぶみつき》』天正十三年四月七日条）。収集・調査には今出川（菊亭）晴季以下十一名の公家があたり、一連の作業過程では、秀吉方（担当は京都所司代の前田玄以《まえだげんい》）もさまざまな指示を出している。この時、秀吉方と朝廷方（関白二条昭実《あきざね》・勾当内侍）をとり結んだ主な公家は、今出川（菊亭）晴季・勧修寺晴豊・中山親綱《ちかつな》・高倉永相《たかくらながすけ》らであった（伝『中御門宣光記』天正十三年五月十一日条など）。

このように見たところ、使者として主に活躍していたのは、今出川（菊亭）・勧修寺・中山・高倉（永相が死去したため、のちに久我敦通に代わる）の四家であったことがうかがえる。彼らのうち、晴豊は信長期から武家伝奏を務めていたという経験を買われ、親綱も同様である。晴季は、秀吉に関白任官を薦《すす》めた者という個人的関係の深さから、それぞれ武家伝奏に選ばれたと考えられる（ほかの理由については、後述する）。朝廷―秀吉間の関係が密接になるにつれ、特定の公家衆が使者を務める方が、朝廷・秀吉双方の意思（意志）疎通はスムーズにおこなわれよう。ゆえに天正十二年十〜十一月以降、右の四家が、朝廷―秀吉間を結ぶ、朝廷側の窓口つまり武家伝奏として次第に固定化していったと捉えられる（武家伝奏の固定化ないし成立の時期は、天正十二年説〈遠藤：二〇一三〉・同十三年七月説〈伊藤：一九九八〉・同十四年二月説〈矢部：二〇〇〇〉など、諸説ある）。

もっともこの四家（四人）は、秀吉―朝廷間を結ぶ役割のみを果たしているわけではなかった。その例として、織田信雄《のぶかつ・のぶお》（信長次男）の叙任時の使者について見よう。天正十三年二月（実際の叙任は翌月）、信雄は秀吉の執奏（天皇への取り次ぎ）によって、正三位権大納言に任じられた。これは信雄が事実上、秀吉へ臣従《しんじゅう》したことを意味するものである。この時、勅使として信雄のもとへ任官の口《く》宣案《ぜんあん》（宣下を伝える文書）を持参したのは、今出川（菊亭）晴季・勧修寺晴豊・久我敦通と中山慶親の四人である。さらに、信雄は叙任の礼として正親町天皇をはじめ誠仁親王・和仁親王《かずひとしんのう》（誠仁親王第一王子、のちの後陽成天皇《ごようぜい》）や後宮女房たちに対して金子《きんす》を贈っているが、これを取り次いだのも晴季・晴豊・敦通の三人であった（『光豊公口宣案之写《みつとよこうくぜんあんのうつし》』天正十三年三月一日条）。

加えて、秀吉のもとへ派遣された天皇の使者の面々も一定しておらず、ばらつきが見える。秀吉の紀州《きしゅう》攻め（天正十三年三月）・九州攻め（同十五年三月）の際、正親町天皇および後陽成天皇は伊勢神宮《いせじんぐう》をはじめ、さまざまな寺社《じしゃ》に祈禱《きとう》を命じ、秀吉のもとへは陣中見舞の使者を遣わしている。出陣の祈禱・勅使派遣は、天皇が秀吉の側に立ったことを明言するもので、秀吉にとっては出陣の正当性を保証するものであった。この、紀州攻めの際の勅使は日野輝資《てるすけ》が務めており、九州攻めの際には広橋兼勝が派遣されている。見ての通り、当時、彼らはいずれも武家伝奏ではない。いまだこの段階では、武家伝奏のみが使者を務めるといった職務の独占がなされていたわけではなかったと言える。

また、彼らは史料上では「勅使」「御つかい」と記されることが多く、「伝奏」と表記されるようになったのは時期がやや下り、天正十八年にいたってからであった（『晴豊公記』同十八年九月一日条）。これをもって、「制度」としての「伝奏」が成立したこと、その契機は同年の後北条《ごほうじょう》氏攻め、奥羽仕置《おううしおき》（秀吉による東北地方の領土確定）に基づく秀吉の全国政権の形成によるものと捉える見解（遠藤：二〇一三）も見られる。この点については、後考を期したい。

武家伝奏任命の背景

このように見ると、当初は武家伝奏といえども、彼らは必ずしも秀吉専従とは言い難い印象を持つ。それでは、今出川（菊亭）晴季らはなぜ武家伝奏として次第に固定化していったのだろうか。秀吉が彼らを武家伝奏に選出し、活用した理由は何か、さらに見ていこう。

天正十三（一五八五）年、伊勢神宮の内宮《ないくう》（皇大神宮《こうたいじんぐう》）・外宮《げくう》（豊受《とようけ・とゆけ》大神宮《だいじんぐう》）のあいだで、「どちらが先に式年遷宮《しきねんせんぐう》（正遷宮《せいせんぐう》。二十年に一度、殿舎《でんしゃ》を新造し神体《しんたい》を移すこと）を挙行するか」の順番をめぐって対立し、相論が起こった。両宮は、それぞれ先行の遷宮実施を求めて、数度にわたり朝廷（正親町天皇）に訴え出ている（＝伊勢神宮前後《ぜんご》相論）。両宮からの訴えを受けた正親町天皇は、まず今出川（菊亭）晴季らに内々に議論させたところ、「内宮の主張が理にかなっている（＝内宮が先行実施）」という、大方の結論を得ている（『兼見』天正十三年八月六日条）。正親町天皇も「内宮に理がある」と考えていたが、その後もさらなる審議を命じている（『兼見』同十三年八月十五日条）。よって、神宮伝奏《じんぐうてんそう》（伊勢神宮―朝廷間の取次役を務める公家）の柳原淳光の邸で、淳光をはじめ、神宮奉行《じんぐうぶぎょう》（伊勢神宮関係の実務担当者）の中山慶親、白川雅朝《しらかわまさとも》・壬生《みぶ》（小槻《おづき》）朝芳《ともよし》・吉田兼見、そして今出川（菊亭）晴季、勧修寺晴豊、中山親綱らが集まった。再審議は、晴季による両宮からの申状《もうしじょう》（主張を上申《じょうしん》した文書）の読み上げから始まり、議論が重ねられたところ、同じく「内宮の主張が理にかなう」という結論にいたった（『兼見』天正十三年八月十七日条）。

ここで注目したいのは、この時点での審議と再審議の主体はあくまでも朝廷であって、秀吉はいっさい関与していないことである。そもそも秀吉は、遷宮の日程（順番）は朝廷に諮《はか》って決めるべきと認識していた（『古文書集《こもんじょしゅう》』八）。また、最終的には秀吉の意見も求められたが、これはいったん「内宮の先行実施」が決定したにもかかわらず、外宮から横やりが入ったというアクシデントが起こったためである（『兼見』天正十三年八月十七・十九日条）。したがって、この場合、晴季・晴豊・親綱らは秀吉の意を受けて、あるいは武家伝奏という立場・意識によって再審議に参加したわけではないだろう。さらに、当初から晴季は朝廷で内々になされた議論に参加しているほか、再審議の場では、晴季が進行を担っているなど、天皇との信頼関係を有していた様子がうかがえる。また、彼ら三人以外の再審議の出席者の大半は、神道に携わる者たち（白川は神祇官《じんぎかん》の長官。吉田は吉田社神主。例外は壬生で、彼は議事録をとる役割）であった。

このように四家のうちでも晴季ら三人は、朝廷内部とりわけ相論の審議・裁定といった政務運営の中で、重要な役割を果たしていたことがわかる。相論裁定以外でも、その様子が散見される。

たとえば、晴季は織田期を通じて朝廷の儀式復興を目し、積極的にその準備を進めていた（『古《ふる》キ文《ふみ》』）。また、正親町天皇の譲位問題に関しても、晴豊・親綱は天皇から譲位・即位《そくい》の儀式をつかさどる儀式伝奏《ぎしきてんそう》に任じられていた（『お湯』天正十四年二月二日条）。予定された天正十四年六月末から七月初旬の譲位に向けて（誠仁親王死去により同十四年十一月に挙行）、彼らが中心となって事にあたっている様子が散見される（『お湯』天正十四年六月三・七・八日条など）。

この点こそが、彼らが武家伝奏に選ばれ活用された、もう一つの理由である。かつて信長は、「五人衆」（五人の奉行・伝奏）を設置した際、朝廷の政務運営に貢献してきた者をメンバーに選んでいる。秀吉も同様と言えよう。秀吉もまた、自身との関係ばかりではなく、天皇との関係や政務運営への習熟度も考慮したうえで、武家伝奏を選出していたのである。

武家伝奏としての活動

今出川（菊亭）晴季・勧修寺晴豊・中山親綱らの、武家伝奏としての活動は多岐にわたる。前述のように、正親町天皇（のち上皇）や後陽成天皇から秀吉に遣わされた使者（勅使・院使《いんし》〈上皇の使者〉）としての活動は、史料上に散見される。たとえば、戦勝祝賀や官位叙任を伝えるための使者派遣、このほか秀吉が上洛した際の見舞や参内に対する返礼、物品の下賜のための使者派遣など、枚挙にいとまがない（『お湯』など）。一方で、信長単独政権期に見られた後宮女房の派遣は、ほぼ確認できなくなった（例外は対女性への贈答時のみ）。武家伝奏の面々が固定化するにつれ、朝廷側は、公武間（朝廷

—秀吉間）を結ぶ役割は武家伝奏が担うもの、と認識するようになったためであろう。

秀吉から天皇および上皇へ遣わされた使者派遣も数多く見られる。その例としてまず挙げられるのは、献上品の取り次ぎである。秀吉は、年賀や叙任時・参内時などに白銀・絹織物・馬・太刀などを献上するほか、折に触れ珍品（麝香鹿《じゃこうじか》の香料・蘇鉄《そてつ》・孔雀《くじゃく》）なども贈っている（『お湯』など）。かかる品を秀吉から取り次ぎ、朝廷に披露する役を務めたのが晴季ら武家伝奏であったが、彼ら三人は組み合わせられ、あるいは単独で派遣された。このような献上行為はとくに関白任官を機に増加するが、秀吉はモノのやり取りを通して、朝廷とのより密接な関係を構築していったのである。

このほか晴季らは、秀吉が武将の官位叙任を申請する際、それを朝廷に奏請する（『お湯』天正十六年三月二日条など）や、秀吉の参内時（『兼見』天正十三年三月十日条）や大名亭（浅野長政《あさのながまさ》亭・毛利輝元《もうりてるもと》亭）への御成《おなり》の際につき従う（『お湯』天正十八年正月二十一日条など）といった役目も果たしていた。

また、晴季らは天正十六年（一五八八）四月に挙行された後陽成天皇の聚楽亭《じゅらくてい》（京都、内野《うちの》の秀吉屋敷）行幸《ぎょうこう》を陰から支えたと言ってよいだろう。聚楽亭行幸は、秀吉が武家編成の樹立を誇示することと朝廷秩序の再編を目し、あわせて天皇を戴き公家・武家を自身の下に結集させた一大行事として、つとに有名である。五日間にわたる聚楽亭行幸の準備は、朝廷側・秀吉側が協調して進められたが、この時、秀吉側の窓口となったのが京都所司代の前田玄以であり、朝廷側の窓口は晴季・晴豊・親綱の三名が務めていた（『親綱卿記《ちかつなきょうき》』天正十六年三月九・十・二十五日条など）。ここから、交渉人としての武家伝奏の役割が見出されよう。

5　秀次期・秀頼期の公武交流

天正十九年（一五九一）十二月、秀吉の甥で養嗣子の秀次は、正二位《しょうにい》関白に叙任された。関白任官の際、秀吉より「朝廷への奉公《ほうこう》」（「覚《おぼえ》」『本願寺文書《ほんがんじもんじょ》』）を堅く命じられた秀次は、かつての秀吉を踏襲するように、年賀の参内や献上行為などおこなっている（『お湯』など）。

秀次関白期も武家伝奏は当初、晴季・晴豊・親綱と久我敦通の四人であったが、天正二十年末頃に敦通がいったん外れた。しかし文禄四年（一五九五）にいたり、秀次切腹事件に連座《れんざ》して晴季（秀次舅《しゅうと》）が越後国《えちごのくに》（現、新潟県）へ配流《はいる》（＝流刑、流罪）となったため（『お湯』同四年七月二十五日条）、敦通は武家伝奏に復帰した。だが敦通も、慶長四年（一五九九）に勾当内侍（長橋局）との密通事件を起こした咎《とが》で勅勘《ちょくかん》（天皇による勘当《かんどう》処分）を受けて蟄居《ちっきょ》（謹慎）してしまう（『言経卿記《ときつねきょうき》』同四年八月二十九日条、以下『言経』と略記）。また、親綱は慶長三年十一月に死去し（『公卿補任』慶長三年の項）、子の慶親も後陽成天皇の不興《ふきょう》を買ったと言う。

このように、「四家」の様相はかなり変化した。ただ、彼らの職務はそれまでと変わることなく、たとえば慶長三年十月に浮上した後陽成天皇の譲位問題について、天皇の希望を豊臣方の前田玄以に伝えるなど、朝廷—豊臣方の意思（意志）伝達に携わっている（『お湯』同三年十月十八日条）。

その後、武家伝奏は、晴豊のあとを継いだ光豊《みつとよ》（晴豊嫡男）・広橋兼勝の二名が活躍するようになる。

彼らは関ヶ原合戦時に、秀頼（秀吉の第二子）への見舞と戦況を聞くための勅使として派遣される（『お湯』慶長五年七月十七・十八日条）ほか、軍勢による陣取りを禁止すべく西軍《せいぐん》の大将毛利輝元のもとへも赴いている（『お湯』同五年九月十二日条）。そして東軍《とうぐん》の勝利後まもなく、光豊は徳川家康《とくがわいえやす》（東軍の大将）のもとへ遣わされている（『お湯』同五年九月二十・二十三日条）など、朝廷側は秀頼のみならず家康とも積極的に接触しようとしていた。

加えて注目すべきは、武家伝奏は朝廷―武家間をとり結ぶばかりではなく、朝廷から公家衆への命令を伝える使者としても活動していたことである。たとえば、後陽成天皇が公家衆に向けて雅楽《ががく》の稽《けい》古《こ》の奨励や禁裏小番の精勤を伝達する際、武家伝奏を使者として用いていたのである（『お湯』慶長三年八月四日条・『慶長日件録《けいちょうにっけんろく》』慶長八年九月一・二日条）。

つまりこの時期、武家伝奏は、秀頼専従でもなければ家康専従というわけでもなかったのである。家康は慶長八年三月に自ら昵近衆を編成しているが（『お湯』同八年三月二十五日条）、その理由は武家伝奏の現状をふまえ、彼らだけに限らない、自身と朝廷を結ぶパイプ役が必要だったからではないだろうか。

おわりに

以上、織田〜豊臣期の公武間交渉を検討してきたところ、武家伝奏に関する武家権力者の対応は、武家権力者それぞれ、また時期によってもさまざまな特徴を見出すことができた。

すなわち、義昭は十五代室町将軍に任官を機に、それまで個人的な関係から登用してきた飛鳥井雅教に加え、長年武家伝奏を務めている広橋国光も含めた、公武交渉の正式なルートを用いるようになった。かつての室町将軍のありようをふまえることで、義昭は朝廷側に対し自身の「将軍」としての立場を印象づけようとしたのである。

一方、義昭・信長並立期において、信長は特定の武家伝奏を編成し、彼らのみに公武交渉を担わせることはしていない。この時期、朝廷側も交渉の場面ごと、交渉人として最も適任と思われる人物を自発的に選んでいた。朝廷側もまた、公武間交渉をフレキシブルにおこなっていたのである。のち信長単独政権期にいたって、信長は「五人衆」を編成したが、やはり彼らのみに公武間交渉を任せる意図は持たなかった。そもそも「五人衆」の人選に関しても、信長は自身との関係より朝廷に近い関係や政務運営面で実務経験のある人物を意識したものであった。「五人衆」の編成は、信長による「朝廷運営」への侵犯ではなく、朝廷の政務運営の円滑化をはかることが目的だったと言える。

豊臣政権期にいたると、状況は変化を見せる。秀吉の官位叙任期（天正十二年〈一五八四〉頃）より、朝廷―秀吉間を結ぶ者として今出川（菊亭）ら四人が次第に固定化していった。面々が固定化するにつれ、公武間交渉もほぼ彼らのみでとりおこなわれるようになっていく。ただし、秀吉もまた彼らの人選に際しては、自身との近い関係に加え、朝廷の政務運営でも重要な役割を果たしている者たちを意識している。秀吉も、武家伝奏を隠《かく》れ蓑《みの》として、たくみに朝廷支配に乗り出してきた、というわけではなかったのである。

のち秀頼期にいたると、伝奏（武家伝奏）は秀頼・家康の双方と朝廷をつなぐほか、朝廷―公家間の伝達役を務める場合もあった。朝廷は、公武間を緊張関係に陥れないようにするため、豊臣方・徳川方双方との関係維持をはかっていたのである。この状況は、家康に、自身と朝廷を結ぶ新たなパイプ役の形成を模索させ、昵近衆の編成に結実した。同時に、武家伝奏も、新たなかたちで作られていったのであろう。

［主要参考文献］

伊藤真昭『京都の寺社と豊臣政権』（法蔵館、二〇〇三年）
今谷明『信長と天皇――中世的権威に挑む覇王』（講談社学術文庫、二〇〇二年、初刊一九九二年）
遠藤珠紀「『豊臣伝奏』の成立と展開」（『東京大学日本史学研究室紀要　別冊『中世政治社会論叢』』二〇一三年）
遠藤珠紀「史料紹介　東京大学史料編纂所特殊蒐書　徳大寺家本『古キ文』の紹介」（『古文書研究』七八号、二〇一四年）
神田裕理『戦国・織豊期の朝廷と公家社会』（校倉書房、二〇一一年）
神田裕理『戦国・織豊期朝廷の政務運営と公武関係』（日本史史料研究会、二〇一五年）
津野倫明「『五人之奉行衆』設置と三条西実枝の苦悶」（『戦国史研究』三八号、一九九九年）
矢部健太郎『豊臣政権の支配秩序と朝廷』（吉川弘文館、二〇一一年）

第六章「武家伝奏」一覧表

氏　名	補任または初見【典拠史料】	辞任または終見【典拠史料】
広橋国光	天文17・9/30見（父兼秀代ヵ）【お湯殿の上の日記】 永禄11・10/20見【お湯殿の上の日記】	永禄11・11/12没【公卿補任】
万里小路惟房	永禄11・10/18見【お湯殿の上の日記】	永禄13・1/5辞任【晴右公記】 （ただし信長―朝廷間の使者は務める） 元亀4・6/9没【公卿補任】
飛鳥井雅教	永禄11・10/20見【言継卿記】	天正5・正/18見【お湯殿の上の日記】
三条西実枝	元亀4・4/7見【お湯殿の上の日記】	天正3・11月初旬頃ヵ【宣教卿記】
勧修寺晴右	永禄8・3/13見（父尹豊代）【晴右公記】	永禄11・9月，蟄居【公卿補任】のち，永禄11・10/6見【お湯殿の上の日記】 （あるいは永禄11・12月ヵ）
	元亀4・4/8見【お湯殿の上の日記】	天正5・正/1没【公卿補任】
中山孝親	元亀4・4/8見【お湯殿の上の日記】	天正6・正/16没【公卿補任】
庭田重保	元亀4・4/7見【お湯殿の上の日記】	天正10・11/2見【本願寺文書】
広橋兼勝	元亀3・3/17見【お湯殿の上の日記】	天正15・8/15見【お湯殿の上の日記】
	慶長5・7/17見【お湯殿の上の日記】 慶長8・2/12任【広橋家譜】	元和8・12/17没【公卿補任】
甘露寺経元	天正元・11/11見【お湯殿の上の日記】	天正9・2/28見【お湯殿の上の日記】
勧修寺晴豊	天正4・5/11見【兼見卿記】	慶長6・正/11，散位【公卿補任】 慶長6・5/3見【言経卿記】
中山親綱	天正9・2/28見【お湯殿の上の日記】	慶長3・11/28没【公卿補任】
中山慶親	天正13・3/1見【光豊公口宣案之写】	元和4・4/10没【公卿補任】
高倉永相	天正12・4/7見【伝中御門宣光記】 （ただし，信長―朝廷間の使者も務めた）	天正13・12/23没【公卿補任】
久我敦通	天正12・10/2見【兼見卿記】	天正20年末ヵ【晴豊公記】
	文禄4・7月以降ヵ【お湯殿の上の日記など】	慶長4・8/29，蟄居【言経卿記】
今出川晴季	天正12・10/2見【兼見卿記】	文禄4・7/25見【お湯殿の上の日記】
烏丸光宣	慶長5・11/6見【時慶卿記】	慶長16・11/21没【公卿補任】
勧修寺光豊	慶長5・7/17見【お湯殿の上の日記】 （すでに文禄5・8月には父晴豊代【兼見卿記】）	慶長17・10/17没【公卿補任】
	慶長8・2/12任【諸家伝】	

注：表中の「任」は補任を，「見」は初見あるいは終見を示す。「～ヵ」は史料上確定しえない事例。

［参考文献］

遠藤珠紀「『豊臣伝奏』の成立と展開」（「東京大学日本史学研究室紀要別冊『中世政治社会論叢』」2013年）
神田裕理『戦国・織豊期の朝廷と公家社会』（校倉書房，2011年）
瀬戸薫「室町期武家伝奏の補任について」（『日本歴史』543号，1993年）

第Ⅲ部

江戸時代

近世武家伝奏の活躍とその終焉

第七章　近世の武家伝奏の登場

村　和明

はじめに

本章では、慶長五年（一六〇〇）に関《せき》ケ《が》原《はら》の合戦《かっせん》で徳川家康《とくがわいえやす》が勝利してから、だいたい寛延三年（一七五〇）頃までを扱う。この時代は、江戸幕府による全国支配のなかに天皇・朝廷が位置づけられ、そのために相応しい形で、幕府の支援によって朝廷が再生、近世的な朝廷が形作られていった時代であった。朝廷では、後水尾院《ごみずのおいん》・霊元院《れいげんいん》ら、個性的な天皇・上皇《じょうこう》や、幕府から大きな力をあたえられた五つの摂家《せっけ》（摂政《せっしょう》・関白《かんぱく》となれる格式の家）などが中心となり、幕府の支援による朝廷の存続という現実をうけいれつつも、時に幕府に反発し、朝廷を運営していった。

この時代、朝廷は幕府の支援によって成り立っている面が大きかったから、幕府との交渉役であった武家伝奏《ぶけてんそう》の役割は非常に大きかった。朝廷をめぐる大きな事件にはおおむね武家伝奏が関わっていたといってよく、また原則二名であった就任者の顔ぶれや任免の時期についてはほぼ完全に明らかになっている。しかし、やや意外に思われるかもしれないが、この時代の武家伝奏の活動や人物像を中心にあつかった研究はあまり多くない。

本章では、近世朝廷に関する多数の研究に顔を出す、武家伝奏のさまざまな姿をとりあげていきたい。なお、この時期の政治組織に起こった、ひとつの大きな変化として、戦国時代以来の、個人の能力や主従の絆をベースにしたあり方が、組織・制度によるものに変わっていったことがあげられる。武家伝奏も例外ではなかった。

1　近世はじめの武家伝奏

出頭人の時代

最初期の武家伝奏は、広橋兼勝《ひろはしかねかつ》と勧修寺光豊《かじゅうじみつとよ》である。家康が征夷大将軍《せいいたいしょうぐん》となった慶長八年（一六〇三）二月に任命されたという複数の記録があるが、それ以前から伝奏と呼ばれて活動していた（本書一七〇頁、参照）。従来豊臣《とよとみ》家に対して伝奏を務めていたものが、徳川家に対する伝奏として改めて任命されたのではないかと考えられている。大坂城が落ちると、その交渉対象は徳川家に絞られ、勧修寺の後任三条西実条《さんじょうにしさねえだ》からは、事実上徳川家が人選するようになった。

とくに広橋兼勝は、元和八年（一六二二）に没するまで長く武家伝奏を務め、没した際には「叡慮《えいりょ》ことごとくみなご執権《しっけん》、出頭無双《しゅっとうむそう》の伝奏なり」と評されたという（『春日社司祐範記《かすがしゃしすけのりき》』同年十二月十七日条）。つまり信任極めて厚く、天皇の意向として発されるものはことごとく取り扱ったとまでいわれた。反面、徳川家の利害を体現する者として反発も強かったようで、元和五年（一六一九）に徳川秀忠《ひでただ》の娘・和子《まさこ》（後の東福門院《とうふくもんいん》）の入内《じゅだい》まえに、後水尾天皇の愛妾《あいしょう》が妊娠し、関係者が処罰された事件では、「三百年以来の奸佞《かんねい》の残賊臣《ざんぞくしん》」と口をきわめて罵られもしていることが知られる（『泰重卿記《やすしげきょうき》』同年九月十八日条）。

「東福門院入内図屏風」（部分）

二代将軍秀忠の娘・和子が後水尾天皇のもとに入内した際の行列を描いたもの。他の公家たちとともに，武家伝奏たちも随行した。（三井記念美術館所蔵）

さて、近世はじめの武家伝奏を理解するために、先に引用した「出頭」という表現は重要である。戦国時代以来の文化として、主君と臣下の関係は非常に強く、反面個別的であって、現代や江戸時代半ば以降と異なり、ある役職に権限が備わっているというよりは、「出頭人《しゅっとうにん》」とよばれる、力量をそなえ主君から深く信任された個人が、大きな権限を任されるという社会だったのである。

こうした権力者との関係は、武家伝奏に限るものではなく、たとえば広橋兼勝の兄・日野輝資《ひのてるすけ》は、出家して唯《ゆい》心《しん》と号し、家康に側近として仕え、その子孫は旗本《はたもと》となっている。また中院通村《なかのいんみちむら》は、元和元年（一六一五）九月に、家康に源氏物語《げんじものがたり》を講義した褒賞《ほうしょう》として百石を加増されている（八年後、広橋兼勝の死をうけて武家伝奏に選ばれる）。他の公家たちと天下人《てんかびと》の距離も、後の時代に比べるとずっと近かったのであった。天下が争われたのは畿内《きない》においてで、徳川家は江戸を本拠としつつも、家光《いえみつ》（三代将軍）までの天下人は、京都や伏見に腰を据えて滞在したり、将軍宣下などの際に上洛《じょうらく》した。また天下人が江戸にいても、公家の家の領地や相続は、その意向によって定まったから、とくに天下人が変わった際などは、江戸に下向して面謁しようとする公家が非常に多かった。大御所秀忠が死んだ後の寛永十二年（一六三五）、九条道房《くじょうみちふさ》という公家は、同じ摂家《せっけ》という家格の二条康道《にじょうやすみち》が、幼い息子光平《みつひら》を連れて江戸に下向するのを見送った後、日記に、幼い者が遠路を行くのはいわれのないことだが、最近は皆このようで、江戸に下向しない者は十人に一人もいないと嘆いている。しかしその道房と父幸家《ゆきいえ》も、毎年のように江戸に下り、とうとう道房の弟道基《みちもと》に松殿《まつどの》家という断絶していた摂家を再興させることに成功していた。公家たちも徳川家を中心に動いていたのであり、彼らの中には、室町時代にもみられたように、将軍に近しいことから「昵近衆《じっきんしゅう》」と称される人々がいて、武家伝奏はもっぱらここから選ばれた。形式上は天皇が任命したが、この時代は、事実上幕府が人選していた。

逆に武家伝奏以外でも、天下人の信任によって公武間で大きな力を振るう存在がありえた時代であった。金地院崇伝《こんちいんすうでん》・南光坊天海《なんこうぼうてんかい》ら幕政の重事にもたずさわった僧侶や、秀忠の娘で後水尾天皇に嫁ぎ、幕臣団を従えて在京し、天下人に太いパイプを有した東福門院和子などは、後の時代にはみられない存在であった。また在京して巨大な裁量権をもった板倉勝重《いたくらかつしげ》・重宗《しげむね》父子や、古い家柄を誇り天下人の使者を勤めた吉良《きら》家・大澤《おおさわ》家も、公武間で大きな存在感があった。彼らは、畿内近国や朝廷・寺社のことを職掌とする京都所司代《きょうとしょしだい》、幕府の典礼《てんれい》を職掌とする高家《こうけ》という役職の先駆であったが、その力は後の在任者より大きなものであった。こうした天下人の個人的な信任の厚いさまざまな存在が、朝廷の人々と天下人の間で活躍していた。

初期の武家伝奏は、古い時代の伝統をひく重みのある職であり、大きな力をもっていたが、時代全体の様相として、役職が確立しているというよりは、個々の人物の力量による部分が大きかったであろう。またとくに朝廷の人々からみたときは、天下人とのさまざまな回路の一つという面があった。

禁中並公家中諸法度の制定

禁中《きんちゅう》並《ならびに》公家《くげ》中《ちゅう》諸法度《しょはっと》（公家「中」が正しいとされる）は、徳川家が統治する日本の中での天皇・朝廷の位置づけを定めたものとして著名であるが、この法度はまた、武家伝奏の地位を定めたものでもあった。その第十一条において、「関白・伝奏ならびに奉行職事《ぶぎょうしきじ》（蔵人《くろうど》のこと）などが申し渡したことに、堂上《とうしょう》・地下《ぢげ》のものが背いた場合は、流罪《るざい》とする」と明記されたのである。この法令は、大御所家康・将軍秀忠・二条昭実《あきざね》（発布時点の関白）が連署《れんしょ》しており、朝廷・幕府が発令したもので、朝廷内部において背いてはならない公的な指揮命令をおこなう存在として、武家伝奏が位置づけられている。近世の武家伝奏は、たんに公武の交渉を扱うのみならず、朝廷が運営されていくなかで中心となる重職であることが宣言された。実際に武家伝奏は、幕末にいたるまで、天皇・上皇や摂政・関白を補佐して、朝廷の運営にも当たっていくことになる。

さて、この法度の制定過程では、朝廷の伝統に注意が払われたことが明らかになっている。慶長十九年（一六一四）・二十年におこなわれた記録謄写事業《きろくとうしゃ》では、武家伝奏の広橋兼勝・三条西実条は、家康から公家たちの蔵する古記録《こきろく》を写すよう指示され、また公家を動員して分担書写をおこなわせている。なお、学識で知られた公家舟橋秀賢《ふなはしひでかた》への情報提供依頼は、内々に本多正純《ほんだまさずみ》と金地院崇伝からなされ、院御所《いんごしょ》（上皇の住居）の蔵書の書写・貸出は、南光坊天海の名でなされた。古代国家の法典である律令《りつりょう》は、今出川《いまでがわ》（菊亭《きくてい》）晴季《はれすえ》が蔵していたが、板倉勝重・崇伝が交渉にあたり献上させている。内容の決定に際しては、両武家伝奏は、慶長一九年（一六一四）三月には家康から伝えられた諸点を持ちかえって摂家らと評議し、翌年五月には草案を公家たちに示し、意見を徴収している。同年七月十七日に二条城において制定・署判され、三十日に禁裏《きんり》御所で公家・門跡《もんぜき》（天皇や公家の子弟が門主を務める特定の寺院、およびその門主）たちに頒布《はんぷ》された際は、いずれも武家伝奏広橋兼勝が法度を読み上げたのであった。

2　武家伝奏制度の確立

武家伝奏の役料

四代将軍家綱《いえつな》の時代になると、武家伝奏のあり方が大きく変化し、以降幕末まで続く武家伝奏の形が定まってくる。

承応二年（一六五三）八月十七日、武家伝奏の清閑寺共房《せいかんじともふさ》・野宮定逸《ののみやさだはや》は、江戸城に登城し、四代将軍家綱に面謁、天皇・上皇への挨拶を伝えられた。同時に二人は、年五百俵の合力米《こうりょくまい》を拝領することになった礼を述べた。これは役料《やくりょう》といわれる、武家伝奏という職に対する給付の始まりであった。家綱・綱吉《つなよし》（五代将軍）の時代にかけて、この給付は制度として定着してゆく。

幕府の役料という制度は、武家伝奏に限られたわけではなく、江戸幕府のさまざまな役職に対してほぼ同じ時代に成立した。武士たちは、将軍から御恩として領地を拝領し、それに対する奉公としてさまざまな職を務め、昇進すれば領地を加増されてきたのだが、こうした加恩《かおん》には当然限界が出てくる。ここから、役職に在任中だけ支給するという制度が登場してくるわけである。公家でも、基本的な構造は同じであったと考えられる。武家伝奏でも、かつては武家伝奏今出川（菊亭）経季《つねすえ》が、正保二年（一六四五）十一月に領地を千石加増され、二千石を知行するようになった例などがあった。これは故家康を祀る日光東照社《にっこうとうしょうしゃ》を東照宮《とうしょうぐう》と改め、また故秀忠の官位の書類を再製作したことに対する、天下人家光（三代将軍）からの論功行賞《ろんこうこうしょう》であった。こうした加恩が困難になっていき、また大身の公家の人数が限られるなかで、新たに武家伝奏という職に対する手当が登場してきたとみられる。清閑寺・野宮が支給を受けた後しばらくは、同じ武家伝奏でも、この給付があった者となかった者がいた。これは領地の大小に対応していたようで、領地が小さな公家が就任する場合にかぎり、収入の不足を補い、支障なく武家伝奏を務めるための現米が支給されたのであった。

このことは、近世的な武家伝奏の成立に、大きな意味をもっていた。すべての公家は、武家・寺社などほかの領主たちと等しく、天下人である徳川家から領地をあてがわれ、徳川家の法度が求める役割を果たす存在であった。それまでの武家伝奏も、公家として領地をあてがわれ、そこからの収入によって職務を務めていた。つまり、天下人からの恩典は、従来ほかの公家と同じだったのだが、これ以降、武家伝奏独自の給付をも受けるようになったのである。

このことの目に見える結果として、領地の小さな公家が、武家伝奏に就任するようになった。この役料の成立までの武家伝奏は、三百～千数百石という、比較的大きめの領地を与えられている公家が就任していたのだが、役料が支給されるようになって以降は、二百石以下の小さな領地しかもたない公家の就任も多くなったのである。多くの公家が、能力と鍛錬によってめざすことができる、重要なポストとなっていったといえる。

役料は、幕府が期待する役割を務めるために将軍が与えるもので、その意味では、公家たちが将軍代替わりごとに領地を安堵《あんど》（保障）されたのと異ならなかった（当初は領地の補塡であった）。しかし公家がつく職に対する幕府からの役料は、延宝七年（一六七九）に、議奏《ぎそう》（武家伝奏を補佐し御所を運営する職）と、天皇の毎朝御拝《まいちょうのぎょはい》（伊勢両宮以下の神々に毎朝拝礼する重要な祭祀《さいし》）を代行する神祇伯《じんぎはく》白川家《しらかわけ》に対して設定されただけであった。公家たち一般への領地安堵の手続きは形骸化し、領地の増減や新たな家の取り立ても稀となって、公家たちが天下人に面謁しようと江戸を目指すこともなくなる。

武家伝奏はまた、幕府に対して、「公家（天皇）・武家（将軍）御為」にはたらくことを誓う誓詞血判《せいしけっぱん》を提出した。いつ頃始まったかはっきりしないが、寛延三年（一七五〇）に就任した広橋兼胤《かねたね》のものなどが古い。こうした慣習は幕府役人にみられるものであった。朝廷でも、霊元天皇は公家たちから誓詞血判を徴収したが、例外的なできごとで、公家たちからは非常に不評であった。

幕府との直接のつながりが意識されなくなってゆく朝廷の中で、武家伝奏は制度のうえで、幕府との関係を、さまざまに保ち続けることになった。

役職としての武家伝奏

四代将軍家綱の時代、役料の設定だけでなく、武家伝奏のあり方はかなり整備されたことが知られている。寛文八年（一六六八）に、従来公武間で重きをなした高家吉良義冬《よしふゆ》が没した後、彼の関与した公家と幕府の取次を、武家伝奏に一本化した。寛文十一年（一六七一）には月番制《つきばんせい》をとり、午後には来客に会わないことが定められた。同じ頃、禁裏御所に輪番で詰める、いわゆる小番《こばん》も、武家伝奏は免除されるようになったらしい。ほかの公家との区別が明瞭になってきたのである。

また、武家伝奏を頂点とする、いくつかの役職も成立していった。まず、後水尾上皇が息子である若い天皇の養育・監視のため、側近を近侍させていたものが、同じく寛文期に定員五名の役職として確立し、御所の殿舎《でんしゃ》やそこに詰める公家たちを管理し、武家伝奏を補佐する機能をも与えられた。のちに議奏と職名が定まる。その後享保期にかけて、上皇につく院伝奏《いんのてんそう》（定員二名）・院評定《いんのひょうじょう》（定員三名）や、次の天皇に予定された皇子につく「三卿《さんきょう》」（定員三名）といった役職も定着した。院伝奏は上皇の取次が主な職務で、院評定・三卿は禁裏御所における議奏に近い職務をはたした。名称は中世以前のものを用いていても、これらは近世朝廷に固有の役職で、武家伝奏を頂点とする一種の昇進階梯《かいてい》を形成した。とくに議奏から武家伝奏となった例は非常に多く、本章であつかう時代のうち、五代将軍綱吉の時代以降では、武家伝奏十七名のうち十二名が議奏からの昇進であった。

これらと関わると思われるが、武家伝奏は死ぬまで務める職ではなくなった。役料給付のはじめであった清閑寺共房・野宮定逸就任までの半世紀では、在職したのはわずか七名で、後水尾天皇の譲位問題で罷免された中院通村を除く六名は死ぬまで務めた。これに対し次の半世紀をみると、在職者は十四名と大きく増える。清閑寺・野宮は在職中に没したが、それ以降は、生きている間に退任するのが通例となった。官位のうえでも、大納言までの職となり、内大臣に昇進する場合には武家伝奏を辞するようになった。後任の補充もスムーズになっており、十七世紀前半には前任者が死没してから半年以上一名で務めていた時期がしばしばあるが、こうした空白はほとんど見られなくなる。

また五代将軍綱吉の頃には、幕府が人選し天皇が任命するという形式は変わらないが、その前段として、幕府が朝廷に候補を示させたり、朝廷の要望にそって人選するようになったことが知られている。顔ぶれも昵近衆に限らなくなった。公家の江戸への下向があまり見られなくなり、京都所司代や高家などの公家に接する幕府の実力者も顔ぶれが入れ換わり、そして役料の導入によって候補者が増えると、幕府が主導して武家伝奏を選ぶことは、実際問題として困難になっていった。元禄期（一六八八～一七〇四年）以降の朝廷で重きをなした近衛基熙《このえもとひろ》らへの信頼を前提として、武家伝奏の人事も朝廷の意見が尊重されていったものであろう。

こうして武家伝奏は、天下人の信任厚い大身の公家が、終身つとめる地位から、朝廷の中で実務の訓練をつんだ人材のプールから選ばれ、決められた役割を果たし、後任のメドがついたうえで退任していく役職へと変わり、制度として確立したといえよう。

このことと関連すると思われるが、公家たちの残した史料の中に、武家伝奏としての活動に関する別記《べっき》が確認されるようになる。別記とは、いわゆる日記のひとつで、毎日のさまざまなことを記していく日次記《ひなみき》に対して、ある特定の事柄についてだけ記すような記録を指す。京都所司代や幕閣《ばっかく》、高家とのやりとりを記していくような記録が明暦期頃にはみられるが、武家伝奏としての職務全般にわたるものとしては、享保十一年（一七二六）から同十六年まで在職した園基香《そのもとか》のものが、京都大学附属図書館などに写本で所蔵されているのが最も古いようである。後には就任者を問わず、朝廷と幕府を結んではたらく武家伝奏の職務をあらわす「公武御用日記《こうぶごようにっき》」というタイトルがよく付けられるようになっていく。

この記録はそれぞれの公家の家に残されて伝わり、武家伝奏の活動、ひいては朝廷の運営や幕府との交渉を知るうえでの最も重要な史料となっている。こうした史料が、家の違いを越えて、武家伝奏に共通してみられるようになっていくことも、役職としての武家伝奏の確立を示しているといえよう。

こうした役職の整備・確立は、同時代の幕府でも顕著にみられる傾向であった。個々の人間の能力や、君主それぞれとの個人的な信頼関係などを前提として担われていたさまざまな役割が、役職名と職務内容、職務にともなう記録類をそなえた役職としてできあがっていったのである。武家伝奏が日常的に接する禁裏付武家《きんりづきぶけ》、京都所司代や、職務上関わりの深い京都町奉行、高家などの制度も固まってゆき、武家伝奏と幕府の接点も、一定の型ができあがってゆく。

3　公武交渉の立役者

江戸に通う武家伝奏

近世の武家伝奏は、ある点で室町時代以来の伝奏と大きく変わり、鎌倉時代に近い条件があった。それは交渉相手のトップである武家の棟梁《とうりょう》が、関東にいるということであった。武家伝奏は大きな役目の一つとして、しばしば二名そろって江戸に下向し、将軍に面謁した。その最も主要な用件は、将軍から天皇への年頭の挨拶への返礼であった。十七世紀はじめは、家康・秀忠は京都や伏見にいることが多かったが、しだいに関東にいることが増え、これに伴い、年頭の挨拶のための使者が朝廷に派遣されるようになった。しかし朝廷からは、慶長期（一五九六～一六一五年）には大坂の豊臣秀頼《ひでより》への年頭の使者はあったが、徳川家への年頭の使者はなく、豊臣氏が滅亡し、秀忠の娘・和子が後水尾天皇のもとに輿入れした元和六年（一六二〇）頃から、年頭の使者がみられるようになる。

四代将軍家綱の頃になると、将軍は江戸からほとんど動かなくなり、江戸を目指す公家もめっきりと少なくなった。そんな中で、武家伝奏は、天皇から将軍への使者として年頭の挨拶を述べるため、少なくとも年一回は、二名そろって江戸に下向し続けた。ほかにも院伝奏一名が上皇の使者として同様に江戸に下向するなど、ほかの公家にも機会が皆無だったわけではないが、将軍と直接顔を合わせる機会は、次第に武家伝奏に独占されていき、その他の公家と将軍とは疎遠になってゆく。

二人の武家伝奏たちは毎年、数十名の随員を連れ、十三日ほどかけて東海道《とうかいどう》を下る。道中の城下や参勤交代の途上の大名たちからは大変気をつかわれたという。江戸では寛永十二年（一六三五）以降、江戸城外の竜ノ口《たつのくち》におかれた伝奏屋敷《てんそうやしき》（現・三菱UFJ信託銀行本店のあたり。時期は不明だが、三千五百坪強あったという）に宿泊し、四、五万石クラスの大名から選ばれた馳走人《ちそうにん》に接待された。そこから江戸城に登り、将軍に面謁《めんえつ》したり（武家伝奏が平伏《へいふく》、膝行《しっこう》）、能の饗応《きょうおう》を受ける。江戸を辞する際に、将軍からの言伝を言い渡される。この間、儀礼的な挨拶を交わすだけでなく、幕府との交渉をもおこなった。たとえば寛文十二年（一六七二）には、中院通茂《なかのいんみちしげ》が二一もの案件について老中《ろうじゅう》と交渉をしている。延宝七年（一六七九）には、千種有能《ちぐさありよし》・花山院定誠《かざんのいんさだのぶ》が、議奏という役職に対して幕府から役料を支給するよう交渉し、成功している。

彼らが留守にしている朝廷で、天皇らが新たな動きを示したり、突発的な事件がおこることもあった。武家伝奏が江戸に下る間、はじめは摂政・関白がその代わりを担ったといわれるが、後には議奏から「武家伝奏代」が選ばれ、武家伝奏と事務を引き継ぐようになった。

幕府との交渉

交渉の仕方も、次第に慣例が定まっていった。武家伝奏両名がそろって、天皇（もしくは上皇・摂政）の意向を幕府へ申し入れ、またそれに対する返答を受ける、というのが、正式な幕府との交渉の場であった。江戸に参府している間のこともあれば、京都で京都所司代に伝えることもあった。

困難な交渉では、しばしばアクロバティックな決着が図られた。たとえば、貞享四年（一六八七）に、二百二十年ぶりに大嘗会《だいじょうえ》（天皇代替わりにともなう儀式の一つ）が再興された際の事情が、交渉にあたった武家伝奏 柳原資廉《やなぎわらすけかど》の記録からわかっている。費用等を考えて渋る幕府に対し、朝廷側は、すでに皇太子冊立《さくりつ》（天皇の命により皇太子を正式に定めること）が再興されており、皇太子から即位する場合は大嘗会をおこなう先例であるという理屈をひねり出し、さらに大嘗会は「公武のご祈禱《きとう》たるべく候あいだ」、つまり朝廷・幕府双方の祈禱であるべきという、かなり強引なロジックで粘った。結局大嘗会はかなり省略した形で再興されたが、その会計処理は変則的であった。

一般に近世朝廷の儀式の費用は、「下行帳《げぎょうちょう》」という帳面を作り、これに幕府の承認を得て、幕府から支給された。この時朝廷は、即位《そくい》・譲位《じょうい》のための支出を切りつめ、下行帳は幕府が支給する総額（前回の代替りと同額）から大嘗祭の費用を差し引いて作成したのだが、幕府はそれを認めず、幕府に申請するための下行帳では全額を大嘗祭以外に用いた形とするよう指示した。その一方で、関係者への実際の下行の配分は先の帳面によるようにと指示した。これは実際には即位・譲位のために幕府が用立てた費用のなかで大嘗会を挙行し、関係者に支払うことは黙認するが、公式文書上では、幕府は大嘗会の費用を拠出しなかったという形を遵守させたということである。かなり簡略化された大嘗会は、朝廷内でも批判を浴びることになったが、その実施に際しては、武家伝奏による交渉を経て、このように双方の事情を調整しての落とし所が見出されていたのであった。

こうした交渉では、その場で粘り強いやりとりがなされたのはもちろんであるが、その前段としてさまざまな下交渉や根回しがおこなわれ、武家伝奏は調整のために走り回って、あちらこちらで相談の場に列席することが多かった。朝廷では天皇・上皇や、それを補佐する存在として幕府に責任を負わされ、親王家《しんのうけ》より席次《せきじ》がうえであった五摂家（摂政・関白となりうる、近衛・九条・二条・一条《いちじょう》・鷹《たか》司《つかさ》の五家をいう）と、その代表であり人臣の最高位である摂政・関白がいて、最高意思決定を担っていた。また禁裏御所には、後光明《ごこうみょう》天皇のとき以来、禁裏付武家という幕臣《ばくしん》が二名常駐し、御所の守衛や財務を担当し、また朝廷の動向を監視するのを任務としていた。その上位には、江戸以外に常駐する幕府役人ではもっとも地位の高い京都所司代が在京していた。武家伝奏は、朝廷内では天皇・上皇、摂政・関白らに、朝廷としての意思決定について相談をうけ、さまざまな意見を述べる。それを受けつつ、禁裏付武家にも内々にあたったうえで、京都所司代と事前の下交渉を繰り返した後に、京都所司代を介して江戸の将軍・幕閣への正式な申し入れをおこなう、というのが定例となった。

一般に、ある段階では実質的な議論や決定がおこなわれた場が形骸化し、事前の下交渉で合意形成が図られるようになっていき、さらにその下交渉の場も形骸化し、というのはしばしばみられるパターンであるが、近世の公式関係でも同様であったといえよう。また近世には、将軍の所在が基本的に江戸となったから、やりとりにかかる時間も当然長くなり、一回の書面や口頭による伝達が、かなりの重みをもつことになった。

例を二つほど、延享四年（一七四七）から宝暦一〇年（一七六〇）にかけて武家伝奏をつとめた、柳原光綱《みつつな》の日記（『光綱卿記《みつつなきょうき》』）からみてみよう。当時の朝廷の中心は、桜町《さくらまち》上皇と摂政一条道香《みちか》であった（桃園天皇は幼少）。まず延享四年（一七四七）の末に持ち上がった、公家たちへの褒賞の事例である。翌年に水無瀬師成《みなせもろなり》という公家が成人するのに伴い、それまで本来水無瀬家当主の務めである大坂の水無瀬宮への勤仕を代行していた、一族の町尻説久《まちじりときひさ》・山井氏栄《やまのいうじひで》が、その務めを免除されることになった。桜町上皇は両名の勤労に対して、幕府から「心付《こころづけ》」という形で褒賞《ほうしょう》を与えられないか、幕府にかけあうよう、武家伝奏久我通兄《こがみちえ》・柳原光綱に命じた。武家伝奏たちは摂政一条道香に確認したうえで、十二月二十四日に京都所司代牧野貞道《まきのさだみち》邸を訪ね、書付を示して交渉にかかった。牧野はかなり渋ったようであるが、武家伝奏側も久我通兄が粘って、「関東」つまり江戸に聞いてみるとの言質を引き出した。これはかなり大きな一歩であった。京都所司代は、老中に次ぐ幕府の重職で、かなり大きな裁量権を与えられており、時には所司代の判断で却下され、交渉の論理や先例を練り直さなければならない場合もあったのである。約二ヶ月後の延享五年二月二十一日、江戸の幕閣が「表向《おもてむき》」に申し入れてよいと言ってきたと、京都所司代から武家伝奏に連絡があった。この時代、これは実質的にほぼ承認されたという意味であり、交渉としては大きな山を越えたことになる。五日後、武家伝奏たちは所司代に正式に申し入れた。さらに二ヶ月経った同五年四月九日、江戸の老中たちから正式な返答があり、白銀五十枚ずつを町尻説久・山井氏栄に与えるとの書付が、京都所司代から武家伝奏に渡された。武家伝奏の仕事はまだ終わらない。桜町上皇にこのことを伝え、上皇の意向をうけて、京都所司代に対して上皇の満足の意を伝えた。また「禁裏（天皇）の発議によった」として、町尻説久・山井氏栄へもこの件を正式に申し渡している。このような言い方によることも、桜町上皇の意向であったが、武家伝奏は「内々」に、上皇の「思召《おぼしめし》」によったことを、町尻・山井に伝えている。

続いて、武家伝奏の人選の案件である。寛延二年（一七四九）末、武家伝奏の久我通兄が、翌年内大臣に昇進して武家伝奏を辞任する見込みとなった。当時、武家伝奏の選定は幕府がおこなったが、朝廷が実質的な人選をおこなうようになっていた。まず桜町上皇と摂政一条道香が相談し、議奏のうち中山栄親《なかやまひでちか》を候補とすることにしたが、もう一名が決まらず、摂政から武家伝奏の柳原光綱へ、上皇に意見を述べるよう伝えられた。光綱は桜町上皇に面謁して意向をたずねた。桜町上皇は、はじめ議奏のうち、中山と広橋兼胤《かねたね》を考えたが、広橋は幼い桃園《ももぞの》天皇の手習《てならい》（習字）をみる役割があることを考えて外した。しかしそれは武家伝奏となってもできると考え直している。残される経験の浅い議奏たちでも、議奏の職務に支障はないか、と柳原光綱に尋ねた。

光綱は、問題ない、以前に自分が武家伝奏に任じられた時も、広橋兼胤は候補に挙げられており、今回名が無いのは如何かと思う、しかし上皇が「お定めあるべし」、と述べている。それを聞いた桜町上皇は、中山栄親と、議奏歴の長い広橋を候補として幕府に言い送る、また広橋を希望する旨を内々に伝えるように、と命じている。また光綱が、再度上皇が摂政道香と面談するか確認したのに対し、光綱から摂政に確認し、摂政に異存がなければ重ねての面談は不要と述べている。これを受けて、柳原光綱は、久我通兄の武家伝奏の任を解き、後任は中山・広橋のどちらかとするようにと、桃園天皇・桜町上皇の「御内慮《ごないりょ》」であるという書類を作成した。二月九日、この「御内慮書」を、京都所司代松平資訓《まつだいらすけのり》を訪ねて渡すとともに、口頭で所司代に、二名のうち広橋をという「思召《おぼしめし》」であるが、幕府次第のことである、と伝えている。これを受けて、広橋兼胤が武家伝奏に任命された。

最終的には、武家伝奏が天皇・上皇の「御内慮」を京都所司代に伝達しており、これがもっとも正式な朝廷からの意思伝達であった。実際には桃園天皇は幼少であり、意思決定は桜町上皇によってなされており、武家伝奏は摂政一条道香とともに上皇に意見を述べている。

この二つの例から、意思の伝達、決定、決定の伝達というものが、表（形式）・裏（実態）の二層ではなく、重層的になっていたことがわかるであろう。これは近世社会の文書行政のなかで、しばしばみられる傾向である。ある程度公武関係が安定している時代に、事を荒立てずなるべく穏便に物事を交渉していくという志向の中で形作られた慣例と思われる。武家伝奏はこうしたやりとりの多くの局面に関与し、落し所をさぐり、交渉をまとめていったのであった。

4　公武のはざまで

板挟みになる武家伝奏

武家伝奏は朝廷と幕府の間を取り次ぐ、公的には唯一の役職と位置づけられた。このため、公武間で軋轢《あつれき》が発生した際には、責任を取らされて罷免《ひめん》されることもあった。後水尾天皇が寛永六年（一六二九）に突如として位を降りてしまい、秀忠や板倉重宗《しげむね》を激怒させた後、翌年に中院通村が罷免されたのは、表向きの理由はそのように明示はされなかったけれども、その一例として著名である。

またそこまで明瞭とならなくとも、武家伝奏は職務上、幕府がなるべく受け容れやすい形で、朝廷の意見を取りまとめる必要があったから、朝廷と幕府、さらには朝廷内の権力者間の板挟みになって苦悩することは、しばしばあったようである。

具体例を、朝廷の内紛がとくに甚だしかった、霊元天皇の譲位前後の時代からみてみよう。この時代は、霊元天皇の側近の日記（『基量卿記《もとかずきようき》』『勧慶日記《かんけいにっき》』）や、霊元天皇の政敵の日記（『基熙公記《もとひろこうき》』）をはじめ豊富な記録が残り、情勢がよくわかっている。天和元年（一六八一）四月、霊元天皇は五宮《ごのみや》を皇位継承者とするため、一宮《いちのみや》を出家させようとしたが、一宮の外戚《がいせき》小倉氏《おぐらし》が激しく抵抗したため、九月に小倉邸から実力行使で一宮を連れ出し、小倉一族を処罰するという小倉事件がおこった。六年前まで武家伝奏であった中院通茂は、憤激のあまり霊元天皇を厳しく諫め、天皇自身に加えて将軍綱吉、京都所司代戸田忠昌《とだただまさ》、武家伝奏花山院定誠を激しく批判し、のちに蟄居《ちっきょ》（謹慎処分）の憂き目にあった。天和三年（一六八三）には霊元天皇が譲位の意向を幕府に伝え、幕府は皇太子が若いとして認めなかったが、関白一条冬経《ふゆつね》は、将軍綱吉の受け止め方に不安があり、そもそも武家伝奏が幕府に伝えず、天皇の意向を抑えこむべきであったと述懐している。

武家伝奏花山院は、貞享元年（一六八四）に辞任するが、その後も霊元天皇の近臣として活動を続けた。貞享三年（一六八六）、霊元天皇は譲位の意を明らかにするが、その年末の十二月二十三日に、京都所司代土屋政直《つちやまさなお》から、江戸の老中たち連署の奉書が、武家伝奏たちへ示された。この時代、いわゆる老中奉書は、幕府の意思を伝達する最も重い文書の一つであったが、その内容はかなり厳しいものであった。霊元天皇は譲位後も院政をしくつもりであり、そのための布石をあれこれと打っていたのだが、幕府は元武家伝奏の花山院の参内を止め、新帝（東山《ひがしやま》天皇）の外戚である女性たちの口出しを禁じてきた。さらに、譲位後は新帝について「万事」関わることがないよう、関白一条冬経、武家伝奏千種有維《ちぐさありつな》・柳原資廉《すけかど》から、霊元天皇に言上せよ、という箇条があり、武家伝奏らを非常に悩ませた。取次としてはすぐに天皇に伝えるべきところに思われるが、この内容ではとても霊元天皇に言上できないと、関白や武家伝奏たちは年をまたいで何度も会合を開いて相談を重ねた。結局、所司代土屋政直に掛け合い、老中奉書（老中が連署した、江戸時代における最も権威ある文書の一つ）の本旨は瑣末な問題についてであって、重大事に関して霊元上皇が関与することを禁止するものではない、という言質をどうにか取って、ようやく天皇に言上することができたのであった。

この数年後の元禄四年（一六九一）、政務への介入を続けていた霊元上皇は、武家伝奏と関白・議奏に、上皇への忠節を誓う、前代未聞の誓詞血判を要求した。関白近衛基熙に所感を問われて、武家伝奏千種有維は、涙をこぼし言葉もなく、基熙は「共に天を仰ぐのみ」「朝廷の零落《れいらく》はこの日か」と激しい悲痛の念を示した。さらに後の元禄一三年（一七〇〇）には、武家伝奏正親町公通《おおぎまちきんみち》が、霊元上皇に近いとして辞職に追い込まれている。

このように、朝廷と幕府が単に対立するというわけではなく、朝廷内部にもさまざまな内紛や対立があり、朝廷の意見を取りまとめなければならない武家伝奏は、激しい党派争いにさらされた。そのポストは、政争の中で着目されるだけの力を有し、しばしば非難や憎悪の対象ともなったのであった。

頭越しの交渉ルート

このように、公武の正規の窓口となり、交渉に尽力した武家伝奏であったが、それでは実際にあらゆる公武間の交渉に武家伝奏が介在したかといえば、必ずしもそうではなかった。いつの時代もそうであるように、さまざまな人脈をつうじた裏面での働きかけもおこなわれたのである。

こうした例は、裏からの取引の常として、豊富に判明しているわけではないが、十七世紀の後半から十八世紀の初頭にかけて朝廷で権勢を誇り、右にみた霊元天皇と激しく対立した、近衛基熙の事例をみてみよう。彼は五摂家の筆頭近衛家の当主で、摂政・関白を務め、ありがたいことに、幕府や天皇の批判までも含むかなり詳細な日記（『基熙公記』）をつけていて、さまざまな活動がよく知られる人物である。

まず、まだ基熙が大きな権力をもつ以前、延宝六年（一六七八）に、霊元天皇の親政の内実を幕府に弾劾した例である。この時は、猪苗代兼寿《いなわしろけんじゅ》という懇意の連歌師《れんがし》に伝言を伝え、彼を召し抱えていた仙台の大大名・伊達綱村《だてつなむら》を介して、その義父・後見であった老中稲葉正則《いなばまさのり》に働きかけたことが、伊達家に残る記録と近衛基熙の日記から明らかにされている。また基熙が関白となった後の元禄期には、天皇生母などの寵愛を背景に権勢をほこった議奏中御門資熙《なかみかどすけひろ》の排斥を試みている。関白近衛基熙は、東山天皇の意もうけて、中御門を排斥しようとし、京都所司代に働きかけたが埒が明かず、将軍綱吉に直接交渉しようとした。近衛家の家礼《かれい》《けらい》（摂家に臣下の礼をとる公家）であった町尻兼量《まちじりかねかず》が、密かに東山天皇の宸翰《しんかん》を携えて江戸に下向し、町尻兼量の叔母で、江戸城大奥《おおおく》に上臈《じょうろう》という高位の女中として勤めていた右衛門佐局《うえもんのすけのつぼね》を通じて、綱吉に直接訴え、中御門らの排斥を実現したのであった。

こうしたルートは、朝廷・幕府の権力のあり方によって、さまざまな形で常に工夫されたであろう。武家伝奏がさまざまな調整につとめた交渉は、正式で本筋のものであったが、そのさらに裏面では、しばしばこうした働きかけもおこなわれていたのであった。

交渉以外の公武間の業務

本書のテーマからはやや外れるが、武家伝奏の職掌は、公武間の交渉以外にもきわめて多様なものがあった。その中から、とくに交渉を要さないが、近世では重要であった業務の例として、武家官位との関わりに少し触れておこう。

江戸時代、武士に与えられる官位については、公家のそれとは別のものとされ、幕府が実質的に叙任をおこなった。しかし形式上、摂政・関白が確認し、天皇が叙任する手続きを取っていたことが、寛文・延宝頃の武家伝奏・中院通茂の記録から詳しく明らかにされている。将軍が叙任した後、朝廷での叙任文書の作成を武家伝奏に依頼する老中奉書《ほうしょ》や叙任者の姓名書が作成され、武家伝奏に渡される。武家伝奏は日付や官位などについて所司代に確認し、また叙任者のリストを摂政・関白に披露する。そのうえで、天皇への披露や官位叙任《かんいじょにん》文書の作成がおこなわれた。実質的な叙任は完全に将軍がおこない、天皇・朝廷の関わりは形式的で、したがってとくに複雑な交渉を要する業務ではなかったが、江戸幕府が大名統制のために天皇・朝廷の機能を利用した、近世では極めて重要な制度であった。武家伝奏は公武の窓口として文書処理にあたった。近世後期になると、この手続きに際しては、武士たちから礼金が支払われる慣例であったことがわかっている。武家伝奏にはこうした文書処理の業務もさまざまにあり、それにともなう副収入も多く、十八世紀後期には三、四千石の暮しといわれた（『光台一覧《こうだいいちらん》』）のであった。

おわりに

武家伝奏が体現する交渉ルートは、幕府の公認をえた正式の窓口としての重みをもっており、こうしたルートでの交渉は、本筋であり基本であった。正式な伝達は、彼らを介してはじめて確定した。武家伝奏は、その単なる取次であったわけではなく、天皇・上皇・摂政・関白らの相談相手となって、さまざまな情勢を踏まえた助言をし、朝廷内での根回しや幕府との下交渉に尽力していた。

それを可能としたものとしては、幕府との公式な窓口であるということを基盤にして、朝廷内のさまざまな手続きや文書行政の中核に、武家伝奏が位置づけられ、多くの情報が集まっていたことがあるであろう。近世の朝廷周辺のさまざまな文書では、武家伝奏や、その家臣で職務を支えた雑掌《ざっしょう》の名が、非常によく登場する。

武家伝奏は、公武の交渉を担ったのみならず、朝廷内部の運営において非常に重要な役割を果たしていた。呼称に伝奏とつく職はいくつもあったが、単に「伝奏」といえばふつう武家伝奏を指したのである。彼らが残したさまざまな記録からは、論理的な思考と実務の能力、現状への的確な把握と怜悧な批判精神、権力者たちとの対話を通じて現実の情勢や慣例の中での落とし所を見出してゆく力など、すぐれた能力をもった武家伝奏が多くいたことがうかがえるのである。

［主要参考文献］

高埜利彦『江戸幕府と朝廷』（山川出版社、二〇〇一年）
武部敏夫「貞享度大嘗会の再興について」（岡田精司編『大嘗祭と新嘗』学生社、一九七九年、初出一九五四年）
橋本政宣『近世公家社会の研究』（吉川弘文館、二〇〇二年）

平井誠二「武家伝奏の補任について」（『日本歴史』四二二号、一九八三年）
平井誠二「江戸時代における年頭勅使の関東下向」（『大倉山論集』二三輯、一九八七年）
藤井讓治『天皇の歴史 05　天皇と天下人』（講談社、二〇一一年）
藤田覚『天皇の歴史 06　江戸時代の天皇』（講談社、二〇一一年）
松澤克行「近世前期の武家官位叙任手続きと朝廷」（橋本政宣編『近世武家官位の研究』続群書類従完成会、一九九九年）
村和明『近世の朝廷制度と朝幕関係』（東京大学出版会、二〇一三年）

第七章「武家伝奏」一覧表

氏　名	補　任【典拠史料】	辞　任【典拠史料】
広橋兼勝	慶長8・2/12任【広橋家譜】他	元和8・12/18没
勧修寺光豊	慶長8・2/12任【広橋家譜】他	慶長17・10/27没
三条西実条	慶長18・7/11任【孝亮宿禰記】	寛永17・10/9没
中院通村	元和9・10/28任【中院通村日記】	寛永7・9/15辞【泰重卿記】
日野資勝	寛永7・9/15任【涼源院殿御記】	寛永16・6/15没
今出川経季	寛永16・8/13任【御当家記年録】	承応1・2/7辞（9没）【忠利宿禰記】
飛鳥井雅宣	寛永17・12/28任【忠利宿禰記】	慶安4・3/21没
野宮定逸	承応1・2/7任【忠利宿禰記】	万治1・2/15没
清閑寺共房	承応1・2/7任【忠利宿禰記】	寛文1・7/24辞（28没）
勧修寺経広	万治元・7/10任【忠利宿禰記】	寛文4・10/6辞【重房宿禰記】
飛鳥井雅章	寛文1・9/27任【忠利宿禰記】	寛文10・9/10辞【諸家伝】
正親町実豊	寛文4・10/6任【重房宿禰記】	寛文10・9/12辞【諸家伝】
日野弘資	寛文10・9/15任【諸家伝】	延宝3・5/18辞ヵ【伝奏歴】
中院通茂	寛文10・9/15任【諸家伝】	延宝3・2/10辞【内裏御清所日記】
花山院定誠	延宝3・2/10任【内裏御清所日記】	貞享1・8/23辞【兼輝公記】
千種有能	延宝3・5/18任【内裏御清所日記】	天和3・11/27辞【兼輝公記】
甘露寺方長	天和3・11/28任【基熙公記】	貞享1・12/26辞【兼輝公記】
千種有維	貞享1・9/28任【兼輝公記】	元禄5・11/23辞（29没）【基熙公記】
柳原資廉	貞享1・12/27任【兼輝公記】	宝永5・12/13辞【基熙公記】
持明院基時	元禄5・12/12任【基熙公記】	元禄6・8/16辞【基熙公記】
正親町公通	元禄6・8/16任【基熙公記】	元禄13・2/6辞【基熙公記】
高野保春	元禄13・6/28任【基熙公記】	正徳2・5/24辞（26没）【議奏日次案】
庭田重条	宝永5・12/13任【基熙公記】	享保3・閏10/1辞【議奏日次案】
徳大寺公全	正徳2・6/26任【議奏日次案】	享保4・11/30辞【兼香公記】
中院通躬	享保3・閏10/1任【議奏日次案】	享保11・9/15辞【議奏日次案】
中山兼親	享保4・12/23任【基熙公記】	享保19・10/24辞（25没）【宗建卿記】
園基香	享保11・9/21任【議奏日次案】	享保16・8/9辞【宗建卿記】
三条西公福	享保16・9/2任【宗建卿記】	享保19・11/7辞【宗建卿記】
葉室頼胤	享保19・11/7任【宗建卿記】	延享4・12/19辞【通兄公記】
上冷泉為久	享保19・11/22任【宗建卿記】	寛保1・8/29没【通兄公記】
久我通兄	寛保1・9/19任【通兄公記】	寛延3・6/21辞【通兄公記】
柳原光綱	延享4・12/19任【通兄公記】	宝暦10・9/28没【通兄公記】

注：「辞任」項目は，（川田・本田：1986）に倣い，死亡を除きすべて辞とした。

［参考文献］
遠藤珠紀「『豊臣伝奏』の成立と展開」（東京大学日本史学研究室紀要別冊『中世政治社会論叢』2013年）
川田貞夫・本田慧子「武家伝奏・議奏一覧」（『日本史総覧 補巻二 通史』新人物往来社，1986年）
平井誠二「武家伝奏の補任について」（『日本歴史』422号，1983年）

第八章　近世中後期の武家伝奏の活動と幕府役人観

佐藤雄介

はじめに

江戸時代の天皇・朝廷に関する研究は、戦前から一定の蓄積があるが、昭和天皇の病没などを契機に飛躍的に進展し、いまも種々のあらたな研究がなされている。その中で、武家伝奏の果たした役割やそのあり様なども解明が進んでいるが（ただし、前章で村和明が言及しているように〈一七八頁〉、武家伝奏そのものに関する研究は、かならずしも多くはない）、本書においては、とくに武家伝奏の公武、朝廷と幕府の交渉役としての側面に注目する。

本章では、前章につづき、十八世紀後半以降から十九世紀前半までを中心に、幕府と朝廷の間でおこなわれたさまざまな交渉の中で武家伝奏が果たしていた役割や、幕府役人に対する認識などを、私自身のものも含めて、これまで蓄積されてきた諸研究の成果を参考にしながら、見ていく。

さて、江戸時代の朝廷と幕府＝朝幕間の基本的な交渉ルートは、将軍⇕老中《ろうじゅう》⇕京都所司代《きょうとしょしだい》（以下、所司代と略す）⇕（禁裏付《きんりつき》）⇕武家伝奏⇕関白《かんぱく》（摂政《せっしょう》）⇕天皇というものであった。所司代は老中に次ぐ重職で、譜代《ふだい》大名が務め、幕府の西国支配の中心にいた。その職務は多岐にわたったが、本章との関係でいえば、朝廷に対する守護や監視、交渉などを担い、禁裏付ら関係する多くの幕府諸役人を指揮した。禁裏付は旗本（将軍の直属家臣のうち御目見以上で一万石未満の者）が務め、朝廷の勘定方ともいうべき部局、口向《くちむき》を実質的に統括したほか、朝廷との連絡・交渉、御所の警衛などを担った。

この交渉ルートにおいて武家伝奏は、朝廷の要望を幕府の窓口である禁裏付（あるいは所司代）に伝える、逆に幕府側の要望を受け付ける役割を担っており、朝幕の交渉事の最前線に立っていた。大屋敷佳子はそのような武家伝奏の役割を「公武の一本化された窓口」と述べている（大屋敷：一九八二）。

朝幕間の交渉の内容はさまざまなものであったが、徐々に金銭面の問題が目立つようになっていった。そこで、本章ではまず、この点をめぐる朝幕間の交渉の中で武家伝奏が果たしていた役割について見ていきたい。その後、第二節では、尊号一件《そんごういっけん》など、朝幕間で生じた諸事件の中での武家伝奏の行動や立ち位置を述べ、さらに、第三節では、武家伝奏が交渉相手であった幕府の諸役人に対していかなる認識を持ち、どのような感情を抱いていたのかを述べていきたい。

なお、すこし寄り道になるが、本題に入る前に、この時期の武家伝奏関係史料について触れておこう。

当該期の武家伝奏には、多くの史料を残してくれた者が何人もいる（それらの史料は現在、宮内庁書陵部や東京大学史料編纂所などに所蔵されている）。たとえば、広橋兼胤《ひろはしかねたね》は、寛延三年（一七五〇）から安永五年（一七七六）まで武家伝奏を務めたが、その全時期にわたって公用日記である『公武御用日記』を残してくれている（記事は安永六年二月十八日条まである）。彼の日記はほかにも、享保十七年（一七三二）から天明元年（一七八一）に至るまで記述がある私的な日記『八槐御記《はっかいぎょき》』や、公務で江戸に赴いた際の日記である『東行《とうこう》之日記』などといったものがある。

また、天保二年（一八三一）から嘉永元年まで武家伝奏を務めた徳大寺実堅《とくだいじさねみ》については、同じく公用日記『公武御用日記』があるほか、「勅許留」・「諸手形留」・「御用帳」・「二条往来」・「拝借・返納・返上等願一件」など、『徳大寺実堅武家伝奏記録』と総称される各種記録も現存している。

さらに、三条実万《さんじょうさねつむ》関係の史料は、『三条家文書』など、いくつかの場所に分かれて多種多様なもの

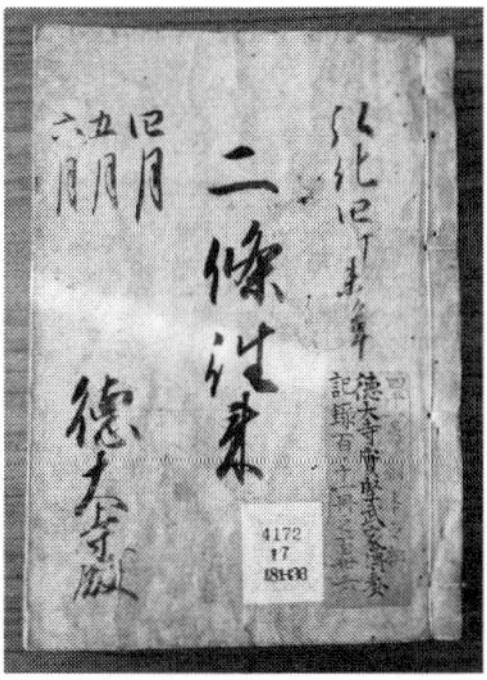

「二条往来」

徳大寺実堅『徳大寺実堅武家伝奏記録』から（弘化4年4・5・6月分表紙）。所司代との交渉記録などをまとめたもの。（東京大学史料編纂所所蔵）

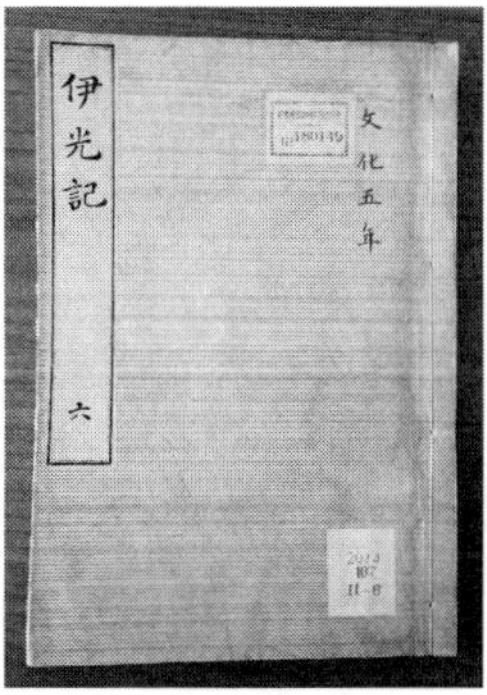

『伊光記』

武家伝奏広橋伊光の公用日記（第6巻）。（東京大学史料編纂所所蔵）

が残されているし、ほかにも、安永三年から天明八年まで武家伝奏を務めた油小路《あぶらのこうじ》隆前《たかちか》の『油小路隆前卿伝奏記』、安永五年から寛政三年（一七九一）まで勤仕した久我《こが》信通《のぶみち》の『公武御用雑記』、寛政三年から同五年まで務めた正親町公明《おおぎまちきんあき》の『公武御用雑記』、享和三年（一八〇三）から文化十年（一八一三）まで勤仕した広橋伊光《これみつ》の『伊光記』など、さまざまな武家伝奏関係の史料が現存している。

以上のような日記や記録類から、私たちは武家伝奏の職務や日常、個性や特徴などを見ることができるが、同時にこれらの史料は、天皇・朝廷研究のみならず、幕政史研究・宗教史研究など日本近世史研究全体にとっても重要なものとなっている。

1　財政をめぐる交渉の中で

「はじめに」で言及したように、本節では、朝幕間の金銭面をめぐる交渉の中で、武家伝奏が果たしていた役割について述べていく。

江戸時代の朝廷財政

まずは、江戸時代の朝廷財政とは、どういったものであったのかという点から話を進めていこう。なお、朝廷財政といった場合、ひろく捉えれば、個々の公家衆の家計もその範囲内に収まるが、ここでは含めない。

幕府や諸藩に領地があったのと同じように、朝廷にも料地があった。具体的には、禁裏料《きんりりょう》（天皇の料地）や仙洞料《せんとうりょう》（上皇《じょうこう》・法皇《ほうおう》の料地）といったものだが、それぞれの料地はあくまで幕府が設定したものであり、管理も初期を除いて幕臣である京都代官がおこなっていた。朝廷の料地とはいっても、禁裏料や仙洞料などは、基本的には幕臣が管理していた。

また、禁裏御所や仙洞御所といった御所には、口向《くちむき》と呼ばれる財政を担当した部局があったが、これを実質的に統括していたのは、幕府から派遣された役人である付武家《つけぶけ》であった（禁裏御所に付けられた者を禁裏付、仙洞御所に付けられた者を仙洞付といった）。

さらに、安永二・三年（一七七三・七四）の口向役人不正事件（後述）以後、禁裏御所においては、禁裏付の下で、労務管理や会計の総轄などを担った口向の実務上級職である賄頭《まかないがしら》も幕臣、それも勘定役人系の者が単独で務めるようになり、物品購入などをつかさどった勘使買物使《かんづかいかいものつかい》兼（以下、勘使と略す）も上座の半分は勘定役人系の幕臣が務めることになった。女官《にょかん》がつかさどっていたという奥を除いて（これも幕府がまったく関わっていなかったわけではない）、朝廷の財政の大部分は、実質的には幕府が管理し、支えていた。

さて、それでは朝廷の料地はどれほどの規模のものであったのだろうか。たとえば禁裏料は、はじめは慶長六年（一六〇一）に設定された一万石しかなく、元和九年（一六二三）に一万石加増、宝永二年（一七〇五）から三年にかけてのさらなる加増によって三万石強となった。それ以降、変化はなく、幕末には、文久三年（一八六三）に幕府から十五万俵が増献されるなどのことがあり、慶応三年（一八六七）七月には、山城国《やましろのくに》一国の献上が将軍慶喜から奏請されたが、これは大政奉還などにより未実施となった。収入としては、このほかにも将軍家や諸大名、諸寺社からの献上金品などといったものもあったが、全体としては、料地からの諸税が最も大きな収入源であった。

当初、朝廷の運営はこれらの収入で賄われていたが、だんだんと不足するようになった。幕府や諸藩の場合、収入が不足すれば、商人からの資金調達など、不足を補う方策を実施することができた。しかし、天皇・朝廷の場合、それらをおこなうことは許されていなかった。不足を補うには、幕府からあらたな財政支援を引き出すほかなかった。

とはいっても、幕府側の財政事情も簡単なものではなかった。十八世紀に入ると、幕政の中で財政問題が中心的な課題となっていき、より一層財政が政治を規定するようになっていった。こうした朝廷と幕府双方の事情によって、なかば必然的に朝幕間の問題も金銭面に関するものがより目立つようになっていった。

それがゆえに、武家伝奏も財政面に無関心ではいられなかった。たとえば、弘化五年（一八四八、二月二十八日改元、嘉永元年）から安政四年（一八五七）まで武家伝奏を務めた三条実万は、寛政三年（一七九一）から嘉永元年にわたる禁裏御所の口向の支出額などが記された一覧表を、おそらくは口向役人に命じて作成させていた。

緋宮の「御服料」問題

金銭面に関する朝廷からの要望といっても、その内容は千差万別であった。いくつか具体的に見ていこう。

桜町《さくらまち》天皇の娘、緋宮《あけのみや》（諱《いみな》〈実名〉は智子《さとこ》《としこ》）は「御服料《ごふくりょう》」銀二百枚を毎年百枚ずつ二度に分けて幕府から渡されていた。宝暦十二年（一七六二）も前半に百枚を受け取っていたが、七月に緋宮が天皇となったため（後桜町《ごさくらまち》天皇）、残り百枚の支給は取りやめとなった。この残銀の取扱いについて若干の問題が起きているので、時系列に沿ってならべてみよう（広橋兼胤の公用日記『公武御用日記』）。

① 十一月二十四日に武家伝奏広橋兼胤が女院《にょいん》（青綺門院《せいきもんいん》、二条舎子《いえこ》、桜町天皇女御《にょうご》）御所に呼ばれ、女官から、つぎのようなことを言われている。

緋宮が天皇になったことに伴う種々の後始末的な案件のために、御服料の残り百枚を幕府から進上させるようにしたい、その旨を禁裏付に伝えてほしい。

② 翌日、広橋はもう一人の武家伝奏（姉小路公文《あねがこうじきみふみ》）とともに禁裏付に会い、これを申し入れている。

③ 十二月一日に、禁裏付から広橋に所司代の返答が伝えられる。

残り百枚の進上については、「御服料の残」という名目のままでは、老中に掛け合うことも難しい。不足を補い、後始末的な案件を滞りなく処理するためと名目を変更してくれれば、考えもある。

④　さらに、その後、禁裏付から禁裏の御用という名目であれば、「御取替金《おとりかえきん》」から捻出することができるという判断を伝えられている。この申入れを受けて、広橋は女院御所の女官に面会し、その旨を申し入れている。

⑤　十一日、所司代が以上の取計いに許可を出したことを禁裏付から伝えられている。

ようするに、名目を禁裏の御用と朝廷の方で変更してもらえれば、江戸の老中に判断を仰ぐことなく、所司代の判断で調達できる取替金の中から銀百枚を捻出することができる、との提案が禁裏付から示され、それに則って問題が解決している。

老中に伺うと実現が難しいような朝廷側の要望に対して、名目を変更してもらい、所司代自身の判断で活用できる取替金を用いて解決を図るという対策を在京幕府役人側が考え、それに応じて、朝廷の方で名目を変更している。朝廷側と在京幕府役人側が、交渉の中で柔軟な対応をしていることがわかる。

この取替金を活用して、幕府が朝廷側の要望に対応している事例は、兼胤の公用日記『公武御用日記』の中によく見られる。「取替金」とは立替金という意味で、本来は貸付金を意味する。貸付である以上、返済が必要なものであったが、実際には返済はほぼなされず、朝廷に対する無償の支援に近い、かなり恩恵的なものであった。

金額に上限はあるものの（すくなくとも、五百両の場合は老中の許可が必要）、基本的には老中に伺うことなく、所司代自身の判断で活用できるものであり、これを用いることによって、所司代らは、老中に伺うことが難しいような、あるいは伺っている時間がないような朝廷からの要望に対しても柔軟に対処することができた（なお、後に取替金の増大が問題視され、種々の制限が加えられるようになった。さらに、安永七年〈一七七八〉度からは各御所に一種の予算制度である定高制《さだめだかせい》が導入され、取替金ひいては朝廷の支出増の抑制が図られた。寛政年間には、同制度の改正もおこなわれた）。

朝幕間で無用な摩擦が起こらないよう、在京幕府役人がうまく対応していたわけであるが、この「緋宮の御服料」問題のように、その交渉の過程で、武家伝奏は朝廷側の要望を叶えるべく、交渉の最前線に立ち、行動していた。女官から要望を受け付け、禁裏付らと何度も折衝を重ね、また、女官から了承を受けるなど、関係各所を行き来する武家伝奏の姿が見て取れる。

拝借金問題

つぎに、綾小路俊宗《あやのこうじとしむね》と清水谷実栄《しみずだにさねあきら》の金二百両拝借金願いをとりあげよう。

明和三年（一七六六）正月十五日に、広橋兼胤は摂政近衛内前《このえうちさき》に対して、公家の綾小路俊宗と清水谷実栄が金二百両の拝借（借用）を願ってきたことを伝えた。そうしたところ、所司代阿部正允《あべまさちか》へ申し入れるよう命じられた。その後、この願いは所司代の手によって差し戻されたが、綾小路と清水谷が再願してきた。摂政の判断は、もう一度所司代に申し入れるようにとのものであった。結局は、禁裏付が所司代に内談したところ、取替金のうちから貸与することが決定し、これを禁裏付が広橋に伝えている（『公武御用日記』の謄写本〈見取り写し本〉である『兼胤記』）。

拝借金願いをめぐって、①朝廷の職制上のトップである摂政の判断を仰ぎ、その命にしたがって所司代に申し入れをする。②再度願書が出されて来たら、同じように摂政の判断を受け、所司代に伝達。③最終的には、禁裏付から解決を伝えられるというように、ここでも関係各所と種々連絡を取りあり、問題に対処している。

野宮定祥の議奏役料問題

三条実万は弘化五年（一八四八）二月九日に武家伝奏に就任したが、同日野宮定祥《ののみやさだよし》も議奏《ぎそう》（武家伝奏の補佐や天皇出御の際の陪侍などを職務とした）に任命された。ともに幕府から役料が支給されるはずであったが、野宮の役料について、若干の問題が生じた。その経緯を見ていこう（『三条実万公記』）。

同五年四月二十八日に、野宮定祥の議奏役料に関していまだ幕府から音沙汰がないことをほかの公家が実万に知らせてきた。実万はこれを「不審之儀」として、所司代の家来である公用人へ内々に問い合わせるよう、自身の家来である雑掌《ざっしょう》に申し付けている。その結果、二十日程後には、幕府から議奏役料支給決定の知らせがあり、もう一人の武家伝奏である坊城俊明《ぼうじょうとしあきら》が関白に報告したうえで、野宮に申し渡している。

議奏役料支給決定の遅延という問題を武家伝奏の三条実万が吸い上げ、内々に所司代側に連絡をとり、問題を解決している姿が見て取れるが、その際、武家伝奏の雑掌から所司代公用人へ問い合わせがなされている（なお、実方の役料の方は、とくに問題なく、支給が決定されている）。ある公家が武家伝奏を務める時、それを下支えした家来（とくに雑掌）の存在は重要な要素であった。それもあり、公家の家来の実態について、研究を深めていく必要性は、以前から指摘されており、研究も進んではいるが、究明すべき課題は、今なお多く残されている。検討を加えていくべき問題のひとつとして、近世の天皇・朝廷に関する研究を行っている者の間では、ひろく認識されている。

2　朝幕間の事件の中で

当該期に朝幕間で生じたいくつかの大きな事件をとりあげ、そこで武家伝奏がいかなる動きを見せていたのかを述べていこう。

口向役人不正事件

口向役人不正事件は「安永の御所騒動」とも呼ばれ、安永二年（一七七三）から三年にかけて起きた。御所の勘定方ともいうべき部局、口向に勤仕した諸役人の不正を幕府が摘発したもので、禁裏御所の賄頭ら四名が死罪となるなど、口向役人・御用商人ら多くの者が処罰される大きな事件となった。

この事件は、安永二年十月に幕府による摘発が始まり、翌年八月に処罰が下されたが、この期間中に、後桃園《ごももぞの》天皇・後桜町上皇らから助命要望が出された。事件の処罰がおこなわれる直前の安永三年八月二十四日にも、女院（青綺門院）・新女院（恭礼門院《きょうらいもんいん》、一条富子《とみこ》、桃園天皇女御《にょうご》）が助命内意を示している。以下、簡単にその経緯を追ってみよう（『兼胤記』）。

八月二十四日、武家伝奏広橋兼胤は両女院御所に召し出され、女官から両女院の助命内意を聞かされた（青綺門院による助命内意は、これまでも示されている）。関白近衛内前にその旨を伝えたが、翌二十五日に示された関白の考えは、以下のようなものであった。この時期に至っての助命は叶うはずもなく、じつに無用のことである（「実御無用之御事」）。以前、天皇・上皇から助命の内意が下されたが、老中からの返答は、その沙汰はないようにとのものであり、その旨を青綺門院にも伝えたが、聞き入れてくれない。このうえは、仕方がないので、所司代まで内談せよ。

そこで、広橋は、その日のうちに所司代のところに赴こうとしたが、風邪なので会うことはできないとの返答があった。おそらくは仮病であろう。その後、関白に事の顛末を伝え、禁裏付天野正景《あまのまさかげ》と内談したところ、今朝江戸から仕置きの下知《げち》が届いたので、これ以上の対応は難しいと言われた。そのことを関白に申し入れ、助命内意の伝達は取りやめとなった。

関白が「じつに無用のこと」とまで言い切る女院によるこの時期の助命内意をめぐって、広橋は女院御所の女官・関白・禁裏付らと忙しく会談を重ねている。所司代には、風邪なので会うことはできない、とおそらくは仮病まで持ち出されており、非常に苦労している様子がうかがえる。

この口向役人不正事件に付随しては、種々の問題が生じており、兼胤はそれらにも忙しく対応している。たとえば、自身らが江戸に天皇からの使者として赴く際に貸与されていた拝借金の返納のあり様が不正経理にあたらないか、禁裏付に相談したり（結局は問題なしとされた）、不正を働いた口向役人らが牢輿で江戸に送られるのではないかという風聞を聞きつけた後桜町上皇から、そのようなことがないようにしてほしいという申入れを幕府側にするよう命ぜられたりしている。

当然のことではあるが、大きな事件が起きると、それだけ幕府側と交渉・連絡すべき事案も増えてしまう。もともと武家伝奏の職務は多岐にわたり、多忙であったが、このような事件が起きると、その忙しさは一気に加速した。安永二年時点で五十九歳になっていた兼胤にとって、なかなか難儀なことだったのではないだろうか。

尊号一件

次にとりあげたいのが、朝幕関係のひとつの転換期とされる寛政期（一七八九～一八〇一年）に起きた尊号一件《そんごういっけん》である。

この事件は、実父の閑院宮《かんいんのみや》典仁《すけひと》親王に太上《だいじょう》天皇号を贈ろうとした光格《こうかく》天皇・朝廷と、それに反対した幕府との間で生じた衝突であり、多くの一般書・研究書などに記述がある著名な一件である。光格天皇は、親王家である閑院宮家の二代目当主である典仁親王の子どもであったが、安永八年（一七七九）に後桃園天皇が急死したため、急遽天皇位を継ぐことになった。禁中《きんちゅう》并《ならびに》公家《くげ》中《ちゅう》諸法度《しょはっと》では、親王の座順は関白や太政大臣、左大臣、右大臣よりも下のため、典仁親王は天皇の実父であるのにもかかわらず、関白らよりも下に位置づけられねばならなかった。光格天皇はこうした状況を変えるため、典仁親王に譲位《じょうい》した天皇の称号である太上天皇号を贈ろうとし、寛政元年（一七八九）に武家伝奏を通じて所司代に要望を伝えた（それ以前から種々動いてはいた）。

しかし、松平定信《さだのぶ》が政権を主導していた幕府は、天皇になっていない典仁親王への宣下は道理に適わないことや適当な先例がないことなどから、この要望を認めなかった。これに対して、光格天皇は、鷹司輔平《たかつかさすけひら》のかわりに一条輝良《いちじょうてるよし》を関白に（寛政三年八月）、久我信通のかわりに正親町公明を武家伝奏に交代させた（十二月）。一条も正親町も幕府に対する反発心が強い公家であり、彼らを朝廷の執行部に据えたことは、尊号宣下実現への一手であった。

この後、天皇は尊号宣下の可否を問う勅問を通常の五摂家だけではなく、あわせて四十名あまりの公家に下し、多くの賛同を得た。これらの措置で勢いを強めた天皇は尊号宣下の承認を幕府に要望し、交渉を重ねたが、幕府はけっして認めようとしなかった。そのため、光格天皇は一方的に宣下の実施を幕府に伝えたが、幕府はこれにつよく反発、宣下の見合わせと武家伝奏正親町公明らの江戸下向を通達した。

この幕府の強い姿勢に天皇は抗うことはできず、結局宣下は中止、正親町公明・議奏中山愛親《なかやまなるちか》は逼《ひっ》塞《そく》・閉門《へいもん》（逼塞は門を閉じさせ、日中の出入りを禁じた刑罰。閉門はそれよりも重い）に処せられ、武家伝奏・議奏の役も朝廷の手によって解任されることになった（このほか、武家伝奏万里小路政房《までのこうじまさふさ》らも処罰された）。

徳川家斉の太政大臣就任交渉

前述したように、朝幕間の基本的な交渉ルートは、将軍⇕老中⇕所司代⇕（禁裏付）⇕武家伝奏⇕関白（摂政）⇕天皇というものであった。この中で、武家伝奏は朝廷側の窓口として、交渉の先頭に立って働いていたが、時には、このルートが無視されることもあった。その代表的な例として知られているのが、徳川家斉《いえなり》太政大臣《だいじょうだいじん》就任問題である。

第十一代将軍徳川家斉（在職：天明七年～天保八年）は、文政十年（一八二七）に、鎌倉・室町時代の将軍を含めても先例にない現職将軍のまま、太政大臣に就任するということを、朝廷との交渉を経て実現させた。

通常、徳川将軍は、在職中は正二位《しょうにい》右大臣《うだいじん》か内大臣《ないだいじん》、死後正一位太政大臣を贈られることになっていたが（家康《いえやす》・秀忠《ひでただ》は在職中従一位《じゅいちい》右大臣、家康は大御所《おおごしょ》となった後、元和二年〈一六一六〉の病没直前に太政大臣、秀忠は大御所時代の寛永三年〈一六二六〉に太政大臣、家光《いえみつ》は在職中は従一位左大臣《さだいじん》、後、在職中に太政大臣就任を辞退）、家斉は天皇・朝廷権威による将軍権威の強化を図り、将軍在職中の太政大臣就任を要望、朝廷側にこれを認めさせた。そのかわりに、朝廷側も見返りを求め、幕府から光格上皇に毎年銀百貫目を進上するなどの措置が取られた。

この事件は、当該期における幕府の朝廷に対する〝すりより〟による朝幕間のとくに良好な関係を示すものとして評価されるとともに、その交渉過程も注目されている。この案件に関しては、最初に関白鷹司政通《たかつかさまさみち》と所司代の間で話し合いがなされ、幕府側の要望を認めることが内定してから、武家伝奏にはじめて問題が伝えられるという経緯を辿った。

先述したように、通常、幕府側の要望は武家伝奏を通して関白（摂政）に伝えられたが、この問題の際は、先例がないとくに重大な事案を慎重に交渉するため、幕府側は武家伝奏を介さず、直接関白鷹司政通に接触を図り、実質的な決着がなされた。

3　幕府役人をどう見たか

これまで、公武の交渉役としての武家伝奏の姿を述べてきた。武家伝奏は朝廷側の窓口として、幕府役人と種々の交渉を行っていたが、それ以外の局面でも彼らと多くの関わりを持っていた。それでは、武家伝奏は幕府役人に対して、いかなる感情を抱き、どのような見方をしていたのだろうか。近世後期～幕末にかけて同職を務めた三条実万を例にして、考えていこう。

三条実万について

第一節でもふれた三条実万は、新政府のさまざまな重職を歴任した三条実美《さねとみ》の父親である。日米和《にちべいわ》親条約《しんじょうやく》の締結（嘉永七年）や修好通商条約勅許《しゅうこうつうしょうじょうやくちょっきょ》（無勅許のまま安政五年に締結）に反対するなど、幕末の朝廷において存在感をはなった。「公家中の「怜悧《れいり》円熟」第一の人と称され」（藤田：二〇一一）るほど、有能な人物であった。

嘉永三年（一八五〇）十一月付の京都町奉行所与力《よりき》・同心《どうしん》探索書（もろもろの情報を収集した探索復命書）の中には、武家伝奏在職中の彼を絶賛する次のような記述がある。

家柄も良く、博学で、務め方も良く、家来の管理も行き届いている。そのため、関白鷹司政通も万事について実万に相談する。もう一人の武家伝奏坊城俊明も、老年ということもあり、彼の方が実万よりも先役（先任）であるのにもかかわらず、何事も実万に相談している（『松平乗全《まつだいらのりやす》関係文書』所収「官家風聞書《かんけふうぶんがき》」、荒木：二〇一七）。

もちろん、末尾に「真偽知レ兼候得とも」（真偽は分り兼ねますが）と書かれているように、あくまでこの史料は、風説・雑説を集めた類のもので、事実をそのまま表しているわけではない。しかし、それでも、三条実万の能力の高さ、評判の良さがよく伝わってくる記述ではある。

「旧令告新」

安政の大獄で落飾《らくしょく》（落髪）させられた後の安政六年（一八五九）に、実万は「旧令告新」という史料を書き記している（『三条実万手録　一』）。これは楚の子文の故事（『論語』公治長篇）にならい、ペリー来航（嘉永六年）などもあって、自分が武家伝奏在職中に幕府に申し出ることができなかった要望や催促できなかった問題などを箇条書きで列挙したものである。

「御代々天皇号之事」・「諸山陵之事」・「神祇官御再興之事」・「准后立后之事」・「南北臨時祭年中両度之料下行調備之事」・「賀茂行幸之事」・「禁裏御定高増之事」・「諸臣困窮之事」・「禁裡女房依時御人

増幷御宛行等之事」など全十八箇条からなり、非常に興味深い史料であるが、ここでは、臨時の支出をどのようにして賄うかという箇条（「臨時御用途之事」）に注目しよう。

当時朝廷には、備銀《そなえぎん》などといった臨時の支出のためのプール金があったが、これを用いるときには、「関東」すなわち江戸の老中らに伺わなければならなかった。実万はこれらの点を問題視し、理解のある「在京」＝京都の幕府役人と違い、「関東」に伺うとなると、勘定所など「関東」の各役所の判断が入り込み、中々許可が得られないなどと述べている。そのうえで、在京幕府役人の権限で、よんどころない臨時の支出を賄うことができるようにはならないだろうか、と書き記している。

実万の中には、ある程度理解のある在京幕府役人と厳しい判断を下しがちな江戸の幕府役人（おそらくはとくに勘定役人）、という認識があったことがわかる。

実万の幕府役人認識

この実万の幕府役人に対する認識をもう少しみていこう。

嘉永二年（一八四九）九月六日に、禁裏付の内藤忠明《ないとうただあき》が実万を訪ねてきた。実万は内藤とよく言談しており、彼に対して一定の信頼を寄せていたと思われるが、今度、内藤が長崎奉行に転任することになった。九月六日の訪問は、その挨拶だったわけであるが、両者はそこでさまざまな話しをしている。その中で内藤は、賄頭安川与左衛門《やすかわよざえもん》（幕臣）のことを、関係諸方面の気受けが良いなどと絶賛している（『三条実万公記』）。

安川は天保四年（一八三三）に評定所《ひょうじょうしょ》の役人から口向役人の一種である勘使になり、天保九年に賄頭に昇進した。その後、嘉永四年八月までの十三年間ほど、同職を務めた。近世後期の禁裏付は四〜六年以内に交代する者が多かったが、賄頭は七・八年以上務める者もしばしばおり、禁裏付に比べて在職期間が長かった。口向に関与する幕府役人のうち、統括者である禁裏付よりも、賄頭や勘使（の上座の半分）を務めた幕臣たちの方が、口向の実情により詳しかったと考えられる。安川は、その中でもとくに在職年数が長く、諸事に精通していたのであろう。

禁裏付の内藤は、そのような安川の後任として賄頭を務める幕臣がいろいろと不案内な者で、むやみやたらに「取締」をおこなうようなことがあっては人々も帰服せず、かえって支出も嵩み、大変なことになるなどと述べている。実万もまったくもっともなことだと同意しており、安川に対する内藤・実万の信頼が見て取れる。

前述したように、実万は安政期には、一定程度朝廷に理解がある在京幕府役人と、さほど理解がなく、厳しい判断をしばしば示してくる江戸の（幕府）諸役人（おそらくはとくに勘定役人）との見方を書き記している。そのような考えを抱くに至った土台の一部には、この時期における禁裏付・賄頭への信頼があったと思われる。

武家伝奏は職務上、禁裏付や賄頭らと日常的に接していた。そのため、彼らと信頼関係を築き上げていく機会も多かったであろうし、また、そうでなければ職務の遂行に支障をきたしたと考えられる。もちろん、その人物の個性や状況によって、信頼関係をうまく築けないこともあっただろうし、問題によってははげしく対立することもあった。しかし、そうしたことも含めて、武家伝奏と禁裏付ら、彼らの関係性は、朝廷と幕府の交渉事、ひいては両者の関係＝朝幕関係を支えるひとつの重要な要素であった。

おわりに

武家伝奏は、公武の正式な交渉ルートの朝廷側の窓口であり、朝廷の執行部の一員でもあった。前述の嘉永三年（一八五〇）付の京都町奉行所与力・同心探索書で、関白鷹司政通も万事について三条実万に相談すると記されていることによく表れているように、諸事に関して、朝廷の職制上のトップであった関白（摂政）から助言を求められることも頻繁にあったし、幕府との種々の交渉事では関係各所を忙しく動き回り、問題の解決を図っていた。彼らの職務・役割は多岐にわたり、いずれも重要なものであった。

これらの点は第七章でも述べられていると思うが、その意味でいえば、近世初期以来の武家伝奏の一般的な職務・役割であった。その一方で、本章が扱う時期においては、朝幕共に財政の問題がより重大な課題となり、金銭面の交渉事がより目立つ（あるいはより深刻化する）ようになった。

天皇・朝廷は、幕府・諸藩などと違い、商人から資金調達するなどの補塡策をおこなうことはできなかった。金銭面の問題を解決するためには、幕府からあらたな支援を勝ち取る必要があった。その交渉の最前線に立っていたのが武家伝奏であり、そうであるからこそ、三条実万のように、禁裏御所の口向の支出額などが書き記された一覧表を作らせる武家伝奏もいたのであろう。

武家伝奏には、より一層の交渉能力が求められるようになったと考えられるが、その中でもとくに、交渉相手のひとりでもあり、ほかの職務においても関与する機会が多かった禁裏付らとの関係性をうまく構築する能力について、再度述べておきたい。

武家伝奏と禁裏付らは日常的に顔を合わせ、交渉事となると、何度も言談した。時には、はげしく意見が対立することもあったが、そうしたことも含めて築き上げられた関係性こそが、朝幕間の交渉事をはじめとした種々の案件をなるべく円滑に処理する下地となっていたと考えられる。もちろん、こうした関係性の大切さは、当該期に限られたものではなかろうが、より目立つ（あるいはより深刻化する）ようになっていった金銭面での交渉などにおいて、その重要性は一層増していったと思われる。

以上のような幕府との交渉によって得られた、ある種の経験知のようなものが、幕末における種々の幕府との交渉の中で活きた側面もあったのではないかと推測されるが、さほど分析されていないように見える。追求してみる価値はあろう。

武家伝奏の研究は、一九八〇年代頃から大きく進展してきたが、まだまだ不詳な点も多い。たとえば、本章でふれた広橋兼胤など、武家伝奏個人に絞った研究はあまり進んでいない。武家伝奏と在京幕府役人の関係性などについても検討すべき課題は山積している。今後も、次々にあらたな研究が出てくるであろう。

【主要参考文献】

荒木裕行『近世中後期の藩と幕府』（東京大学出版会、二〇一七年）
大屋敷佳子「幕藩制国家における武家伝奏の機能（一）（二）」（『論集きんせい』七・八号、一九八二・八三年）
奥野高廣『皇室御経済史の研究　後篇』（中央公論社、一九四四年）
久保貴子『近世の朝廷運営』（岩田書院、一九九八年）
佐藤雄介『近世の朝廷財政と江戸幕府』（東京大学出版会、二〇一六年）
高埜利彦『近世の朝廷と宗教』（吉川弘文館、二〇一四年）
平井誠二「武家伝奏の補任について」（『日本歴史』四二二号、一九八三年）
平井誠二「江戸時代の公家の流罪について」（『大倉山論集』二九輯、一九九一年）
藤田覚『天皇の歴史6　江戸時代の天皇』（講談社、二〇一一年）
藤田覚『日本近世の歴史4　田沼時代』（吉川弘文館、二〇一二年）

第八章「武家伝奏」一覧表

氏　名	補　任【典拠史料】	辞　任【典拠史料】
広橋兼胤	寛延3・6/21任【公武御用日記】	安永5・12/25辞【兼胤記】
姉小路公文	宝暦10・10/19任【公武御用日記】	安永3・10/18辞【兼胤記】
油小路隆前	安永3・10/18任【兼胤記】	天明8・1/11辞【輝良公記】
久我信通	安永5・12/25任【兼胤記】	寛政3・11/23辞【輝良公記】(別記)
万里小路政房	天明8・1/11任【国長卿記】	寛政5・4/13辞【輝良公記】
正親町公明	寛政3・12/25任【公武御用雑記】	寛政5・4/28辞【輝良公記】
勧修寺経逸	寛政5・7/26任【輝良公記】	享和3・12/22辞【伊光記】
千種有政	寛政5・7/26任【輝良公記】	文化7・5/22辞【伊光記】
広橋伊光	享和3・12/22任【伊光記】	文化10・9/15辞【山科忠言卿伝奏記】
六条有庸	文化7・5/22任【伊光記】	文化14・8/12辞【実久卿記】
山科忠言	文化10・9/15任【山科忠言卿伝奏記】	文政5・6/13辞【山科忠言卿伝奏記】
広橋胤定	文化14・8/12任【実久卿記】	天保2・1/20辞【東坊城聰長日記】
甘露寺国長	文政5・6/13任【国長卿記】	天保7・8/27辞【実久卿記】

注:「辞任」項目は,(川田・本田:1986)に倣い,死亡を除きすべて辞とした。

[参考文献]
平井誠二「武家伝奏の補任について」(『日本歴史』422号,1983年)
川田貞夫・本田慧子「武家伝奏・議奏一覧」(児玉幸多・小西四郎・竹内理三監修『日本史総覧 補巻二 通史』新人物往来社,1986年)

第九章　近世朝廷の武家伝奏から維新政府の弁事・弁官へ

箱石　大

はじめに

本章では、幕末維新期《ばくまついしんき》を対象として、近世の公家・武家をつなぐ存在であった武家伝奏《ぶけてんそう》の終焉とその後について見ていきたい。嘉永六年（一八五三）のペリー来航から、明治四年（一八七一）の廃藩置県《はいはんちけん》までの時期は、日本の国家体制や社会が近世から近代へと転換する画期となった激動の時代である。幕末維新という時代の始期と終期をどこに置くかという問題についてはさまざまな見解が存在するが、前述したペリー来航から廃藩置県までを幕末維新期とする見方は多くの人々に受け入れられているのではなかろうか。

まずは、尊王攘夷運動《そんのうじょういうんどう》が高揚し、天皇と朝廷の位置が浮上したとされる幕末動乱期に、朝廷と幕府、さらに朝廷と諸藩との間を仲介した武家伝奏という役職がどのような変化を遂げ、最後は慶応三年（一八六七）十二月九日に断行された王政復古《おうせいふっこ》の政変によって廃止されるまでの過程を見ていくことにする。

武家伝奏という役職は、この王政復古政変により、幕府制度や朝廷の摂政《せっしょう》・関白《かんぱく》・議奏《ぎそう》、さらに国政を評議する役職として幕末期に新設された国事御用掛《こくじごようがかり》などの朝廷諸職制とともに廃止されてしまうので、朝廷と幕府を仲介する朝幕関係の要としての武家伝奏の歴史はこの時点で終わりを告げることになる。

しかし、幕府は無くなっても廃藩置県までは藩が存続し、近世大名も藩主（諸侯《しょこう》）から維新政府の知藩事《ちはんじ》へと転身を遂げ、公家のうち公卿《くぎょう》身分の者たちと一体となって新たに華族《かぞく》（武家華族）の地位を獲得した。朝幕関係は消滅しても、藩制度と知藩事たる武家華族の者たちが存在していた廃藩置県までの時期は、形を変えた公武関係がまがりなりにも存続していたとも考えられるのである。一方、江戸時代に武家伝奏が担っていた職務のうち、朝廷に関わるものは維新政府の新たな役職である公家の参与《さんよ》や弁事《べんじ》・弁官《べんかん》が継承した。本章ではこうした武家伝奏廃止後の状況についても言及していく。

1　幕末維新史の中の武家伝奏

「復古功臣」

維新政府は、明治二年（一八六九）九月二十六日、王政復古の実現に貢献した諸臣、すなわち「復古功臣《ふっここうしん》」に対する論功行賞《ろんこうこうしょう》を実施した。「復古功臣」の筆頭とされたのは、当時右大臣《うだいじん》の三条実美《さんじょうさねとみ》と大納言《だいなごん》の岩倉具視《いわくらともみ》である。三条・岩倉に続き「復古功臣」として褒賞された公家（堂上家《とうしょうけ》）出身の人物は、中山忠能《なかやまただやす》（神祇伯《じんぎはく》、カッコ内は当時の政府官職、以下同じ）・中御門経之《なかのみかどつねゆき》（留守長官）・正親町三条実愛《おおぎまちさんじょうさねなる》（刑部卿）・大原重徳《おおはらしげとみ》（集議院長官）・東久世通禧《ひがしくぜみちとみ》（開拓長官）・沢宣嘉《さわのぶよし》（外務卿）らであった。しかし、この中には、幕末期に議奏（天皇に近侍《きんじ》して武家伝奏を補佐した役職）を務めた経験を持つ者はいるが、武家伝奏を務めた者は一人もいない。

明治維新直後から昭和戦前期までの維新史認識において、幕末期に武家伝奏となった公家たちは、どちらかというと幕府寄りと見られ、復古・維新に貢献した者とはみなされてこなかった。唯一の例外は明治政府の太政大臣《だいじょうだいじん》となった三条実美の父として、実美とともに顕彰された三条実万《さんじょうさねつむ》だけである（実万はペリー来航時の武家伝奏の一人）。

そもそも武家伝奏とは、慶応三年（一八六七）十二月九日の王政復古政変によって廃絶された旧制度の一部であり、朝廷の役職でありながら幕府制度とともに葬り去るべき存在であった。

地位・評価の低下

王政復古政変では、武家伝奏と同じく朝廷の要職であった議奏も廃絶されている。武家伝奏と議奏という二つの役職を併せて「両役《りょうやく》」と呼ばれていた。武家伝奏に就任した者たちの履歴をみると、その多くは議奏を経て武家伝奏に就任していることから、「両役」とはいっても議奏より武家伝奏の方が上席であったと考えられる。ところが、幕末期にいたって、武家伝奏と議奏の地位が逆転したかのような状況が現れるようになった。その背景としては、天皇の意思が朝議《ちょうぎ》決定に重要な役割を果たすようになったことから、天皇の側近である議奏の立場を、武家伝奏よりも押し上げたという事情があったことが近年の研究で指摘されるようになった。

この武家伝奏と議奏の逆転現象は同時代的な問題にとどまらず、後世の歴史認識においても引き継がれることになった。ちなみに、昭和戦前期に文部省維新史料編纂会が作成した「公武重職補任《こうぶじゅうしょくぶにん》」という幕末期における朝廷・幕府の要職補任一覧でも、議奏を武家伝奏の上席としている。ただし、後年の編纂物や著作物などで、武家伝奏と議奏の地位を逆転させているのは、本来は天皇の側近である議奏の方が、朝廷と幕府との橋渡し役にすぎない武家伝奏よりも上席なのであるとする王政復古史観的な認識が反映したものと考えることもできよう。

幕末期の武家伝奏たち

明治四十四年（一九一一）、政府は、文部省に維新史料編纂会を設置して、弘化三年（一八四六）孝《こう》明《めい》天皇の践祚《せんそ》（天皇の位を継ぐこと）から明治四年（一八七一）廃藩置県までの維新史料の編纂を国家事業として実施することになった。編纂が進展した昭和十年代になると、編年史料集である『大日本維新史料』の刊行に着手するとともに、昭和十三年度（一九三八年度）からは通史の『維新史』全五巻および附録一冊の刊行を開始した。この『維新史』附録に収録された「公武重職補任」には幕末期の武家伝奏も含まれており、維新史料編纂会による編纂事業の成果に裏づけられた正確な補任一覧として、現在でも有用なツールとなっている。二五五頁に掲げた一覧表は、この「公武重職補任」に基づき、『大日本維新史料』および「大日本維新史料稿本《こうほん》」、同史料集の綱文を集成した『維新史料綱要』などを適宜参照して作成したものである。なお、参考文献の記述に従い一部修正を加えた箇所がある。

武家伝奏は通常二名で役儀を務めていたので、「公武重職補任」の武家伝奏補任一覧を基に、幕末期における武家伝奏の組み合わせを示しておこう。

【弘化2～嘉永元】	徳大寺実堅《とくだいじさねみ》	坊城俊明《ぼうじょうとしあきら》
【嘉永元～安政元】	坊城俊明	三条実万
【安政元～4】	三条実万	東坊城聡長《ひがしぼうじょうときなが》
【安政4～5】	東坊城聡長	広橋光成《ひろはしみつしげ》
【安政5～6】	広橋光成	万里小路正房《までのこうじなおふさ》

【安政6～文久2】　広橋光成　坊城《ぼうじょう》俊克《としかつ》
【文久2～3】　坊城俊克　野宮《ののみや》定功《さだいさ》
【文久3～元治元】　野宮定功　飛鳥井《あすかい》雅典《まさのり》
【元治元】　野宮定功　飛鳥井雅典　坊城俊克
【元治元～慶応3】　野宮定功　飛鳥井雅典
【慶応3】　飛鳥井雅典　日野《ひの》資宗《すけむね》

王政復古政変によって武家伝奏という役職自体が廃止されてしまうので、飛鳥井雅典と日野資宗が最後の武家伝奏ということになる。

将軍上洛時の臨時的な三名体制

幕末期における武家伝奏の組み合わせの中で目を引くのは、野宮定功・飛鳥井雅典・坊城俊克の三名で武家伝奏を務めている時期があったことである。これはちょうど十四代将軍徳川家茂《とくがわいえもち》が二度目の上洛をおこなった時期に当たる。家茂は、元治元年（一八六四）正月十五日から同年五月七日まで京都に滞在している。この将軍滞京の時期をカバーするように、元治元年正月二十三日、坊城俊克は武家伝奏に再任され、同年七月二十六日までその役儀を務めた。

このときの経緯を子細にみると、将軍上洛を間近に控えた文久三年（一八六三）十二月二十九日、飛鳥井が引き籠りとなっているため、飛鳥井の前任者であった坊城が武家伝奏加勢《かせい》を命じられ、一人で武家伝奏を務めなければならなくなった野宮を助けることになるのだが、翌元治元年正月二十三日、坊城は結局そのまま武家伝奏の加勢から本役に転じることになった。なお、飛鳥井はしばらくして引き籠りから復帰している。将軍上洛のような大事に対応するため、坊城のような経験者のサポートが求められ、武家伝奏を臨時に一名増員し、通常の二名体制ではなく、一時的ではあるが三名体制とする場合もあったことがわかる。

武家伝奏加勢

幕末期には、坊城俊克のほかにも武家伝奏加勢を務めた者たちがいる。東坊城聡長は、安政元年（一八五四）五月四日、坊城俊明が所労により不参となったため、議奏を務めたまま武家伝奏加勢を兼任している。まもなく同月二十六日には兼任を免じられるが、同年六月三十日に坊城が辞職すると、東坊城がその後任として武家伝奏に就任している。

また、葉室長順《はむろながとし》は、慶応三年（一八六七）四月十六日、後述するように野宮定功が引責辞任させられることになったため（正式な辞任は翌十七日）、議奏を務めたまま武家伝奏加勢を兼任することになった。実はこのあと同月十九日に日野資宗が野宮の後任として武家伝奏に就任しているのであるが、葉室は同年七月十五日に兼任を免じられるまで武家伝奏加勢の役儀を務めている。

2　幕末政治の展開と武家伝奏

関白・「両役」体制と「非職」廷臣

幕末期においても朝廷政務の実権は、天皇の下で、関白・武家伝奏・議奏の職にある少数の廷臣《ていしん》たちによってほぼ掌握されていた（本章では、親王《しんのう》、摂家《せっけ》以下の堂上、非蔵人《ひくろうど》、地下官人《ぢげかんじん》、その他すべての朝廷構成員を廷臣と表記している）。

なかでも、関白は「当職《とうしょく》」と称され絶大な権力を誇っていた。そして、武家伝奏と議奏は「役人」とされ、この二つの役職を併せて「両役」と称していた。関白・「両役」でなければ、たとえ左大《さ》臣《だい》・右大臣・内大臣《じんないだいじん》（幕末当時これら三大臣のことを「三公《さんこう》」と称している、ただし本来の「三公」とは太政大臣・左大臣・右大臣のことを指す）や現任の大納言・中納言《ちゅうなごん》・参議《さんぎ》、あるいは親王であろうとも、容易に朝廷政務の中枢に関与することはできなかった。関白・「両役」以外の廷臣たちは、「非職」・「非役」・「員外」として朝廷の意思決定過程から排除されていたのである。

一方、幕末期の史料を見ると、幕府側では、「関東（幕府）の御政事《ごせいじ》向き」に携わる職ではないという理由で、関白・「両役」以外の廷臣を「非職」と認識しており、「非職」の身分で幕府の政治向きに関わるようなことがあれば、それは心得違いのことであるとしている（『大日本維新史料　類纂之部《るいさんのぶ》　井伊家《いいけ》史料』第十三巻）。

このように、朝廷の政治的な意思決定の過程から排除されてきた圧倒的多数の「非職」廷臣たちが、幕末政治が展開する中で政治的に覚醒し、従来の関白・「両役」体制と対立するようになっていくというのが、幕末期における朝廷政治史の重要な潮流の一つであったのである。しばしば幕末期に朝廷で見られた「列参《れっさん》」という公家たちの集団的な抗議行動も、「非職」廷臣中の有志の者たちが関白・「両役」体制を中核とする朝廷首脳部に対して敢行した政治的な示威運動であり、従来の朝廷における慣例・作法からすれば、明らかに逸脱的・非礼的な行為であった。幕末の動乱は朝廷のさまざまな制度や秩序を動揺させることになったのである。

それでは次に、武家伝奏をめぐる諸制度が、幕末政治の影響を受けてどのような変化を遂げていったのかを見ていこう。

安政五年の条約勅許問題

幕末期の朝幕関係を揺るがすことになった最初の大事件は、安政五年（一八五八）に勃発したアメリカとの通商条約締結をめぐる国内の政争、いわゆる条約勅《ちょっ》許《きょ》問題であった。幕府は日米修好通《にちべいしゅうこうつう》商条約《しょうじょうやく》を締結するに当たって、諸大名の反対意見を抑えるためにも事前に孝明天皇の許可、すなわち勅許を得ようとし、老中堀田正睦《ろうじゅうほったまさよし》を京都に派遣した。しかし、このことがかえって天皇や公家たちの国家や国政に対する意識を刺激することになったため、条約調印の勅許は幕府の思惑通りにすんなりとは得られなかった。

こうした中で、当時の関白九条尚忠《くじょうひさただ》は、幕府側の工作が功を奏したためか幕府支持の態度を取るようになり、関白・「両役」による朝議独占体制を強化するようになった。そうすると当然のことながら、幕府の言いなりになって朝廷の権威が失われていくことに危機感を持った公家たちは、関白・「両役」体制に反発するようになっていく。とはいえ、いきなり制度そのものの改変を迫るようなことはできなかったから、批判の矛先は関白九条その人や、上洛していた老中堀田との間で交渉に当たっていた武家伝奏個人に向けられることになった。

東坊城聡長の弾劾

なかでも、このとき武家伝奏であった東坊城聡長は、老中堀田に追従するあまり、勅許は容易に降下するであろうとの内意を伝えたりしていたのだという。このため東坊城の行動はあまりにも幕府寄りであるとして公家たちの非難が集中した。さらに襲撃の噂が立つなど身辺も不穏となるにおよんで、ついに東坊城は辞意を表明せざるを得なくなり、安政五年（一八五八）三月十七日、辞職が聴許された。「非職」廷臣たちの集団的な抗議行動が、朝廷の重職である武家伝奏を辞職に追い込んだというのは、まさに前代未聞の出来事であった。東坊城の相役でありこのあとも引き続き関白九条の下で武家伝奏の職務に従事した広橋光成と、東坊城の後任となった万里小路正房もしばしば幕府寄りとして糾弾されている。

ところで、東坊城の悲劇はこれで終わらない。辞職後も「非職」廷臣たちから執拗に武家伝奏在任

孝明天皇の面前で詰問される関白九条尚忠と武家伝奏広橋光成・万里小路正房

（東久世通禧：詞，田中有美：絵『三条実美公履歴』第一，三条実美公履歴発行所，1907年より）

中の行動を弾劾され続けた結果、東坊城自身からの反論も取り上げられず、安政六年四月二十二日には永蟄居《えいちっきょ》（終身謹慎処分）を命じられ、文久元年（一八六一）十一月九日、とうとう病気のために没してしまった。死去の当日、病状が重篤となったため、天皇の特旨によって永蟄居は許されたものの、生前のうちに名誉が回復されることはなかったのである。

もちろん、こうした状況に、幕府や関白九条もただ手をこまねいていた訳ではなく、安政の大獄で反幕府的な公家たちを処罰する一方で、九条はさらに「禁中《きんちゅう》并《ならびに》公家中《くげちゅう》諸法度《しょはっと》」の増補・改訂による朝廷内統制の強化を目論んでいた。しかし、桜田門外《さくらだもんがい》の変で大老《たいろう》井伊《いい》直弼《なおすけ》が殺害されてしまったため、九条は後ろ盾を失い、結局これは実現しなかった。

3　公武合体・朝廷尊奉政策下の武家伝奏

大政委任の制度化と幕府の朝廷尊奉政策

文久二年（一八六二）四月十六日、薩摩《さつま》藩主島津茂久《しまづもちひさ》（のち忠義《ただよし》）の実父である島津久光《ひさみつ》が藩兵《はんぺい》を率いて入京した事件をきっかけとして幕末政治は大きく動いた。この文久期（一八六一～六三年）以降、次第に政局の中心は江戸から京都に移り、尊王攘夷運動も激化していく。こうした情勢の中で、将軍家茂と孝明天皇の妹和宮《かずのみや》（親子内親王《ちかこないしんのう》）との政略結婚に象徴される公武合体《こうぶがったい》・公武一和《こうぶいちわ》という政治方針の下に、文久二年十二月、幕府は、朝廷の意向を奉じて、攘夷の実行と将軍家茂の上洛を決定した。いわゆる奉勅攘夷《ほうちょくじょうい》体制の始まりである。

これ以後、幕府は自らもさまざまな政策を通じて朝廷を尊崇《そんすう》し奉戴《ほうたい》していく体制を整備していくのであるが、これはあくまでも、外交や軍事といった国政上の重大事件への対応は幕府が朝廷からすべて委任を受けておこなうという政治方式、すなわち大政委任《たいせいいにん》の制度化と一体となった政策であった。幕府側の思惑としては、朝廷が国政運営の権限を幕府に委任することを制度的に明確化してほとんど口を出さない代わりに、さまざまな優遇策を朝廷に与えてその権威を高めることに努めるという政治的取り引きなのである。

就任時における誓紙血判の慣例廃止

　こうして幕府は、朝廷尊奉《そんぽう》主義に則った対応を取るようになるのだが、まずは従来の武家伝奏就任時の手続きに改変が加えられることになる。それは血判誓紙《けっぱんせいし》提出の慣例廃止であった。これまで武家伝奏に就任することになった者は、京都所司代の役宅において、「公家・武家の御為《おんため》、聊《いささ》か以《もっ》て疎《そ》略《りゃく》に存《ぞん》ずまじく候《そうろう》」との文言を含む幕府宛の血判誓紙を提出することが慣例となっていた。ところが、文久二年（一八六二）閏八月に病のため死去した武家伝奏広橋光成の後任として、議奏中山忠能が候補として挙げられたのであるが、このとき中山は、もし幕府が攘夷実行を遵奉《じゅんぽう》しない場合には朝幕間に不和が生じるかもしれない、そのようなときに誓紙血判をおこなったならば、自分の意思を貫き難く朝幕間の交渉も十分におこなうことは難しい、として武家伝奏への就任を拒否したのである。

　このことがあって、文久二年十月十日、広橋の相役であった武家伝奏坊城俊克は、京都所司代牧野《まきの》忠恭《ただゆき》に対し、ますます公武一和となっている今日において、もはや武家伝奏就任時に誓紙血判をおこなうにはおよばないから、これ以後この慣例を停止したい旨を申し入れた。この結果、同年十二月五日、幕府は朝廷の意向を受け入れ、血判誓紙提出の慣例を廃止したのである。

年頭勅使の廃止

　また、この時期おこなわれた武家伝奏の職務に関わる改革としては、武家伝奏が年頭勅使として関東に下向する慣例の廃止が挙げられる。従来の朝幕間における年始の儀礼としては、まず幕府が、年頭に当たって高家《こうけ》（幕府の儀式・典礼《てんれい》をつかさどった旗本《はたもと》）を使者として上京させ、朝廷に対する年頭の祝詞を言上し、朝廷ではこれに対する答礼として武家伝奏が務める年頭勅使を関東に下向させていた。幕府の使者である高家の官位《かんい》はせいぜい高くても四位《しい》の少将《しょうしょう》なのに対し、年頭勅使を務めた武家伝奏の官位はほぼ二位の大納言・中納言であり、官位のうえでは幕府の使者の方がはるかに格下である。形式上、天皇と将軍は君臣関係にあるのだから、本来であれば天皇は、臣下である将軍に対してこのような丁重すぎる年頭勅使をわざわざ江戸まで派遣する必要はないはずであるが、幕末期まではこのような慣例が続けられていた。

しかし、文久期（一八六一～六三年）における朝幕関係の変化は、朝廷にとっては屈辱的とも言える現状を君臣間の名分を正すという名目の下に改めることを可能にしたのである。こうして文久三年（一八六三）の正月からは、武家伝奏が年頭勅使として関東に下向する慣例を止め、京都所司代の役宅に武家伝奏の使者を派遣し、幕府に対する年始の祝詞を述べるに留めることとなった。年頭の儀礼においても君臣間の名分を正す措置が取られたことになる。

任命方式の改正

さらに、文久期には、武家伝奏の任命方式も改められた。近世前期の慶長～貞享期（一五九六～一六八七年）における武家伝奏については、まず幕府が候補者一～二名を選んで朝廷に奏請し、これに従って朝廷が任命する方式であったのが、近世中期の元禄期（一六八八～一七〇三年）以降は、まず朝廷が候補者一～二名を選び、これを天皇の「御内慮《ごないりょ》」として幕府に伝え、幕府側の同意を得たうえで朝廷が任命するという方式に変わり、この方式が幕末期まで踏襲されていたことが、これまでの研究で明らかにされている（本書一七九～一八八頁、参照）。

こうした武家伝奏の任命方式も、君臣間の名分を正そうとする朝廷側の気運や、大政委任の制度化を目的とした幕府による朝廷尊奉主義の標榜という政治状況の中でいよいよ改められることになった。文久二年（一八六二）十二月十六日、幕府は、関白以下の朝廷諸役職任命に際し、宣下《せんげ》以前に朝廷側の「御内慮」を幕府に伝達する従来の慣例を止め、今後は宣下後に任命の結果だけを幕府に通達する方式に変えることを朝廷に申し入れた。これにより武家伝奏についても、幕府の同意を得ることなく朝廷側の意思のみで任命することができるようになったのである。

また、文久三年三月三日には、やはり君臣間の名分を改正することを理由に、日野家などの堂上諸家が称していた徳川将軍家「昵近《じっきん》」の号も廃止されている。幕末期には「昵近衆《じっきんしゅう》」の格式もほとんど形骸化していたようであるが、近世初期にはこの「昵近衆」の家々から多くの武家伝奏が選出されていた。

4　幕末京都の政局と朝廷・幕府勢力の動向

国事御用掛・国事参政・国事寄人の創設

文久期（一八六一～六三年）に至り、朝廷内の職制についても大きな改革がなされた。それは、これまで朝廷の政治的な意思決定過程から排除されてきた「非職」廷臣たちが、正式に朝議に参画する足掛かりを得たことである。

文久二年（一八六二）五月十一日に議奏を補佐する「国事書記御用《こくじしょきごよう》」という職務を一部の「非職」廷臣たちに命じるという試みを経て、同年十二月九日には国事御用掛が新設された。これには関白・左大臣・右大臣・内大臣、親王・摂家の人々のほか、武家伝奏・議奏、そして「非職」廷臣のうち一部の有志の者たちが任命された。国事御用掛の創設は、「非職」廷臣たちにも、国政関係の朝議に参画する資格を与えることになったのである。一方、関白・武家伝奏・議奏にとっては国事御用掛という新たな役職を兼任することになった。

さらに、翌文久三年二月十三日、国事参政《こくじさんせい》と国事寄人《こくじよりうど》という役職を新設し、これに有志の「非職」廷臣たちが任命されると、彼らは過激な尊王攘夷運動に身を投じるようになっていく。このため、文久三年八月十八日の政変が起きると、国事参政と国事寄人は廃止となってしまうが、国事御用掛の方は、王政復古政変によって廃止されるまで存続する。

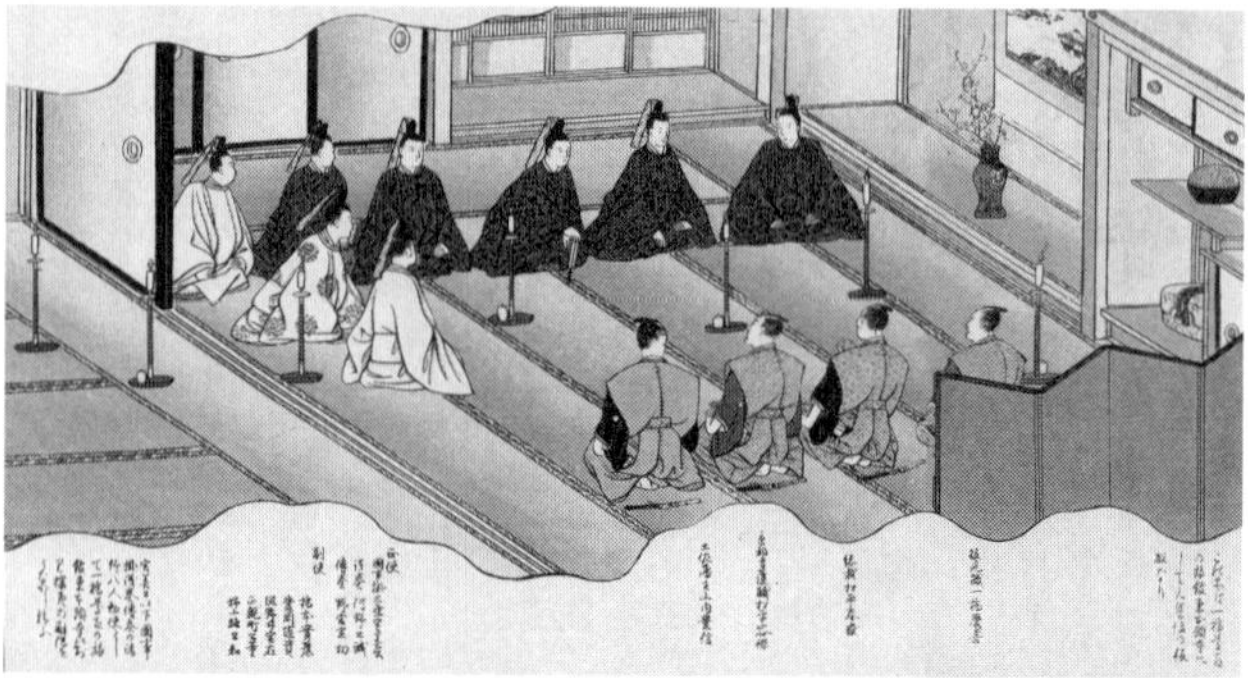

将軍後見職徳川慶喜らと交渉する国事御用掛三条実美・議奏阿野公誠・武家伝奏野宮定功たち

（東久世通禧：詞，田中有美：絵『三条実美公履歴』第二，三条実美公履歴発行所，1907年より）

「一・会・桑」勢力

将軍家茂が二度目の上洛を果たした元治元年（一八六四）には、研究史上、「一《いっ》・会《かい》・桑《そう》」と言われる幕府側の政治勢力が京都に誕生した。これは、新設された禁裏守衛総督《きんりしゅえいそうとく》・摂海防禦指揮《せっかいぼうぎょしき》という役職に就任した御三卿《ごさんきょう》一橋《ひとつばし》家《け》当主の徳川慶喜《とくがわよしのぶ》が、京都守護職《きょうとしゅごしょく》の会《あい》津《づ》藩主松平容保《まつだいらかたもり》と京都所司代《きょうとしょしだい》の桑名《くわな》藩主松平定敬《まつだいらさだあき》を指揮下に置いて形成された勢力のことである。一橋・会津・桑名の一文字ずつを取って「一・会・桑」と呼ばれる訳である。この「一・会・桑」と関白・国事御用掛・武家伝奏・議奏たちが禁裏御所内で直接評議することもあり、以前に比べると朝幕間を仲介する武家伝奏の存在感も少し薄まった印象を受ける。

また、文久期（一八六一〜六三年）以降、京都に進出した諸藩も朝廷と頻繁に接触するようになり、武家伝奏がこれを仲介することも多かったが、「一・会・桑」は朝廷を幕府側で囲い込み、朝廷と諸藩とのつながりが強くなりすぎることを嫌っていた。

朝廷人事に対する幕府の影響力低下

いよいよ幕府が倒壊していく慶応期（一八六五〜六八年）になると、武家伝奏などの朝廷人事に対する幕府側の影響力はさらに後退していった。そうした状況を象徴するような出来事が慶応三年（一八六七）に起こった。同年四月十七日、イギリス公使パークス一行が畿内を通行して越前国敦賀《えちぜんのくにつるが》（現、福井県敦賀市）に赴いたことに攘夷派の諸藩士たちが激昂したため、朝廷は善後策を評議した結果、武家伝奏野宮定功と議奏三名を引責辞任させることになった。幕府は、これまで朝幕間交渉に尽力していた野宮らを何とか復職させようとして朝廷側と評議を重ねたがなかなか実現せず、最後はすでに十五代将軍となっていた慶喜が自ら乗り出して協議したものの、幕府による野宮らの復職工作は結局のところ成功しなかった。

朝廷の要職人事に際し、天皇の「御内慮」を幕府が事前に伺う慣例を文久二年（一八六二）十二月に廃止して以降、幕府自身の権威失墜という状況もあって、武家伝奏・議奏（＝「両役」）の人事に対する幕府側の影響力は次第に低下し、ついに挽回することなく大政奉還、王政復古政変に至ったのである。

5　王政復古政変と朝廷

武家伝奏の廃止

慶応三年（一八六七）十二月九日に断行された王政復古政変で幕府制度の廃絶が宣言され、朝廷の下に総裁《そうさい》・議定《ぎじょう》・参与《さんよ》の三職が新たに仮設されて維新政府が発足した（発足当初は「王政復古政府」とする考え方もある）。実はこのとき朝廷では、摂政・関白・国事御用掛・武家伝奏・議奏（いわゆる王政復古の大号令の条文では議奏・武家伝奏の順になっている）などの諸役職も、幕府制度とともに、王政復古を成し遂げるに当たって否定されるべき旧制度とみなされてことごとく廃止されたのである。

とくに武家伝奏に関しては、その職が廃止されたばかりでなく、最後の武家伝奏であった飛鳥井雅典・日野資宗の両名ともに参朝停止《さんちょうていし》（朝廷への出仕停止）の処分を受け、発足当初の維新政府に登用されることはなかった。さらに、日野の前任者である野宮定功も参朝停止の処分を受けている。飛鳥井・日野・野宮以外の武家伝奏経験者はすでに全員が死没していたから、武家伝奏であった者たちは発足したばかりの維新政府から完全に排除されてしまった。

その一方で、維新政府の議定となった中山忠能や正親町三条実愛はいずれも議奏経験者であった。参与となった長谷信篤《ながたにのぶあつ》も議奏であり、同じく参与となった大原重徳と万里小路博房《ひろふさ》は議奏加勢の経験者であった。しかも、長谷と正親町三条は議奏を、万里小路は議奏加勢をそれぞれ王政復古政変によって廃止される直前まで務めていたのである。議奏就任者の中にも処分された者はいたのであるが、議奏や議奏加勢の役職に就いていたというだけで処分されたり、維新政府から排除されたりするというようなことはなかった。本章の冒頭で紹介したように、中山・正親町三条・大原に至っては「復古功臣」にまで列せられているのである。このような維新期における議奏経験者への処遇に比べると、王政復古政変において武家伝奏の経験者は徹底的に排斥されていたことがわかる。おそらくは朝廷と幕府を仲介する存在である武家伝奏という役職の性格上、どうしても幕府寄りとみなされてしまう宿命を負っていたからなのではないかと思われるのである。

近世朝廷にとっての王政復古政変

ここで、近世朝廷にとって王政復古政変とはどのような歴史的意義を持つ出来事であったのかという点について、簡単に説明しておくことにしよう。

王政復古政変は、征夷大将軍職・幕府制度を廃絶するとともに、近世の朝廷と公家社会のあり方をことごとく否定し解体するものであったというのが、これまでの近世天皇・朝廷研究、近世朝幕関係史研究の通説的な見解である。

王政復古政変によって朝廷では、摂政、関白、内覧《ないらん》、「勅問《ちょくもん》御人数《ごにんずう》」、「摂籙門流《せつろくもんりゅう》」という摂家の特権的な地位を保証する官職《かんしょく》・諸制度が一挙に廃止された。また、公儀の「役人」として「両役」と称された武家伝奏と議奏や、幕末期に新設され朝廷の国政評議に参画した役職である国事御用掛も廃止された。これらは幕府による朝廷の統制をおこなうための要であるとともに、近世の朝廷と公家社会を成り立たせる骨格にもなっていたと理解するならば、王政復古政変が大きな画期であったとする見方は至極妥当なものであろう。

京都守護職・京都所司代廃止の意味

なお、王政復古政変による幕府制度の廃止という点について少し補足をしておきたい。これは国家統治機構としての幕府を否定したのであって、徳川宗家《そうけ》の家政機関としての役割まで無くしてしまうことを強制した訳ではない。国政上の権限は剥奪《はくだつ》されたものの、このあとしばらくの間は「旧幕府」の老中・若年寄《わかどしより》などの役職は存続する。ところが、何故か幕府役職のうち京都守護職と京都所司代だけがわざわざ名指しされて廃止となった。

このときの守護職は会津藩主の松平容保、所司代は桑名藩主の松平定敬である。王政復古政変を断行した勢力にとって、十五代将軍慶喜《よしのぶ》を補佐して在京する守護職と所司代はどうしても排除したい目障りな存在であった。彼らにとって一部の佐幕《さばく》的な朝廷高官と結び付く「一・会・桑」勢力は徹底的に破壊すべきものだったのである。

6　維新政府の弁事・弁官へ

参与役所の創設

王政復古政変によって朝幕関係は消滅したが、その後定められた維新政府の地方統治制度は府・藩・県三治制《さんちせい》と言われるものであり、依然として藩が国家の重要な構成要素であり続けた。明治二年（一八六九）六月十七日には、公卿・諸侯の呼称を廃止し、両者を併せて華族と称することとされているが、実態としては朝廷と諸藩との朝藩関係、公家と武家との公武関係は続いていたと考えることもできよう。

地方統治制度の一環として諸藩が存続している以上、朝廷と藩を仲介する役割の者が必要となる。それが、維新政府の参与のなかでも公家出身の参与たちであった。廃止された武家伝奏に代わって、差し当たり公家の参与たちがその職務を取り扱うことになったことから、京都の石薬師通《いしやくしどおり》（現、京都市上京区）にあった一乗院里坊《いちじょういんさとぼう》に参与役所が設置された。ここが諸藩、さらには寺院・神社、庶民などへの朝廷側の窓口となったのである。近世の武家伝奏は、朝幕間の仲介のみを職務としていたのではなく、朝廷のさまざまな重要政務をも取り扱っていたのであるから、武家伝奏が廃止されることになると、その職務を継承する新たな役職が必要となってくるのは当然のことであろう。このとき、公家出身の参与として武家伝奏の職務を継承する掛となったのは、大原重徳・万里小路博房・長谷信篤・岩倉具視・橋本実梁《はしもとさねやな》の五名であった。これに加えて、尾張・越前・薩摩・安芸・土佐の諸藩士が参与役所に参勤し、その他にも書記方・書記方加勢・書記方下役といった職員が配置された。

維新政府の弁事・弁官

慶応四年（一八六八）正月三日に勃発した鳥羽《とば》・伏見《ふしみ》の戦いを皮切りに戊辰戦争《ぼしんせんそう》が始まると、維新政府は目まぐるしく職制を改変させた。慶応三年（一八六七）十二月九日の王政復古政変と同時に総裁・議定・参与の三職を新設することで発足した維新政府は、翌慶応四年正月十七日に三職《さんしょくしち》七科制《かせい》、同年二月三日に三職《さんしょくはっきょくせい》八局制となった。そして、同年閏四月二十一日、いわゆる政体書《せいたいしょ》（原題は「政体」）に基づく太政官七官制となり、翌年の明治二年七月八日には職員令を制定して新たな官位相当制を定め、維新政府の新職制と従来の百官《ひゃっかん》・受領《ずりょう》が併存する状態が解消された。

維新政府が短期間のうちに何度も職制を改変させる中で、廃止された武家伝奏の職務を当面の間取り扱うことになった公家の参与の役割は、三職八局制の八局の一つである総裁局に置かれた弁事《べんじ》（参与の兼任で「弁官事《べんかんじ》」とも称される）に継承され、弁事役所・弁事伝達所という役所が設けられた。政体書による太政官七官制では七官の一つである行政官に弁事・内弁事・権弁事が置かれた。その後、職員令が制定されると、これまでの弁事は弁官（大弁《だいべん》・中弁《ちゅうべん》・少弁《しょうべん》）となり、弁事伝達所も弁官伝達所と改称された。そして、この弁官と弁官伝達所は廃藩置県の時期まで存続する。藩が無くなり朝藩関係・公武関係が最終的に消滅して以降、弁官の機能は、太政官《だいじょうかん》の史官《しかん》から書記官へと継承されていくことになる。

そもそも近世の武家伝奏は、その職名が表す通りの朝幕間交渉にのみ従事していた訳ではなく、朝廷内の重要な諸政務にも携わっていたことから、古代以来の太政官制における弁官の役割をも果たしていたと理解されているので、王政復古政変により武家伝奏が廃止された後、維新政府における公家の参与、そして弁事・弁官へとその職務が継承されていったことにも納得がいく。

事実、徴士・参与として維新政府の制度事務掛・制度事務局判事を歴任し、政体書の起草者の一人であった土佐藩士の福岡孝弟《ふくおかたかちか》は、「弁事ハ　古《いにしえ》ニテ云ヘハ弁官ナリ、（中略）近世ニテ云ヘハ伝奏ナリ、又近日ニテ云ヘハ参与役所ナリ」（「水萍貽孫録」）と述べていた。

公家出身の弁事・弁官たち

維新政府の弁事・弁官の中でも、旧武家伝奏の職務を継承した公家出身の弁事・弁官たちの顔ぶれを確認しておこう。

弁事は全員が参与からの兼任となるが、三職八局制下の総裁局に置かれた弁事のうち公家の弁事は、東園基敬《ひがしぞのもとゆき》・坊城俊章《としあや》・平松時厚《ひらまつときあつ》・橋本実陳《はしもとさねつら》・五辻安仲《いつつじやすなか》・大原重朝《しげとも》である。さらに堂上公家ではなく非蔵人の松尾相永《まつおすけなが》と松尾相保《すけやす》もこのとき弁事となっている。太政官七官制下の行政官に置かれた弁事のうち公家の弁事には、坊城俊章（のちに俊章は軍事関係の官職に進む）・烏丸光徳《からすまるみつえ》・勘解由小路《かでのこうじ》資生《すけなり》・五辻安仲・大原重朝・阿野公誠《あのきんみ》・西四辻公業《にしよつつじきんなる》・大原重実《しげみ》・久世通煕《くぜみちさと》・平松時厚・坊城俊政《としただ》らが任命された。また、久世通熙・千種有文《ちぐさありふみ》・東園基敬・坊城俊政・山本実政《やまもとさねのり》・滋野井実在《しげのいさねあり》が内弁事となっている。そして、職員令による二官六省制下では、大弁に坊城俊政・東久世通禧が、中弁に久世通熙が、少弁に五辻安仲がそれぞれ任命された。

万里小路家と坊城家の人々

武家伝奏の職務を継承した参与・弁事・弁官に就任した公家たちの中でもとくに注目しておきたいのは、万里小路家と坊城家の人々である。

次に示しているように、万里小路家では、公家の参与として武家伝奏の職務を取り扱う掛に博房が就任しているが、博房の父正房は武家伝奏を務めていた（通房は参与助役に就任）。また、坊城家では、俊政・俊章父子が継続的に弁事・弁官に登用されているけれども、俊政の実父俊明と俊政の兄でのちに養父となった俊克はいずれも武家伝奏に就任している（傍線を引いた人物が武家伝奏経験者、線で囲った人物が維新政府の参与・参与助役・弁事・弁官就任者である）。

【万里小路家】正房―博房―通房

【坊城家】俊明―俊克＝俊政（俊明の子で兄俊克の養子）―俊章

すでに述べたように、王政復古政変に際して、現職の武家伝奏であった飛鳥井・日野と前任者の野宮はいずれも参朝停止の処分を受け、発足当初の維新政府に登用されることはなかったのである。それほどまでに武家伝奏を忌み嫌っていた維新政府が、直近の時期に武家伝奏を輩出している家から新たに弁事・弁官を登用しているというのは少し意外に思われるかもしれない。

実は、万里小路家と坊城家の人々は、近世においても代々弁官《べんかん》や蔵人《くろうど》を経験し、朝廷政務の実務能力に長けていたのである。この両家出身の武家伝奏就任者たちは、いずれも弁官・蔵人頭《くろうどのとう》（弁官を兼帯した蔵人頭を「頭弁《とうのべん》」という）を経て、権中納言《ごんのちゅうなごん》・権大納言《ごんのだいなごん》に昇進し、武家伝奏に就任していた。おそらく、こうした家柄の出身であるということと、職員令によって百官・受領が廃止されるまでは旧制度の弁官の職に就いていたことから、先代や先々代の当主が武家伝奏の経験者であったとしても問題にされることなく、維新政府の新職制においても参与・弁事・弁官として、かつて武家伝奏が担っていた弁官的職務を継承することになったのであろう（日野資宗も「頭弁」を経て武家伝奏に就任しているが、王政復古政変の時点で現職の武家伝奏であったため、維新政府の新職制から排除されたものと思われる）。この点を裏づけるように、武家伝奏の職務を継承する掛に任命された時点での万里小路博房は「頭弁」を経て参議・右大弁となっていたし、行政官の弁事に任命された時点での坊城俊政もやはり「頭弁」から参議・右大弁となっていた。

そして、明治二年（一八六九）正月十八日、議定・参与・弁事の担当職務に関する分課が定められると、武家出身者なども含む弁事たちの中で、坊城俊政が担当することになったのは、神祇官、官位・儀式、宮・堂上および非蔵人・北面官人、刑法官、宮中取締、口向《くちむき》（朝廷の財政担当部局）などの朝廷関係業務であった。

おわりに

先に本文中で、王政復古政変が近世の朝廷や公家社会にとって大きな画期であったとする見方は至極妥当であると述べたが、一方ではこうした理解に若干の疑問も残る。王政復古政変は確かに大きな画期であるとはいえ、これを本当に近世的な天皇・朝廷の終焉・終着点とみなしてよいのかどうかという疑問である。そして、近世史研究の側からは王政復古政変を研究のうえでも終点とみなし、近代史研究と完全に断絶させてしまってもよいのだろうかという問題もある。

当たり前の話だが、幕府は廃絶させられたので朝幕関係は消滅した。けれども、王政復古政変によって摂関制度や武家伝奏・議奏などは廃止されたが、朝廷自体は存続していたのであり、そのうえに太政官（当初は組織としても建物としても仮のものであり代用のものであるという意味で「太政官代」と称している）の再興が宣言され、新たに三職が仮設された。近世の朝廷制度と公家社会を一切無くしてしまったところに、維新政府の三職のみを設置した訳ではないのである。したがって、百官・受領と言われた従来の朝廷官職と位階制度は維新政府の新職制と併存しており、明治二年七月八日の職員令によって新たな官位相当制が定められるまで公家の百官・受領は存続している。また、近世以来の武家官位もそのまま継続されていた（このため、「羽前守《うぜんのかみ》」・「羽後守《うごのかみ》」といったような維新期にしかあり得ない武家の官名・受領名も出現するのである）。

王政復古政変を境に、一朝にして近世的な朝廷のあり方が完全に消滅するとは考え難いので、このとき多くの近世的な制度・秩序が否定・解体されたにしても、それと同時に、何が存続し、何が変容を余儀なくされ、そして何が新たに創出されたのか、という点にも目を向けるべきである。また、王政復古政変後も存続した朝廷制度と維新政府の新職制とはどのように併存していたのかというような観点も、今後の研究には必要であろう。

近世の武家伝奏が担ってきた職務に即して言えば、王政復古政変によって武家伝奏が廃止された後は参与役所（その後は弁事役所）がその職務を継承し、諸藩との窓口になっていたのであるが、こうした点から考えても、朝廷（公）と諸藩（武）との関係は継続していた。また、維新政府は諸藩に対して、公用人という名称の役職を一律に設置すべきことを命じたが、これは従来の諸藩留守居役が担っていた職務を管掌させるものであった。朝廷・諸藩間のパイプは公的に維持されていたのである（明治三年九月十日布告の藩制により公用人の職名は廃止され、参事または属が事務を継承した）。

このように、王政復古政変は近世的な朝廷制度の歴史にとって終盤の最も大きな画期ではあったけれども、その完全な終焉・終着点とまでは言い切れないように思われる。今後は、近世の朝廷や公家社会の研究も、王政復古政変の時点で断絶させることなく、従来の徳川将軍と大名（維新政府の下で諸侯・藩主と公称されるようになり、版籍奉還後は知藩事に任命され、藩名を冠する場合には〇〇藩知事と称された）との封建的な主従関係が、天皇との新たな君臣関係に作り替えられていく過程を、藩が存続した明治四年の廃藩置県まで（研究上、維新政権期と言われる期間）見通す必要があるのではないだろうか。

［主要参考文献］

家近良樹『江戸幕府崩壊　孝明天皇と「一会桑」』（講談社学術文庫、二〇一四年）
今江廣道「江戸時代の武家伝奏――『久我信通公武御用雑記』を中心に」（『高橋隆三先生喜寿記念論集　古記録の研究』続群書類従完成会、一九七〇年）
仙波ひとみ「幕末における議奏の政治的浮上について――所司代酒井と議奏「三卿」」（『文化史学』五七号、二〇〇一年）
高埜利彦『近世の朝廷と宗教』（吉川弘文館、二〇一四年）
箱石大「公武合体による朝幕関係の再編――解体期江戸幕府の対朝廷政策」（家近良樹編『幕末維新論集3　幕政改革』吉川弘文館、二〇〇一年、初出一九九六年）
原口清著作集編集委員会編『原口清著作集1　幕末中央政局の動向』（岩田書院、二〇〇七年）
原口清著作集編集委員会編『原口清著作集2　王政復古への道』（岩田書院、二〇〇七年）
平井誠二「武家伝奏の補任について」（『日本歴史』四二二号、一九八三年）
藤田覚『幕末の天皇』（講談社学術文庫、二〇一三年）
宮地正人『天皇制の政治史的研究』（校倉書房、一九八一年）

第九章「武家伝奏」一覧表

氏　名	補　任【典拠史料】	辞　任【典拠史料】
徳大寺実堅	天保2・1/20補【徳大寺家譜】	嘉永1・2/9辞【非蔵人日記】
日野資愛	天保7・8/27補【実久卿記】	弘化2・10/22辞【実久卿記】
坊城俊明	弘化2・10/22補【実久卿記】	安政1・6/30辞【議奏記録】
三条実万	嘉永1・2/9補【非蔵人日記】	安政4・4/27辞【非蔵人日記】
東坊城聡長	安政1・6/30補【議奏記録】	安政5・3/17辞【言渡】
広橋光成	安政4・4/27補【非蔵人日記】	文久2・閏8/5辞【議奏記録】
万里小路正房	安政5・5/1補【言渡】	安政6・1/17辞【言渡】
坊城俊克	安政6・2/9補【言渡】	文久3・6/21辞【非蔵人日記】
野宮定功	文久2・11/7補【非蔵人日記】	慶応3・4/17辞【議奏記録】
飛鳥井雅典	文久3・6/22補【言渡】	慶応3・12/9廃【飛鳥井雅典家記】
坊城俊克	元治1・1/23補【非蔵人日記】	元治1・7/26辞【議奏記録】
日野資宗	慶応3・4/19補【非蔵人日記】	慶応3・12/9廃【日野資宗家記】

注：「公武重職補任」には日野資愛が記載されていないので補入した。また，「補」「辞」「廃」の表記は「公武重職補任」の記述に倣った（ただし，野宮定功の「免」は典拠史料を確認して「辞」と改めた）。「補」は補任，「辞」は辞任，「廃」は廃止（廃職）を示す。なお，典拠史料は複数存在するため，「大日本維新史料稿本」に収載された任免記事が確認できる史料のうち，冒頭に引用されている史料名を掲出した（徳大寺実堅・坊城俊明の補任と日野資愛の補任・辞任を除く）。

［参考文献］

川田貞夫・本田慧子「武家伝奏・議奏一覧」（『日本史総覧　補巻二　通史』新人物往来社，1986年）
東京大学史料編纂所所蔵「大日本維新史料稿本」・「編年史料稿本」
平井誠二「武家伝奏の補任について」（『日本歴史』422号，1983年）
文部省維新史料編纂会編「公武重職補任」（『維新史　附録』所収）・『維新史料綱要』

あとがき

本書は、日本史史料研究会がミネルヴァ書房から刊行する一般書の第一冊目ということになる。歴史学は古代・中世・近世・近代など時代区分があり、その枠内で研究が進められることが多い。したがって、同じ分野の研究でも、他時代のことはまったく理解していないということが研究者には多々ある。

私は中世を専門にしているが、史料は近世・近代を経て現代に伝わっている。史料が忘れ去られて現代に発見されたということもあるが、近世・近代に残しておこうという意志により現代に伝わった史料もある。寺院などの悉皆《しっかい》調査などをおこなうと史料の保管のされ方などで意識的に残された史料、そうでない史料があることを実感する。おそらく散逸してしまった史料もあるであろう。

したがって、研究対象の近世・近代の歴史を知っているとより中世のことがよくわかるということがある。地域の歴史について、時代を区切らず研究している方々には当たり前のことなのかもしれない。しかし、歴史学という大きな枠組みでは、時代区分を考えずに研究することは少ないのではないだろうか。それは、他の時代でも同じことであろう。つまり、本書の企図は時代区分を取り払うということなのである。

一昨年、この著書の責任編集者でもある神田裕理氏を同じく責任編集者として本会監修で『戦国時代の天皇と公家衆たち』（洋泉社、二〇一五年）という新書を刊行した。戦国時代は、戦国大名を中心に語られる場合が多いので、鎌倉・室町時代を研究している者からすると、天皇家や朝廷は経済的に困難な時代で色々な意味で衰退していくと言われているが、実態はどうなのであろうか、と素朴に思うところである。そうした視点で、神田氏にお願いし戦国時代に天皇家と朝廷を主にした一般書を十三名の研究者に分担執筆してもらい刊行した。洋泉社の編集者に類書がないから刊行したいとお願いした次第である。結果は一般の方々に好評だったようである。

この著書が刊行された後、神田氏から武家伝奏の本を出したいと提案された。天皇家を支える朝廷と武家との間に立つ貴族の歴史である。しかも、通史を刊行したいということであった。中世は、朝廷と武士という二つの権門《けんもん》（寺社を含める場合もある）が並び立ち、徐々に武士が台頭してくる時代である。近世は、武家の世と一般に言われている時代であろう。そうした武家を中心にした歴史の見方のなかで、朝廷と武家との関係を改めて考えたいということが神田氏の意図である。

朝廷と武家という権力構造のなかで、それぞれの意志の取り次ぎをした武家伝奏（鎌倉時代は関東申次）は極めて重要な役割を担った。武家政権が誕生した鎌倉時代から武家の世が終焉する幕末維新期まで、武家伝奏の歴史を通覧することが本書の目的である。さらに言えば、朝廷の権威・権力に関して改めて検討するための本でもある。

この趣旨に鎌倉時代三名、室町～戦国時代二名、江戸時代三名の研究者から賛同を得た。まずは感謝申し上げる次第である。おそらく鎌倉時代を担当した研究者と江戸時代を担当した研究者とは日頃の交流はないであろう。それぞれの研究成果を一冊の本に収めた。

また、本書を企画したものの、この本をどこの出版社にお願いしたらよいものか、正直迷った。武家伝奏の通史など、かつてないであろうし、ましてや一般書として刊行するというものだからである。本会としては、『戦国時代の天皇と公家衆たち』の刊行で手応えのようなものはあったが、なかなか言葉で説明しにくいものである。いろいろと出版社の刊行書などを調べて、ミネルヴァ書房にお願いした。本書は、おそらく事典のような活用もできるであろうと考え、同出版社のコンセプトにも合うのではないかと勝手に神田氏と盛り上がったからである。

承諾いただいたミネルヴァ書房と、企画段階からご尽力いただいた編集部の大木雄太氏と田引勝二氏にお礼申し上げたい。最後に、読者の皆さんの忌憚のないご批判と一層のご教示を賜ることができれば幸いである。

二〇一七年九月二十日

日本史史料研究会代表　生駒哲郎

人名索引

（＊伝奏の役割をはたした人物のみ記載した）

箱石　大（はこいし・ひろし）**第九章**

1965年　生まれ。

1988年　国学院大学文学部史学科（日本史学専攻）卒業。

1993年　国学院大学大学院文学研究科日本史学専攻博士課程後期単位取得退学，文学修士。

現　在　東京大学史料編纂所准教授。

主　著　『戊辰戦争の史料学』（編著）（勉誠出版，2013年）

「公武合体による朝幕関係の再編――解体期江戸幕府の対朝廷政策」（家近良樹編『幕末維新論集3　幕政改革』吉川弘文館，2001年）

生駒哲郎（いこま・てつろう）**あとがき**

1967年　生まれ。

1991年　立正大学文学部史学科卒業。

1998年　立正大学大学院文学研究科史学専攻博士後期課程単位取得退学，修士（文学）。

現　在　日本史史料研究会代表，東京大学史料編纂所事務補佐員。

主　著　「松尾社一切経『大方広仏華厳経』（六十華厳）の書写・校合・改装」（『寺院史研究』８号，2004年）

「中・近世移行期における在地支配と地方寺院の展開」（阿部猛編『中世政治史の研究』日本史史料研究会，2010年）

〈監修〉

日本史史料研究会

2007年，歴史史料を調査・研究し，その成果を公開する目的で設立。主な事業として①定期的な研究会の開催，②専門書籍の刊行，③史料集の刊行を行っている。

最近では，歴史愛好家を対象に歴史講座を開講し，同時に最新の研究成果を伝えるべく，一般書の刊行も行っている。

主な一般向けの編著に『信長研究の最前線』『秀吉研究の最前線』（洋泉社・歴史新書y），『日本史のまめまめしい知識・第１巻　ぶい＆ぶい新書 No.0001』（岩田書院），監修に『戦国時代の天皇と公家衆たち』『南朝研究の最前線』『家康研究の最前線』（洋泉社・歴史新書y），『日本史を学ぶための古文書・古記録訓読法』（吉川弘文館），『鎌倉将軍・執権・連署列伝』（吉川弘文館），『信長軍の合戦史　1560-1582』（吉川弘文館）など。

会事務所：東京都練馬区石神井町５-４-16
日本史史料研究会石神井公園研究センター

水野智之（みずの・ともゆき）**第四章**

1969年　生まれ。
1993年　愛知教育大学教育学部小学校教員養成課程社会科史学教室卒業。
1999年　名古屋大学大学院文学研究科博士課程後期史学地理学専攻日本史専修単位取得満期退学，博士（歴史学）。
現　在　中部大学人文学部教授。
主　著　『室町時代公武関係の研究』（吉川弘文館，2005年）
　　　　『名前と権力の中世史』（吉川弘文館，2014年）

木下昌規（きのした・まさき）**第五章**

1978年　生まれ。
2001年　大正大学文学部史学科卒業。
2006年　大正大学大学院文学研究科博士課程満期単位取得退学，博士（文学）。
現　在　大正大学文学部歴史学科専任講師。
主　著　『戦国期足利将軍家の権力構造』（岩田書院，2014年）
　　　　『足利義晴』（戎光祥出版，2017年）

村　和明（むら・かずあき）**第七章**

1979年　生まれ。
2002年　東京大学文学部卒業。
2010年　東京大学大学院人文社会系研究科博士課程修了。
現　在　公益財団法人三井文庫主任研究員，博士（文学）。
主　著　『史料が語る 三井のあゆみ』（共著）（三井文庫編集・発行，2015年）
　　　　『近世の朝廷制度と朝幕関係』（東京大学出版会，2013年）

佐藤雄介（さとう・ゆうすけ）**第八章**

1980年　生まれ。
2005年　東京大学文学部卒業。
2011年　東京大学大学院人文社会系研究科博士課程単位取得退学。
現　在　学習院大学文学部准教授，博士（文学）。
主　著　『近世の朝廷財政と江戸幕府』（東京大学出版会，2016年）
　　　　「嘉永期の朝幕関係」（藤田覚編『幕藩制国家の政治構造』吉川弘文館，2016年）

《執筆者略歴》（執筆順，＊は編著者）

＊神田裕理（かんだ・ゆり）**序章，第六章**

1970年　生まれ。
1993年　日本女子大学文学部史学科卒業。
1998年　日本女子大学大学院文学研究科史学専攻博士課程後期満期退学，修士（文学）。
現　在　日本史史料研究会研究員。
主　著　『戦国・織豊期の朝廷と公家社会』（校倉書房，2011年）
『戦国・織豊期朝廷の政務運営と公武関係』（日本史史料研究会，2015年）

細川重男（ほそかわ・しげお）**第一章**

1962年　生まれ。
1987年　東洋大学文学部史学科卒業。
1993年　立正大学大学院文学研究科史学専攻博士後期課程満期退学，博士（文学）。
現　在　國學院大學非常勤講師，中世内乱研究会総裁。
主　著　『鎌倉幕府の滅亡』（吉川弘文館，2011年）
『鎌倉将軍・執権・連署列伝』（編著）（吉川弘文館，2015年）

久保木圭一（くぼき・けいいち）**第二章**

1962年　生まれ。
1986年　中央大学法学部卒業。
現　在　中世内乱研究会会員。
主　著　「清華家『大炊御門家』の成立――始祖藤原経実の婚姻関係を中心に」（『日本歴史』697号，2006年）
「皇位継承前における『親王』」（共著）（日本史史料研究会編『日本史のまめまめしい知識　第1巻』岩田書院，2016年）

鈴木由美（すずき・ゆみ）**第三章**

1976年　生まれ。
1999年　帝京大学文学部史学科卒業。
現　在　中世内乱研究会会長，日本史史料研究会研究員。
主　著　「建武三年三月の「鎌倉合戦」――東国における北条与党の乱の事例として」（『古文書研究』79号，2015年）
「九条頼経の源氏改姓問題について」（夏目琢史・竹田進吾編『人物史阿部猛――享受者たちの足跡』日本史史料研究会，2016年）

伝奏と呼ばれた人々
――公武交渉人の七百年史――

2017年12月30日　初版第1刷発行　〈検印省略〉
2018年4月20日　初版第2刷発行

定価はカバーに
表示しています

監修者　日本史史料研究会
編著者　神田裕理
発行者　杉田啓三
印刷者　中村勝弘

発行所　株式会社　ミネルヴァ書房
607-8494 京都市山科区日ノ岡堤谷町1
電話（075）581-5191／振替 01020-0-8076

　中村印刷・藤沢製本

ISBN978-4-623-08096-0
Printed in Japan